学者文库

新时代马克思主义信仰教育研究

徐秦法◎著

人民日报出版社

北京

图书在版编目（CIP）数据

新时代马克思主义信仰教育研究／徐秦法著．—北京：人民日报出版社，2020.12

ISBN 978－7－5115－6808－3

Ⅰ.①新… Ⅱ.①徐… Ⅲ.①马克思主义—信仰—教育研究—中国 Ⅳ.①A81

中国版本图书馆 CIP 数据核字（2020）第 251532 号

书　　名：新时代马克思主义信仰教育研究
　　　　　XINSHIDAI MAKESI ZHUYI XINYANG JIAOYU YANJIU

著　　者：徐秦法

出 版 人：刘华新
责任编辑：周海燕　马苏娜
封面设计：中联华文

出版发行：人民日报出版社
社　　址：北京金台西路2号
邮政编码：100733
发行热线：（010）65369509　65363527　65369846　65369828
邮购热线：（010）65369530　65363527
编辑热线：（010）65369518
网　　址：www.peopledailypress.com
经　　销：新华书店
法律顾问：北京科宇律师事务所（010）83622312
印　　刷：三河市华东印刷有限公司

开　　本：710mm×1000mm　1/16
字　　数：296千字
印　　张：16.5
版次印次：2021年3月第1版　　2021年3月第1次印刷

书　　号：ISBN 978－7－5115－6808－3
定　　价：95.00元

序

21 世纪思领域的很多问题，只能用马克思主义来回答来解决。尤其是当前，国外各种思想文化观念交融交锋，国内的社会思潮和价值观念日益多元，历史虚无主义和民族虚无主义等各类的错误思潮不断冲击我国意识形态安全，意识形态领域斗争依然严峻复杂，马克思主义意识形态话语权面临"被弱化""被边缘化"的危险仍不同程度存在。只有建构 21 世纪马克思主义体系，掌握"话语权"，用中国话语解决发展道路上面临的危机。

新时代加强马克思主义意识形态话语体系建设，就是要不断创新意识形态话语表达方式，教育引导人们形成对马克思主义意识形态的广泛共识，不断巩固党的执政地位，增强广大人民群众对马克思主义的认同、对共产主义的信念、对中国共产党的衷心拥护。学会将马克思主义世界观、方法论转变为解决社会生活现实问题的有力武器，透过"马克思的眼睛"看清人类社会发展的规律、社会主义社会发展的规律、执政党执政的规律；把马克思主义理论作为"指南针"，将所学的马克思主义理论作为自己成长发展过程中的一种行动指南、指引方向，从而在纷繁复杂的国内国际形势中做到以不变应万变而不迷不乱，坚守自身的政治立场；把马克思主义理论作为"望远镜"，准确把握发展的大势，高瞻远瞩，在复杂曲折的社会现象和矛盾困惑中从容面对，做到"每临大事有静气"；把马克思主义理论作为"显微镜"，坚持马克思主义的基本原理和立场、观点、方法，准确把握各种问题的具体性和特殊性，见微知著，在各种社会问题、社会矛盾，各种困难、困境面前做到未雨绸缪。实践证明，只有在理论上清醒和成熟，才能真正做到政治上的坚定和实践上的自觉。

马克思主义发展史，本质上是马克思主义信仰教育、传播、理论批判不断解放、经历现实改造和解放的历史。一方面，马克思主义信仰同各种非马克思主义信仰和反马克思主义信仰做斗争，形成了无产阶级革命和解放的"阶级意识"，不断运用马克思主义理论来真正掌握无产阶级；另一方面，根据时代以及现实问题的变化，马克思主义者面对"现实生活"，以"现实问题"为中心，根据无产阶级斗争的历史条件和任务要求的变化，不断地进行现实主义理论和思想创新。

马克思主义理论与实践创新发展，推动了马克思主义信仰的传播、延续、升华，是马克思主义发展的重要环节。如果没有对同时代的错误理论、思潮的批判，不足以彰显马克思主义信仰的独特理论品质，马克思主义信仰教育势必成为缺乏比较系统的"独白"；相应地，马克思主义信仰教育如果缺乏"现实面向"，也就切断了与时代主题、现实生活的紧密联系，马克思主义信仰教育必将呈现出"悬空"的境况。所以，马克思主义信仰教育必须坚持"理论理性"和"实践理性"的内在统一，以此彰显马克思主义信仰教育的独特内蕴。

马克思主义理论教育与马克思主义信仰教育是"静"与"动"的关系，也是辩证统一的关系。没有理论教育，信仰教育就是空谈的说教，就像空中楼阁一般，没有坚实的基础。没有信仰教育，理论教育就成了钝化的灌输，知识不再是武装思想、引导精神世界的有目的的工具。理论教育是为了更好地践行信仰，信仰教育则是为了更好地实践和指导建立信仰后的现实工作。同时，马克思主义理论教育也是马克思主义信仰教育的基础。理论教育是一个静态的过程，教育的效果是通过对知识的解释和灌输来实现的。教育的主体处于一种被动的接受状态。当人们第一次接触新事物时，他们总是从概念、内容和性质开始。随着他们理解和学习的加深，他们的理解也会变得更加深刻。但没有"学"的前提，就没有真正的"信"。理论学习是信仰教育全过程的重要组成部分，它对信仰教育的效果有着重要的影响。信仰教育是理论教育的升华。从"学"到"信"的过程是关键。这是一个渐进的过程，也是一个实践和应用的过程。要重新研究马克思主义理论，就必须在实践中不断检验马克思主义的真理，使之内化，升华为马克思主义的信仰。因此，马克思主义信仰教育是一个动态的过程，是一个从接收到接受、从认同到坚定，最终确立马克思主义信仰，将马克思主义方法论转化为实践行动的过程，是知、情、行的完整过程。

本书探讨如何通过马克思主义信仰教育，更好地引导受教育者正确认识马克思主义的科学性和真理性。笔者认为，马克思主义的科学性体现在马克思主义践行的过程当中，"学马""信马""用马"包含了从认同马克思主义、确立马克思主义信仰到运用马克思主义解决现实问题的整个过程。如此，马克思主义信仰教育的本质主要体现在以下三个维度：第一个维度是对社会主义、共产主义信念的伟大目标的教育；第二个维度是对马克思主义世界观的教育，即使受教育者学会用马克思主义的立场、观点分析问题；第三个维度是对马克思主义方法论的教育，即使受教育者学会用马克思主义的基本原理去解决问题，指导工作。这三个维度的统一构成了马克思主义信仰教育的"主体—目标—方法—应用"完整逻辑链条，从而使马克思主义信仰教育实现了马克思主义信仰性与科学性的统一。本书从"马克思主义信仰教育"的基本内涵、当代价值、历史回顾、现实环境、面临困境、内容原则、具体方法、发展趋势等方面对马克思主义信仰教育展开系统论述，为马克思主义信仰教育研究提供一定的学理性思考。

作者

庚子年初于邕城

目　录
CONTENTS

导　论

　　习近平总书记强调:"只有学懂了马克思列宁主义、毛泽东思想、邓小平理论、'三个代表'重要思想、科学发展观,特别是领会了贯穿其中的马克思主义立场、观点、方法,才能心明眼亮,才能深刻认识和准确把握共产党执政规律、社会主义建设规律、人类社会发展规律,才能始终坚定理想信念。"① 如果缺乏马克思主义世界观和方法论的修养,头脑中没有一个正确的原则做指导,面对各种各样的新问题就会不知所措,甚至分不清是非,丧失了原则,难免犯错误。只有具备了马克思主义理论素养,运用正确的立场、观点、方法分析和解决问题的共产党员,才能很好地在工作中发挥应有的作用。

一

　　"知、信、行合一"是关于马克思主义的立场、观点与方法的知、信、行的一致性问题,旨在解决对马克思主义"知而不信""知而不行"和"信而不行"等问题,从而推动人们树立共产主义的理想信念。换言之,就是让受教育者知道是什么、为什么以及如何运用马克思主义的立场、观点与方法分析、解决实际问题——能站在马克思主义的立场识别错误思想并与之做斗争,能在实际生活中运用马克思主义世界观和方法论观察世界、解决问题。

　　1. 马克思主义信仰教育的科学性。辩证唯物主义和历史唯物主义是马克思主义最根本的方法论和世界观。一方面,作为世界观,历史唯物主义和辩证唯物主义在总结社会科学和自然科学的最新成就的基础上,揭示了社会、自然和

---

　　①　习近平.习近平谈治国理政［M］.北京:外文出版社,2014:404－405.

思维发展的一般规律，提供了关于整个人类世界的科学图景；另一方面，作为方法论，历史唯物主义和辩证唯物主义是认识世界和改造世界的科学方法和思想武器。愈热爱科学就愈是理解马克思主义，愈是理解马克思主义就愈热爱科学，马克思主义和各门具体科学知识是互相影响、互相制约、互相渗透、互相推动的。马克思和恩格斯运用辩证唯物主义和历史唯物主义的基本原理，总结各国工人运动的斗争经验，创立了科学社会主义理论，这一科学理论是关于工人阶级和人类解放与发展的科学，为从 19 世纪 40 年代以后的人认识世界特别是认清人类社会的本来面目、把握人类社会发展的客观规律提供了科学的理论指导。更由于马克思主义具有在实践基础上革命性与科学性相统一的理论特征，能够与时俱进，不断地反思和创造，发展出了与新时代、新的国家和地区人民具体情况相符合的新思想和新理论，其科学性得到进一步加强和深化。

2. 马克思主义信仰教育的政治性。马克思主义信仰从不遮掩自己的政治属性，马克思主义信仰教育当然具有鲜明的政治性。在马克思主义信仰教育中，要认识和突出其政治性，突出培养教育对象的政治使命和政治追求，使广大教育对象不断升华人生价值，进而确立和坚定马克思主义信仰。马克思主义信仰教育具有政治性，这是由我国思想政治教育的目的、培养目标和教育内容所决定的。教育是培养人的事业。教育的出发点、途径和落脚点问题，即为什么培养人、如何培养人、培养什么人的问题，是教育的根本问题，也是思想政治教育的根本问题。党和国家对这个问题的回答集中体现在党和国家的教育方针之中。马克思主义信仰教育是我国思想政治教育的核心，马克思主义信仰教育就是要把马克思主义科学理论体系通过教育的途径灌输给教育对象，使之从认知与领悟到认同与接受，然后升华为信念信仰，最后化为其行动指南和精神动力。

3. 马克思主义信仰教育的社会性。马克思主义信仰教育的社会性是由信仰的社会性和马克思主义信仰的社会性决定的。第一，信仰的社会性决定了马克思主义信仰教育的社会性。历史唯物主义认为，社会存在决定社会意识。马克思曾指出："凡是有某种关系存在的地方，这种关系都是为我而存在的；动物不对什么东西发生'关系'，而且根本没有'关系'；对于动物说来，它对他物的关系不是作为关系存在的。因而，意识一开始就是社会的产物。"① 作为人类意识的一种，信仰也是社会的产物，信仰的社会性决定了马克思主义信仰教育的

①　马克思恩格斯全集：第 3 卷 ［M］．北京：人民出版社，1985：34.

社会性。这意味着，在马克思主义信仰教育中，必须把教育对象的信仰状况置于宏观社会背景和动态发展体系中来考察，同时，实施教育的各个环节及其过程也必须注意社会性的系统性考虑。第二，马克思主义信仰的社会性决定了马克思主义信仰教育的社会性。教育的培养目标和根本任务制约着教育的内容、手段和方法。在一般情况下，社会理想信仰往往成为社会或国家的特定政治信仰，马克思主义信仰是中国特色社会主义国家倡导的社会理想信仰。这意味着，马克思主义信仰教育，不是张扬每个人基于自身生存环境所确立的个人信仰，其主要任务是社会理想层面的信仰教育，即共产主义信仰的教育。因此，马克思主义信仰教育要特别强调社会性，引导被教育对象把个人理想与社会共同理想统一起来，从低层次的个人心理需求走向高层次的社会精神追求，创造共同美好的未来。

二

马克思主义信仰教育是关于马克思主义信仰的教育。关于信仰，学者们从不同的角度做出了界定。信仰的重要性在于它常常反映在人们的行为中，有学者认为："信仰是主体对某种对象（包括物质的和精神的）极度信服和持有，以至于把它作为自己行为准则的精神意识状态，是独立于知、情、意之外的，处于主体的思想和行为的统摄地位。"① "信仰是人们对某种主张、主义和价值理想的极度信服和尊崇，寄托着人的精神最高的眷注和关怀。"② 围绕马克思主义信仰本身，有学者认为："马克思主义是一种理论，人们对这种理论的相信和信奉，就是马克思主义信仰。""马克思主义的信仰是指对共产主义的相信和信奉，共产主义是马克思主义信仰的景物形态，也是马克思主义信仰的具体化。"③ 马克思主义信仰是指对马克思、恩格斯及其继承者创立的关于自然、人类社会发展普遍规律的观点和学说体系的信仰，是自然信仰、社会信仰和个人信仰的

---

① 荆学民. 当代中国社会信仰论 ［M］. 北京：中国人民大学出版社，2008：33.
② 张曙光. "信仰"之思 ［J］. 学术研究，2000（12）：46 - 52.
③ 陈建民，阳鲁平. 科学认识马克思主义信仰 ［J］. 求索，2004（06）：129 - 131.

统一。①

1. 关于马克思主义信仰教育的内涵。通过研究马克思主义信仰教育对象、主体的信仰状况，对马克思主义信仰教育的本质内涵及内在逻辑，以及马克思主义信仰教育与意识形态建设的关系问题进行阐释。马克思主义信仰教育是一种关于社会主义和共产主义的世界观、人生观、价值观和理想信念的教育。②马克思主义信仰教育就是以马克思主义信仰为精神和内容，通过对马克思主义的理论、观点、方法的学习，确立马克思主义价值观和立场，从而甄别不同类型的信仰特质、差异，塑造对于共产主义信仰的信念与信心，并通过对各种信仰体系的比较，凸显马克思主义的客观性和真理性，进而突出马克思主义信仰的理论与现实价值取向。③

2. 关于马克思主义信仰教育的内容。马克思主义信仰教育的原则、模式、路径。有学者认为马克思主义信仰有四个基本部分：（1）唯物主义的世界图景：世界自足，不谈鬼神；（2）共产主义的远大理想：社会发展，人类解放；（3）为人民服务的根本宗旨：人民至上，服务群众；（4）自由而全面的人生追求：人生自由，全面发展。④ 有的学者认为构建马克思主义信仰教育的内容体系是开展马克思主义信仰教育的基础工程，马克思主义信仰教育的生命观、道德观、理想观、宗教观的有机统一构成了马克思主义信仰教育的内容体系。生命教育是逻辑的起点，理想观教育是其核心，道德观教育是现实支撑，树立科学的宗教观将是马克思主义信仰教育的合理参照。⑤ 还有学者认为社会的发展需要不断充实马克思主义信仰教育的新内容，拓宽马克思主义信仰教育的新方法，要坚定全社会的马克思主义信仰，就必须与时俱进地充实马克思主义信仰教育的新内容，使广大人民群众所体会到的与理论教育相一致，实现全社会马克思主

---

① 苏百义，林美卿，庄淑霞．高校思想政治理论课应强化马克思主义信仰教育［J］．思想理论教育导刊，2018（03）：121 - 125.

② 李祖平．论邓小平的青少年信仰教育思想［J］．教育探索，2005（12）：3 - 6.

③ 徐秦法，刘畅．从"姓马"到"信马""用马"——论新时代下党员干部马克思主义信仰教育［J］．广西社会科学，2018（08）：21 - 25.

④ 刘建军．论马克思主义信仰的基本内容和主要结构［J］．思想理论教育，2013（03）：36 - 39.

⑤ 曾杰．马克思主义信仰教育内容体系构建的四重维度［J］．长沙理工大学学报（社会科学版），2015，30（04）：59 - 64.

义认知深化和马克思主义情感增强的有机统一。①

3. 关于马克思主义信仰教育的现状。调研数据显示，马克思主义信仰在我国占主导地位，党政干部、知识分子、青年大学生和普通群众四类群体信仰的总体态势较好。在关于信仰状况的问卷题目中，约占 56.9% 的人选择信仰马克思主义。相比较而言，信仰宗教、相信封建迷信、无信仰或不清楚的人数较少，分别约占 12.0%、5.3%、25.9%。在四类人群中，中共党员信仰马克思主义的比例最高，选择"始终相信"马克思主义的约占 59.4%，选择"原来不信，现在信"的约占 9.6%，合计约 69.0%。其次是民主党派，选择"始终相信"的约占 32.5%，选择"原来不信，现在信"的约占 14.8%，合计约 47.3%。再次是团员，合计约占 43%。②

4. 关于影响马克思主义信仰教育的因素。有学者认为这与社会上和高校内部存在不同时期或不同阶段出现的淡化政治、轻视或贬低马克思主义理论的倾向有关，同时高校评价体系中"轻教学、重科研"现象也对之产生一定影响。也有学者认为，在全球化、市场化、多元化、网络化的冲击和影响下，新自由主义思潮、民主社会主义思潮和历史虚无主义思潮，对青年大学生对马克思主义信仰的追求产生了很大的冲击和影响，大学生的群体中出现了马克思主义信仰弱化和信仰多元化的思想倾向。③ 也有学者认为微博等新媒体的娱乐化影响了大学生马克思主义信仰的确立，新媒体的过度娱乐化在丰富大学生的业余生活的同时，充斥其中的低俗娱乐节目信息容易导致大学生形成急功近利的浮躁心态，影响他们世界观、人生观和价值观的构建，削弱他们的道德追求和精神信仰。还有学者认为思想政治理论课作为高校马克思主义信仰教育的主渠道，教育内容、教学方法等方面的落后，难以同大学生真实的思想观念相结合，思想政治理论课教师马克思主义素养和理论水平的参差不齐等因素，阻碍了高校马克思主义信仰教育实效性的发挥。④

---

① 杨德祥，邓淑华. 马克思主义信仰教育的路径建构 [J]. 人民论坛，2013（14）：192 - 193.

② 重庆市委重大调研课题组，陈跃，熊洁，等. 关于"信仰问题"调研情况的报告 [J]. 马克思主义研究，2009（12）：123 - 130.

③ 李忠军，刘静. 当代大学生认同和践行马克思主义理论状况调查报告 [J]. 思想教育研究，2014（11）：39 - 44.

④ 张长虹，马福运. 当前大学生马克思主义信仰状况的调查分析与对策研究 [J]. 思想教育研究，2014（04）：94 - 100.

5. 关于马克思主义信仰教育的原则。有学者认为，马克思主义信仰教育具有两大原则，一是贴近生活与现实原则，信仰教育必须以日常生活所需、现实生活所见为突破口，才能为学生乐于接受。二是自律与他律相结合原则，在进行马克思主义信仰教育的同时，还必须加强法律制度和基本道德养成的教育，实现自律和他律的结合，这样才能保证信仰教育的有效性。① 有学者认为要发挥其价值导向作用，有助于把人的活动从现实引导到未来，使人追求更高的目标，追求生命的完整和完善，追求人类的团结和合作；精神动力作用，马克思主义信仰教育，可以成为激励和鼓舞人们克服一切艰难险阻去进行改造自然与社会的实践活动的强大的精神动力；力量凝聚作用，要在全国范围内形成一个建设有中国特色社会主义的共同理想和信念。② 有学者认为要增强马克思主义信仰教育的科学性和系统性，在此基础上提炼马克思主义的灵魂和精髓，证明马克思主义信仰的科学性和系统性。理论结合实际，现实结合历史，系统阐述马克思主义的理论观点，包括中国化的马克思主义和马克思主义最新成果，防止只言片语的误解，在此基础上提炼马克思主义的灵魂和精髓，证明马克思主义信仰的科学性和系统性。③

6. 关于马克思主义信仰教育的方式方法。有学者认为马克思主义信仰教育过程中应做到将情感认识与理性认知有机结合起来，将集体政治信仰与个体人生信仰相互交融，将胸怀大志与脚踏实地进行有机统一。有学者认为应充分利用网络这一新的传播渠道，不仅要以建立"红色网站"、制作有关马克思主义信仰的课件等方式，强化对马克思主义信仰的传播，还要注意采用文化性的、隐蔽性的、多样性的、渗透性强的方式。④ 有学者认为要宣传红色文化的价值观念，提升大学生的价值判断能力、颂扬中国共产党人的人格形象，确立大学生的人格崇拜。⑤ 也有学者认为要创造良好的校园文化氛围，促进学生的身心健康，潜移默化地培养大学生的健全人格，它作为一种无形的精神力量，还能够

① 钟文渊. 加强马克思主义信仰教育 促进青年大学生社会化 [J]. 西南民族大学学报（人文社科版），2004（05）：384 – 387.
② 周勇. 马克思主义信仰教育新探 [J]. 学校党建与思想教育，2010（18）：39 – 40.
③ 王学俭，李东坡. 大学生信仰教育的突出问题与对策 [J]. 思想教育研究，2010（11）：44 – 47.
④ 张长虹，马福运. 当前大学生马克思主义信仰状况的调查分析与对策研究 [J]. 思想教育研究，2014（04）：94 – 100.
⑤ 邓鹏. 论红色文化对大学生马克思主义信仰教育的价值及其应用 [J]. 思想理论教育导刊，2016（05）：124 – 127.

春风化雨般地促进马克思主义信仰教育。① 还有学者认为应加强与各种反马克思主义思潮的斗争，揭露其反科学的本质，提高人们的认识，增强辨别力，从而进一步坚定马克思主义科学信仰。②

三

近年来，学术界对马克思主义信仰教育的研究取得了较为系统和丰富的成果。但研究对象有待拓展，研究领域有待深化，研究深度有待提升。

1. 对马克思主义信仰的研究对象缺乏整体性的研究。目前，关于马克思主义信仰教育的研究主要是针对大学生的信仰教育，对党员干部和其他社会群体的马克思主义信仰的研究极少。党员干部作为引领人民群众实现中华民族伟大复兴和中国梦的中坚力量，其自身的马克思主义信仰状况关切着社会各项决策的方方面面，关乎着广大人民群众的利益。因此，对党员干部的马克思主义信仰教育现状也应展开详细的调查研究。当前马克思主义信仰教育的研究在其他社会群体方面成果稀少，这不利于马克思主义信仰教育在社会各个阶层的普及和深入。例如，新生代农民工，他们是社会各项基础设施的建设者，群体数量庞大，对他们开展的思想政治工作的效果如何，应为马克思主义信仰教育研究的内容之一。马克思主义信仰的研究对象较为单一，这使得马克思主义信仰研究缺少一种横向比较研究的角度。

2. 对马克思主义信仰教育缺乏整体和系统的研究。目前，对马克思主义信仰教育研究的专著、期刊、论文极少，多为与马克思主义信仰相关的学术专著、期刊文献以及硕博论文，而这些论文的主要研究对象是青年大学生，缺乏整体和系统的研究。同时，早期对马克思主义信仰教育的研究，多数是以马克思主义理论、马克思主义信仰的传播和发展为研究视角。我们对于马克思主义信仰教育发展历程的了解以及研究，只能从与之相关的研究分支中获得，这不可避免地造成马克思主义信仰教育研究的理论断层和实践困难。从目前已有的各种社会调查看来，马克思主义信仰教育与"思想政治教育""思想政治工作"等

① 高苑. 高校马克思主义信仰教育的当下之思 [J]. 黑龙江高教研究, 2013, 31 (05): 112-114.

② 危琦, 虞新胜. 论马克思主义信仰的建立 [J]. 求实, 2006 (12): 46-50.

概念之间的界限模糊是研究该问题的重要矛盾。如何使马克思主义信仰教育理论化、系统化,切实提高马克思主义信仰教育的先进性和前瞻性,是新时代马克思主义信仰教育研究的重中之重。

3. 新时代马克思主义信仰教育的理论意义。改革开放以来,由于国际形势的变化、社会思潮的涌入、宣传媒介的发展等多种因素,我国马克思主义信仰教育面临着比以外更为复杂的问题。因此,系统、科学地总结过去马克思主义信仰教育的经验教训,挖掘马克思主义信仰教育发展过程中的有效路径,凝练马克思主义信仰教育的基本经验显得尤为突出,只有把总结马克思主义信仰教育的历史经验与当前我国马克思主义信仰教育工作相结合,才能更好地巩固马克思主义在我国的指导地位。只有认真总结当代中国马克思主义大众化的基本经验,才能够为新的历史时期推进我国马克思主义信仰教育提供理论指导。新时期的马克思主义信仰教育的研究以马克思主义基本理论为指导,从问题谱系、时空视域和具体表象的角度,分析了改革开放以来我国社会各阶层部分人群出现的信仰缺失、迷惘、困惑的现状,剖析问题产生的原因,并通过深入探讨危机产生的内外双重因素,为问题的解决找到相应的办法,达到为马克思主义信仰教育带来新启示的目的。阐述马克思主义信仰的作用,解读和谐社会、社会主义核心价值体系和荣辱观与社会各阶层人群信仰的逻辑联系,对解决当前我国社会混乱的马克思主义信仰问题、分析当前社会各阶层人群信马克思主义信仰困惑以及当代社会各阶层人群在精神信仰中存在的问题有一定现实意义。不仅有助于把握当代我国社会意识形态的发展趋势,也有助于推进思想道德理论创新和社会主义核心价值体系建设,更有助于应对我国社会意识形态面临的各种挑战,便于从宏观的、长期的角度进行战略思考,并据此制定政策措施。有助于进一步落实党的十九大报告以及习近平新时代中国特色社会主义思想,加强马克思主义中国化最新成果教育和理想信念教育,坚定社会各阶层人群对中国共产党领导和社会主义制度的信念。通过探讨马克思主义信仰淡化的原因以及如何增强马克思主义信仰教育的实效性,对当前高校开展思想政治教育提供理论支持。

4. 新时代马克思主义信仰教育的现实价值。通过深刻分析当前社会各阶层人群马克思主义信仰教育现状以及马克思主义信仰缺失的根源、本质和特点及其社会现状,总结马克思主义信仰教育经验,对坚持马克思主义在我国意识形态领域指导地位有着重要的现实意义。当代社会各阶层人群是现代化建设的主力军，引导他们树立马克思主义信仰，有利于培养合格的社会主义建设者和接班人，培养担当民族复兴大任的时代新人，有利于把中国特色的社会主义事业不断推向前进。社会主流信仰的强弱关系到国家的前途和民族的命运，引导社会各阶层人群树立正确的马克思主义信仰，有利于坚持和巩固马克思主义在我国意识形态领域的指导地位，反对现实生活存在的教条主义、信仰本位，以及各种非马克思主义的社会思潮；有利于缓解社会矛盾，促进社会稳定；有利于促进社会主义和谐社会的构建，有助于帮助处在变革时期的社会各阶层人群树立正确的世界观、人生观、价值观，不仅是社会各阶层人群发展的需要，也是培养社会主义合格建设者的根本。①

---

① 徐秦法. 新时代马克思主义信仰教育的现实性、科学性和人民性［N］. 光明日报，
2019 - 06 - 19（11）.

第一章　马克思主义信仰教育概述

　　从教育的角度来看，信仰是主体人对他们自认为表达出了他们关于生命和宇宙最高价值的某种理论、某种主义或者某种想象出来的神灵等信仰对象所产生的极端信服的一种心理状态，具体表现为主体人对所信仰对象的认识、情感、意志以及对所信仰对象的无限追求和向往，呈现为人的一种整体性的精神姿态，是人的精神世界的灵魂，统领着人的世界观、人生观和价值观，并调动各种精神因素为人提供一个完整的精神导向。

一、马克思主义信仰的概念及特征

　　马克思主义信仰的创建者马克思和恩格斯在其著作中并没有使用"马克思主义信仰""共产主义信仰"的概念，但是其理论体系中含有对工人阶级和其他革命力量进行科学理论教育体系的内容。恩格斯指出："我们决不想把新的科学成就写成厚厚的书，只向学术界吐露。正相反，我们两人已经深入到政治运动中……我们有义务科学地论证我们的观点，但是，对我们来说同样重要的是：争取欧洲无产阶级，首先是争取德国无产阶级拥护我们的信念。"① 马克思在《哥达纲领批判》中明确指出了工人阶级应该有的信仰态度，那就是要从资产阶级虚假的宗教信仰自由中解放出来，坚持科学的共产主义信仰。马克思主义创立的时候没有对其马克思主义信仰命名，而是有意识地回避这种说法，这是受到当时斗争需要和社会状况的影响造成的。在当时，"理想"和"信仰"两个概念都具有特定的具体内容和价值倾向："理想"代表了空想主义者的幻想，"信仰"代表了神学家的上帝。

---

① 马克思恩格斯选集：第 4 卷［M］. 北京：人民出版社，2012：203.

（一）马克思主义信仰

列宁是马克思主义经典作家中伟大的革命导师，是第一个使用"共产主义信仰"和"马克思主义信仰"表述的先驱者，在《马克思恩格斯通信集》中第一次使用"共产主义信仰"的表述。在马克思主义中国化的历史进程中，党和国家领导人对马克思主义信仰的运用更加具有针对性和现实性。毛泽东同志在马克思主义最初传入中国时，就提到了如何树立马克思主义信仰的问题。他指出，在共产主义进入中国的初期，是考茨基所著的《阶级斗争》、陈望道所著的《共产党宣言》和科卡普所著的《社会主义史》帮助他理解了共产主义和马克思主义，坚实地树立起了马克思主义信仰。

尽管马克思和恩格斯没有使用过诸如"马克思主义信仰""共产主义信仰"或者"共产主义理想"等概念，但他们依旧是马克思主义信仰的创建者。他们在重视对工人政党和群众进行科学信仰的教育的言论中隐含着一个观点，即自己倡导的理论是不同于宗教的一种信仰。马克思在《哥达纲领批判》中阐述工人政党应该秉持的对信仰的态度时，非常明确地指出从宗教中把信仰解放出来，他认为资产阶级的信仰自由只是容忍选择不同宗教的自由，工人阶级应该做的是把信仰从宗教中解放出来，实质上就是坚持对共产主义的科学信仰。恩格斯曾说："我们决不想把新的科学成就写成厚厚的书，只向学术界吐露。正相反，我们两人已经深入到政治运动中……我们有义务科学地论证我们的观点，但是，对我们来说同样重要的是：争取欧洲无产阶级，首先是争取德国无产阶级拥护我们的信念。"① 之所以在马克思主义创立的时候没有对其以"马克思主义信仰"命名，而是有意识地回避这种说法，是受到当时斗争需要和社会状况的影响造成的。在当时，"理想"和"信仰"两个概念都具有特定的具体内容和价值倾向："理想"代表了空想主义者的幻想，"信仰"代表了神学家的上帝。为了突出马克思主义理论的科学性、革命性与现实性，与各种空想主义和宗教救世主义区分开来，避免他人对共产主义运动的歪曲与无产阶级对斗争的误解，他们才拒绝使用这两个词阐述共产主义理论，这是在当时的社会状况中的谨慎使用，并不代表着马克思和恩格斯反对诸如"理想""信仰"这样的概念。当情况发生了变化，这种"谨慎"不再那么必要时，"共产主义信仰"就名正言顺地出现了。列宁最先提出了"共产主义信仰"以及"马克思主义信念"的概

---

① 马克思恩格斯选集：第4卷［M］．北京：人民出版社，2012：203.

念。他在推荐《马克思恩格斯通信集》时写道："恩格斯当时还不满 24 岁。家庭环境使他厌倦，因此他急于要离开。他父亲是个专横的、信教的工厂主，对儿子四处参加政治集会，对他的共产主义信仰很生气。"① 他在此处提到的"共产主义信仰"无论是在提法上还是在概念上都是一个突破。他曾经告诉波尼克尼波维奇："我非常满意地读完了您的书，看到您着手写一部重要的大著作，我很高兴。通过这部著作，大概完全可以检验、加深和巩固对马克思主义的信念。"② 列宁还对"社会主义理想"和"社会主义信念"进行过明确的阐述。他说："社会民主工党正是为了这个理想、社会主义的理想而进行斗争的。"③ 列宁通过诸如"比较明确的共产主义信念""明确的社会主义信念""明确的社会主义理想"等概念突出社会主义理想信念的明确性。他认为，革命的理论才能推动革命的运动，革命的理论能够为革命者提供精神上的信仰，无产阶级的革命运动需要不断地从科学的理论中汲取革命的信念。

中国共产党人更加明确地在正面意义上使用了马克思主义信仰的概念。毛泽东同志曾说过："有三本书特别深地铭刻在我的心中，建立起我对马克思主义的信仰。我一旦接受了马克思主义是对历史的正确解释以后，我对马克思主义的信仰就没有动摇过。"④ 早在青年时期，为了走出民族灾难、振奋民族精神、解决信仰危机、改造国民信仰，毛泽东同志就结合中国国情对信仰问题进行了探索和研究。一方面，他侧重从革命行动上讲对马克思主义的信仰，反对把这种信仰仅仅停留在知识上或口头上，主张把人的精神活动落实在实际行动上，在政治的、军事的实际斗争中，以革命的行动加以证实。另一方面，他侧重从对共产党及其领导的信赖和服从上阐述共产主义信仰。在他看来，中国共产党就是共产主义信仰的现实载体，对中国共产党的信仰就是现实条件下共产主义信仰的具体体现。毛泽东同志在新中国成立前使用信念概念较多，新中国成立后使用越来越少，但实际上越到晚年，他越加重视信仰问题，并提出了世界观的改造理论。在他看来，世界观的改造实际上就是确立信仰和强化信仰的过程，世界观的转变才是根本性的转变，这既突出了信仰转变的重要性，也揭示了信

---

① 列宁全集：第 24 卷 [M]．北京：人民出版社，2017：279 - 280.
② 列宁全集：第 46 卷 [M]．北京：人民出版社，2017：120.
③ 列宁全集：第 15 卷 [M]．北京：人民出版社，2017：152.
④ 埃德加·斯诺．红星照耀中国 [M]．董乐山，译．北京：新华出版社，1984：135 - 136.

仰转变的艰难性。

在中国特色社会主义建设时期，党和国家领导人从马克思主义信仰对社会主义的价值方面继续坚定这个信念。邓小平同志指出马克思主义信仰是社会主义革命和建设的精神动力。他指出，马克思主义、共产主义信念是中国革命和建设的思想引领和精神动力。江泽民同志主要是从党建设的重要性和实现路径上来强调马克思主义信仰，强调马克思主义信仰对民众加强国家认同的重要价值。江泽民同志对于信念、信仰的概念进行了有意识的区别，他选择"信仰"来阐述马克思主义。胡锦涛同志延续这一思路，重点关注马克思主义信仰对党的建设的重要性，胡锦涛同志也非常明确地指出："要学习红军长征中共产党员忠于革命理想、献身革命事业的政治品格，始终保持对马克思主义的坚定信仰。"① 他认为，在实现中华民族的伟大复兴和小康社会的建设过程中，全体中华儿女都要学习革命年代共产党人对马克思主义坚定的信仰，正是因为这股信念的支撑，中国共产党人最终能够取得抗日战争和解放战争的伟大胜利。习近平总书记在多个场合多次提出要坚定对马克思主义的信仰。2013 年 8 月习近平总书记在全国宣传工作会议上指出："党员、干部要坚定马克思主义、共产主义信仰，脚踏实地为实现党在现阶段的基本纲领而不懈努为，扎扎实实做好每一项工作。"实现共产主义为最高理想的马克思主义信仰，是每一名共产党员的政治信仰。马克思主义信仰，是建立在理性和科学知识基础之上的，因此，习近平总书记要求党员干部必须在认真研读马克思主义经典著作的基础上，深入思考其中的道理，方可理解马克思主义的基本理论，确立坚定的马克思主义信仰。

在马克思主义经典作家和无产阶级革命家中，邓小平同志是在论述中提及共产主义信仰较多的一位。从《邓小平文选》可以了解到，他是从正面阐述"信仰""信念"问题的，且都指向对共产主义的信仰，这与之前的马克思主义经典作家侧重从反面批判宗教主义大不相同。邓小平同志通过诸如"共产主义信念""共产主义理想""马克思主义信仰""马克思主义信念"等一系列概念阐述对社会主义、共产主义的信仰。邓小平同志对这些概念的使用具有重要的积极意义。一方面，他指出"信仰""信念"不仅仅是指宗教的信仰，也可以用来表达对社会主义、共产主义的信仰，这有利于突破传统的偏见，加强对马克思主义信仰的研究。另一方面，邓小平同志对马克思主义信仰教育提出了一

---

① 中共中央文献研究室．十六大以来重要文献选编：下册［M］．北京：人民出版社，2011：731.

系列的命题和论断。邓小平同志认为对马克思主义的信仰为革命提供了精神动力，"对马克思主义的信仰，是中国革命胜利的一种精神动力"①。"为什么我们过去能在非常困难的情况下奋斗出来，战胜千难万险使革命胜利呢？就是因为我们有理想，有马克思主义信念，有共产主义信念。"② 邓小平同志指出中国共产党的精神支柱就是对共产主义理想的信仰，"我们多年奋斗就是为了共产主义，我们的信念理想就是要搞共产主义。在我们最困难的时期，共产主义理想是我们的精神支柱，多少人牺牲就是为了实现这个理想"③。他还认为只有共同的理想信念才能够把人民团结起来，"我认为，最重要的是人的团结，要团结就要有共同的理想和坚定的信念。我们过去几十年艰苦奋斗，就是靠坚定的信念把人民团结起来，为人民自己的利益而奋斗。没有这样的信念，就没有凝聚力。没有这样的信念，就没有一切"④。邓小平同志对于"信仰""信念"的阐述具有很强的可操作性与现实性，他往往将理想、信仰以及理想、信仰产生作用的条件有机结合起来。如他在强调共产主义理想信念为革命提供精神动力的时候，强调必须坚持马克思主义基本原理与中国的具体国情相结合才能取得革命的胜利。如他在阐述共同的理想信念在团结人民群众的重要作用时，还强调了必须把理想和纪律结合起来才能够真正发生作用。此外，江泽民同志在很多谈话中也使用了这个概念，他在《在庆祝中国共产党成立八十周年大会上的讲话》中非常突出地强调了"坚定对马克思主义的信仰，坚定对社会主义的信念，增强对改革开放和现代化建设的信心，增强对党和政府的信任"的重要性。

（二）马克思主义信仰的本质

从信仰角度来考察马克思主义，必须首先搞清楚马克思主义信仰与宗教信仰的区别，因为，至今依然有人有意无意地把马克思主义信仰与宗教信仰二者混同起来，把马克思主义信仰当作一种或多或少变化了的宗教信仰。因此，有必要从马克思主义信仰与宗教信仰的区别中来认识马克思主义信仰的本质。

第一，马克思主义是一种信仰。"马克思主义是信仰吗？"在这个问题上，国内外学者的分歧很大。很长时间以来，我国学术界有些人认为不能称马克思主义为信仰，因为"一说到信仰必说到宗教，一说到宗教必说到迷信，一说到

① 邓小平文选：第3卷 [M]．北京：人民出版社，1993：63.
② 邓小平文选：第3卷 [M]．北京：人民出版社，1993：110.
③ 邓小平文选：第3卷 [M]．北京：人民出版社，1993：137.
④ 邓小平文选：第3卷 [M]．北京：人民出版社，1993：190.

迷信必说到科学，一说到反科学必说到反马克思主义。如是，信仰与马克思主义无缘了"①。相反地，把马克思主义说成是一种新宗教，是西方许多学者的观点，甚至形成了一股相当广泛的思潮，比如，马克思主义是工业化世纪的宗教、无神论的宗教等，看起来如此纠结的现象恰恰表明马克思主义信仰与宗教信仰有相似性，但对于如何解释这种相似性则有不同的立场。首先，信仰与宗教信仰不是同一个范畴。宗教是信仰，但信仰却不都是宗教。宗教信仰是信仰的一种，宗教信仰是一种信仰形式但它不是信仰的唯一形式，不是信仰的全部。应该承认宗教信仰在历史上是信仰的主要形式并一度取得独霸的地位，就是在今天，虽然宗教信仰的独霸地位在很多国家和地区已不存在了，然而宗教信仰并没有消失，还有一定的活力和话语权。然而信仰与宗教信仰相比而言，信仰的范围要比宗教信仰广泛得多。比如，随着人类历史的发展，特别是近代以来在人类信仰的世俗化过程中已经产生了三种主要的世俗信仰：一是资产阶级个人主义信仰；二是对某种现实力量的盲目崇拜；三是共产主义信仰或马克思主义信仰。可见，破解"马克思主义是不是信仰"问题的关键之一在于区分信仰本身与信仰的形式。其次，马克思主义信仰和宗教信仰都是信仰的形式，二者当然有相似性。如从产生的根源来看，都产生于人类的实践活动，都反映着人类的社会活动；都表现为一种包括知、情、意在内的主体心态；都具有信仰的一般特征，比如，终极关怀的意义、对现实的超越性表达、对未来含有超验的确信等。

第二，马克思主义是一种不同于宗教信仰的信仰。首先，在信仰前提下，二者对待理性和信仰的关系不同。马克思主义信仰是以承认理性和信仰相统一为前提的，这种信仰根植于人自己的体验，根植于人对自己的思考力、观察力及判断力的信赖，主张"先知后信"。其次，在选择信仰对象上，二者对待信仰和科学的关系不同。信仰与科学都是人的文化的重要组成部分，统一于人的文化领域。合理的信仰完全可以与科学相并存。有些学者特别是科学家强调信仰的科学文化创造功能。"爱因斯坦、普朗克、汤川秀树等都承认信仰因素在其科学创造中起着重要作用。弗洛姆断言，在从理性想象的概念到系统地阐述理论这一科学发现过程中，须臾离不开信仰心态的促动。"② 正如苏联哲学家科普宁所说："马克思主义认识论认为科学知识不是同任何的信仰并存，而只是同那种

---

① 荆学民. 关于马克思主义信仰学的若干思考［J］. 天津社会科学，2006（02）：31.
② 黄盛华. 国外信仰问题研究述介［J］. 哲学动态，1990（07）：14.

依据科学资料、科学证明，并引导人走向实际实现科学思想的信仰并存。"① 马克思主义在对社会历史发展的客观规律的认识的基础上指出了历史发展的必然趋势，其实践活动的信念和信仰来自已经得到科学证明的真理性认识。马克思主义将已被证明的科学真理内化为自身的价值理念，以此指导自身的行动，并在日新又新的实践活动中进行检验，从而把理论真理转化成客观现实。在此基础上，马克思主义信仰所信奉的是能被证实的科学命题，所追求的物象形态是共产主义，共产主义既是寄托着人的理想和愿望的远大目标，又是可以通过现实的实践活动而达到的实践目标。再次，在信仰者心态上，二者的情感体验不同。因为宗新信仰所信奉和追求的是远离了人的现实实践活动的对象。马克思主义信仰者所信奉和追求的理想是可以通过现实的实践活动而达到的实践目标，所以马克思主义信仰者的情感体验主要是振奋和激励，在对共产主义目标的追求中，感到精神上的愉悦、充实和欣慰，其心态是一种乐观的、奋斗的、自信的心理精神状态，一种积极、入世的精神状态。最后，在信仰者行为上，二者的区别在于对信仰的追求行为是否具有改造客观世界的意义。马克思主义信仰者不存在信仰仪式行为，但马克思主义信仰者坚定地认为"世界不会满足人，人决心以自己的行动来改变世界"。因此，马克思主义信仰者的信仰行为直接地就是改造世界的行为本身，比如，中国新民主主义革命就是在马克思主义信仰的鼓舞和激励下成功的，现在进行的中国特色社会主义建设对马克思主义信仰者来说既是工作，也是自己的信仰行动。总之，马克思主义信仰是建立在科学基础上的信仰，本质上是一种理性的、科学的、积极的、实践的信仰。

第三，马克思主义信仰与共产主义信仰在本质上是一致的。为了更充分地理解马克思主义信仰的内涵，我们需对"马克思主义信仰"与"共产主义信仰"这两个概念加以说明。二者在本质上是完全相同的，都是对这一信仰的完整指称，在日常社会生活中，人们甚至是把它们当同义语来使用的。但二者也各有其个性色彩，主要是强调的侧重点不同。"马克思主义信仰"一词在意象上突出的是这一信仰的学理基础方面，给人一种理论信仰的印象，"马克思主义信仰"主要是想突出这一信仰的学理性基础，强调对马克思主义理论的确信。而"共产主义信仰"一词突出的是该信仰的现实追求方面，给人以信仰的行动印象。"共产主义信仰"是马克思主义的终极理想和奋斗目标，突出的是这一信仰

---

① 科普宁. 马克思主义认识论导论［M］. 马迅，章云，译. 北京：求实出版社，1982：272.

的理想境界。因为任何信仰都有两个基本方面，它既是知识，又是行动，是从理论向实践的转化。正因为如此，在具体的行文和讲话中，根据语境和语气的不同，有时用"马克思主义信仰"较为恰当，有时又用"共产主义信仰"更为贴切。同时，由于在日常社会生活中人们更多地是从现实的追求方面来谈论这一信仰的，因而"共产主义信仰"一词似乎更流行。

第四，马克思主义信仰是对这种科学世界观和方法论的高度认识和自觉实践。首先，关于信仰对象，马克思主义信仰是建立在科学的世界观和方法论基础上的。它用历史唯物主义的立场、理论和方法来确立认同的对象是可行的。马克思主义信仰站在以人为本的价值取向上，强调从个体在集体中的发展走向充分的自由。这不同于宗教信仰和资产阶级信仰的价值关怀。其次，在信仰的表现形式上，宗教信仰主要是一种内心的认同，它表现在严格的宗教仪式内容上。宗教信仰的外在仪式化内容的价值和目的往往集中在信徒自身的安慰上，对社会和集体的价值功能不太大。资产阶级政治信仰的表现是政治生活的参与，但由于资产阶级政治制度的局限性和虚假性，人民的参与度十分有限，更多地停留在表面的、口号式的政治表演中。人民不能有效地干预和参与政治生活，这是资本主义政治信仰践行度低的原因所在。马克思主义信仰具有科学性、人民性和真实性，能够有效规避资本主义信仰的历史局限性。实事求是，从国家国情出发，在现实中得到关怀和实现的机会。

马克思主义信仰是建立在科学基础上的信仰，本质上是一种理性的、科学的、积极的、实践的信仰。其基本含义可界定为：马克思主义是一种科学的世界观和方法论，人们对马克思主义这一科学理论的信奉和追求就是马克思主义信仰。换言之，马克思主义信仰者坚持用马克思主义的立场、观点和方法来解决实际问题，对中国特色社会主义事业坚信不疑。这一定义包含了：人们对马克思主义的信仰、信仰者心中的马克思主义、马克思主义理论体系的价值性或作为价值体系的马克思主义理论。从信仰者态度上来说，马克思主义信仰是指"人们对马克思主义的信仰"。马克思主义是一种理论，对马克思主义理论的信受奉行就是马克思主义信仰，因此，对马克思主义理论的信仰才是马克思主义信仰。从信仰内容的角度来说，马克思主义信仰实际上就是信仰者主观上对马克思主义理论的认识和评价，马克思主义理论是其信仰内容的重要组成部分。从价值意义上来说，马克思主义信仰是指"马克思主义理论体系的价值性或作为价值体系的马克思主义理论"①。马克思主义理论作为世界观理论，必须同时具备科学性与价值性；若想发挥其指导实践的巨大作用，实践者必须能够真正做到信受奉行，使其成为其自身的信仰。

笔者进一步认为以上对"马克思主义信仰"的三种理解是有内在的先后关联的。先有马克思主义，再有作为价值体系的马克思主义，然后才有信仰者心中的马克思主义和人们对马克思主义的信仰。没有对象的信仰是不存在的。没有作为信仰对象的马克思主义，也就没有人们心中的马克思主义信仰。如果马克思主义理论本身只是一种科学却对人没有价值性，人们就不去信奉它、实践它，它就不为人们所接受从而成为不了人们的信仰。如果没有人们相信，或不是为了使人们相信它，从而按照它的真理来改造世界，那么马克思主义的产生又有什么意义？换句话说，马克思主义既具有科学性又具有价值性，能够走进人们的内心，满足人们对现实的超越性需要，人们去信奉它、实践它，它才成为人们的信仰。

（三）马克思主义信仰的特征

马克思主义作为一种信仰，当然具有信仰的一般特征，但是，马克思主义信仰之所以区别于其他信仰，不是因为它与其他信仰的共性，而在于其个性，具有不同于其他信仰的自己独有的特征。

1. 科学性和价值性的结合

第一，马克思主义信仰的科学性。从教育的角度看马克思主义信仰，了解它的科学性是关键，因为教育的道义要求给人们的东西首先应该是符合科学的。邓小平同志曾说："我坚信，世界上赞成马克思主义的人会多起来，因为马克思主义是科学。"② 笔者认为马克思主义信仰的科学性主要体现在：

首先，马克思主义信仰的内容具有科学性。马克思主义信仰，是对科学真理的尊崇与信服，是对扎根于现实世界、符合客观发展规律的未来理想社会的向往和追求。马克思主义者所信奉的马克思主义是关于自然、社会和思维发展的一般规律的完整、严密的科学世界观和方法论。马克思主义理论的科学性不仅能够从经济学的角度得到证实，也能够从哲学、历史学的角度得到证实。从经济学的角度看，《资本论》对资本主义社会经济运行规律的揭示，证明了马克

---

① 刘建军. 信仰追问［M］. 北京：中国青年出版社，2014：228.
② 邓小平文选：第3卷［M］. 北京：人民出版社，1993：382.

思主义理论的科学性。从历史的角度看，唯物史观对资本主义必然灭亡和共产主义必然实现的分析，证明了马克思主义理论的科学性。马克思主义唯物辩证法从观念上打破了资本主义永恒论，加深了人们对马克思主义的资本主义理论以及共产主义必然性的理解，并对革命的合理性进行了证明，从而在哲学的角度上论证了马克思主义信仰的科学性。

其次，马克思主义信仰具有实践性。经不起实践检验的理论不能说是真正意义上的科学理论，马克思主义理论的科学性不仅在于解释世界这一用途，更主要的是马克思主义理论在认识和改造世界上大有所为，并在指导人们认识和改造世界的过程中不断检验、证明、丰富着其理论的科学性。马克思主义信仰的科学性不断得到来自社会实践的检验和证明。马克思主义作为一种科学理论武器，是中国人民认识世界和改造世界强大的精神动力和行动指南。在新民主主义革命时期，马克思主义是中国先进阶级和进步力量的指导思想，帮助其实现了中华民族的伟大胜利；在改革开放、社会主义现代化建设时期，马克思主义是全体中国人民的指导思想，促进了生产力的发展，提高了人民的生活水平，使中国人民逐步实现共同富裕。马克思主义信仰在人类生产的客观现实条件下，从实践中分析和总结出符合客观事物发展方向规律，给人们指出了一条正确的道路，并能够为解决实践中遇到的各种问题开辟道路。马克思主义信仰这种科学的认识态度一旦内化必定会对现实世界的发展和社会生活产生巨大的、积极的作用，通过人们的努力和奋斗，共产主义的宏伟目标就一定能够实现。马克思主义信仰的科学性在实践中不断汲取新的力量。马克思主义的强大生命力就在于它始终同实际生活保持着密切的联系，是在社会实践基础上产生和发展起来的并在实践中不断丰富的信仰。中国特色社会主义理论体系作为马克思主义基本原理和中国改革开放具体实际相结合的产物，不仅没有离开马克思主义的发展大道，它所坚持的四项基本原则，即马克思主义指导、社会主义方向、人民民主政权和共产党的领导，正是马克思主义信仰的核心内容和集中表现。从本质上说，马克思主义是对人们实践活动的反思和总结。马克思主义运用以实践为核心的理想与信仰相统一的思维模式，用科学、抽象的方法，从无限到有限，从暂时到永恒，从相对到绝对，对现实世界进行研究，使信仰在实践中从应然到实然、从实然到应然地不断实现，这一实践同时又使得实践在科学信仰的指导下不断地深入和超越。

第二，马克思主义信仰的价值性。如果说科学性回答的是真与不真或真的程度问题，那么价值性回答的是值与不值或值多少的问题。不是凡具有科学性的东西都能为人们接受，人们还要从价值的角度对它进行审视和取舍。科学的东西可能有人认为没有价值而拒绝接受，不科学的东西也可能有人认为有价值而盲目接受。从传播的角度看马克思主义信仰，了解它的价值性是关键，因为人们通常优先对那些对他有用的、符合他利益需求的信息感兴趣。

马克思主义信仰的价值正如列宁指出的："马克思的哲学是完备的哲学唯物主义，它把伟大的认识工具给了人类，特别是给了工人阶级。"① 马克思主义信仰是对无产阶级根本利益的表现，因为马克思主义就是从无产阶级的革命实践中产生和发展的，具有鲜明的实践性和阶级性。在马克思主义看来，无产阶级是一个被锁链彻底缚住的阶级，只有解放全人类，才能最后彻底解放自己，马克思主义明确指出，无产阶级是推翻资本主义制度和建设社会主义制度的决定性力量，其可以自觉组织起来为本阶级和人类的解放而奋斗。马克思主义信仰致力于实现以劳动人民为主体的最广大人民的根本利益。马克思主义认为人民群众是历史的创造者，人民群众的根本利益、意志、愿望体现了社会发展的要求和方向，因此，社会主义社会把"人民拥护不拥护""人民赞成不赞成""人民高兴不高兴""人民答应不答应"作为制定各项方针政策的出发点和归宿点。

2. 超越性和现实性的结合

第一，马克思主义信仰具有超越性的特征。马克思主义信仰和其他信仰一样具有某种"终极"目标的意蕴。在马克思主义那里，信仰内在地与社会理想紧密相关。马克思主义信仰也可以称之为共产主义信仰，在马克思主义理论中，共产主义理想是人类社会的理想状态，也是个体在有限的人生中追求无限价值的具体体现。真正信仰共产主义的人，并不祈望今生今世就会看到共产主义的实现，而是把共产主义视为自己人生不懈追求的永恒目标，并赋予自己不断超越现状的精神力量。把共产主义作为人生的信仰和追求目标，无疑具有了终极关怀的意义。具有某种"终极"目标的意蕴的共产主义的实现过程是一种超越有限人生的无限过程。共产主义运动虽然是一种通过人的努力可以逐渐实现的现实目标的社会运动，但这个运动却是一个非常漫长的过程，对于个人短暂的人生而言，它就是一个超越有限人生的无限过程。一个人只有把自己的信仰和社会发展的理想相统一，将自己人生的有限融入到社会发展的无限中，在自己

---

① 列宁全集：第 23 卷 [M]．北京：人民出版社，2017：45.

人生的有限中体现社会发展的无限，才能拥有一个崇高的人生。于是马克思主义信仰具有无限的超越性。马克思主义信仰具有鲜明的实践性，注重在实践过程中不断发现问题和解决问题，并在实践过程中不断进行反省、总结，用新的观点、方法、思路丰富和发展马克思主义。马克思主义促使人追求最崇高的精神存在，注重塑造信仰者完美高尚的人格，具有无限的超越性，具有极其崇高的精神价值。

第二，马克思主义信仰具有现实性的特征。马克思主义信仰具有现实性。马克思主义信仰并不把追求超自然、超人类的价值作为自己的目的，而是为了满足人们的需要从现实社会中实现价值。马克思主义的产生实际上是在阶级斗争尖锐化以及资本主义矛盾激化的情况下，自觉服从无产阶级解放的现实需要而做出的努力的结果。马克思主义并没有像传统宗教信仰那样，把现实用宗教的外衣掩盖起来，使之成为虚幻的、超验的宿命，反倒是用无情的批判除去了笼罩着现实斗争的宗教信仰的面具，突出了现实的利益斗争。马克思主义信仰的现实性，是对传统信仰的虚幻性、超验性的革命。马克思主义信仰的现实性的力量源泉在于其理论本身的科学性和实践性，马克思主义信仰是人们对客观世界及其规律的正确反映，是在社会实践的基础上产生和发展起来并且在实践中不断检验、不断发展并具有强大生命力的信仰，是通过人的努力可以逐渐实现现实目标的社会运动。

3. 个体性和社会性的结合

实现人的自由而全面的发展，是马克思主义追求的根本价值目标，也是共产主义社会的根本特征。马克思主义信仰主张个体发展与社会发展相结合，二者不可偏废。马克思主义信仰着眼于人的全面发展，以尊重人的能动性为前提，以人人都得到自由、和谐、全面的发展为目标。在未来的共产主义社会，"每个人的自由发展是一切人的自由发展的条件"[①]，社会发展不以牺牲某些人的发展为代价。马克思主义信仰目标的实现不是靠"神迹"和"神力"的佑助，而是靠人自己；马克思主义信仰的方式不诉诸人们的非理性狂热和苦修苦练的自我折磨，而是诉诸人们的健全理智和常态生活；马克思主义信仰植根于人对自己本质力量的充分信仰，构筑在人的实践能动性的不断发挥上，使人类真正获得了自爱和自尊。与传统宗教性信仰极端的发展人的某种本质力量以致造成人的

---

① 马克思恩格斯选集：第 1 卷［M］．北京：人民出版社，2012：422.

异化不同,马克思主义信仰促进人的各种本质力量的自由、全面、和谐、健康的发展。从这个角度来说,马克思主义信仰是一种崇高而又健全的科学信仰。

马克思主义信仰主张追求不朽人生的意义和价值,这种追求只有在实践中才能得以体现,而投身于人类解放事业的实践是个人最崇高、最有价值的实践。个人只有汇入人类进步的洪流,其生命之水才可以永不干枯。对马克思主义的信仰,是我国无产阶级和广大人民群众团结一致、振兴中华民族的纽带,它不仅是我们进行社会主义革命的精神支柱和精神动力,而且也是我们进行社会主义建设的精神支柱和精神动力。因此,坚定马克思主义信仰和共产主义信念,不仅是国际共产主义运动兴盛和未来理想社会实现的关键,而且是我国社会主义现代化建设成败的必然要求。

像其他所有的生命体一样,人类的种系也是需要生物繁殖的,只不过,人类的生物繁殖并非一个简单的复制过程,而是通过在一定文化环境中的生活与活动参与,使不成熟的个体逐渐变得成熟,并成为特定文化环境中的适应者和参与者。教育就是这样的一种活动,即"培养人适应文化生活的整个社会活动过程"①。信仰教育是一种特殊的教育活动,马克思主义信仰教育则是具有自己特征的信仰教育活动。

二、马克思主义信仰教育目标

马克思主义信仰的科学性、崇高性、实践性,决定了其教育必然是"知""情""行"的统一,受教育者必须在生存生活之中达到对马克思主义信仰的"真知",继而达到"真信",进而在现实生活实践中"真用",指导其自身生活、学习、工作,从而实现个人的发展。开展马克思主义信仰教育,意味着在教育中要做到对马克思主义的真学、真信、真行,实现"学""信"和"行",即"知""情""行"的有机统一。在马克思主义信仰的引导下,受教育者要不断深化其对马克思主义理论的认知程度,从而达到尊崇马克思主义的理论指向、贯彻马克思主义的方法指导,在"知"之下实现其个人现实生活的改造,追求个人的现实幸福生活。历史演进、人类社会发展进程证明了马克思主义信仰的

---

① 杰拉尔德·古特克.哲学与意识形态视野中的教育 [M].陈晓端,译.北京:北京师范大学出版社,2008:5.

"可信"①，其本身就是以历史作为其理论支撑，对马克思主义信仰的"真信"，是历史发展之必然反映，是人类自我解放之"应然"。马克思主义信仰是以现实生活为其基本支点，受教育者通过对现实生活的批判、对未来生活的构建，超越现代"物欲"社会之束缚，摒弃现实对抗性之矛盾，进而实现个人的现实幸福生活，从实践着手改造生活世界，在"行"之中实现个人的解放。

（一）马克思主义之"真知"

教育客体实现对马克思主义的信仰，必须通过教育，消除其精神、观念的困惑、疑虑，从而指导其现实生活之实践，实现其现实之幸福生活，从而确证其对马克思主义信仰的"真知"。教育客体对马克思主义的"真知"，是由"不知"到"浅知"再到"深知"的历史过程，是从片面认知向全面系统认知的不断转变，也是从"应然"到"实然"的现实进程。教育客体对马克思主义理论的把握、对马克思主义信仰的确信，实现其在理论上的超越，抛除非现实性的、非实践性的、非真理性的诸种混杂理论，进而实现其理论上由"自发"逐步走向"自觉"，把握马克思主义理论的深刻精髓，把握马克思主义以"人"为其根本，把握马克思主义信仰以"人"的自我解放的真实旨归，深刻认知马克思主义信仰的理论指向，成为真正指引其实现幸福生活、实现自由的科学理论。受教育者唯有实现对马克思主义的"真知"，才能实现对马克思主义信仰之"知"，实现对马克思主义信仰"人类情怀"之理解，实现对自身解放之确证。马克思主义信仰教育，是对受教育者把握马克思主义理论精髓、实质的确证，对马克思主义"真知"之过程，即对马克思主义信仰"真知"之过程，从而促进受教育者在现实生活世界"完成思想、观念和思维方式的自我内在变革"②。

（二）马克思主义之"真信"

受教育者确立对马克思主义的"真知"后，马克思主义的价值观将是其世界观、人生观、价值观的指针，必须要有马克思主义深信不疑之决心，必须对马克思主义"真信"，对其世界观、方法论不断内化，成为个人实践之价值内核。对马克思主义的"真信"的过程，就是受教育者个体对马克思主义信仰不断深化的过程。人民大众改造现实世界的"武器"只能是科学的马克思主义信

---

① 徐秦法．马克思主义信仰教育的本质规定及其内在逻辑［J］．马克思主义研究，2018（04）：122－128.
② 徐秦法．马克思主义信仰教育的本质规定及其内在逻辑［J］．马克思主义研究，2018（04）：122－128.

仰，因而必须使人民大众"信服"其理论价值、实践指向。在《〈黑格尔法哲学批判〉导言》中马克思鲜明地指出："理论只要说服人，就能掌握群众；而理论只要彻底，就能说服人。所谓彻底，就是抓住事物的根本。而人的根本就是人本身。"① 在此，"批判的武器"何以成为"物质力量"，何以"说服人"才是本源所在？唯有受教育者实现对马克思主义的"真信"，真正在情感、认知上认同、赞同、崇尚马克思主义信仰，马克思主义理论方可"掌握群众"，方可将"批判的武器"转化为"物质力量"。马克思主义信仰对人民大众进行现实生活的启蒙，实现其生活自觉，明确其生活之责任与使命，从而使人民大众追求内蕴着解放、自由的幸福生活，真正将人民大众作为实现"人"自身解放之实体，实现"人"自身幸福之主体。马克思主义信仰受教育者只有对马克思主义"真信"，实现个人价值革新，确证其价值取向之正当趋向，才能真正成为"物质力量"在现代生活世界之中"在场"。

（三）马克思主义之"真行"

受教育者在"知""信"的基础上，能够对马克思主义理论深刻掌握、对马克思主义价值主张确信不疑，从而能够自觉地立足于马克思主义信仰的价值立场之上，在观念、精神上深刻把握马克思主义信仰的本质规定，将马克思主义信仰内化于"心"，进而将马克思主义信仰外化于"行"，使其成为指导个人生活实践之科学理论。在马克思主义信仰的理论、价值引导之下，受教育者将马克思主义信仰的方法真正运用到其现实生活实践之中，能够真正在认识世界和改造世界的过程中诊断、审视一系列问题的所在，进而对现实生活世界的问题进行科学的判断，抓住其中的主要矛盾，透析问题之实质，真正将马克思主义信仰落实于个人的学习、工作、生活之中，彻底地贯彻、践行马克思主义信仰之规定，"真正完成从思想、观念的革命到行动的自觉"，从而凸显受教育者从"知"到"信"再进化为"行"的科学进程，实现对马克思主义信仰的"知""情""行"的统一。马克思主义信仰教育，其本质还是要使教育客体将科学的世界观、方法论内化于个人精神世界之中，外化于个人的现实生活之中，确证个人实践之正当性，"从而达到积极主动地坚持马克思主义的理论和方法论原则，观察、分析和把握现实生活中的各种问题，做出符合历史和现实的准确

---

① 马克思恩格斯文集：第 1 卷［M］．北京：人民出版社，2009：11．

判断，并能在行动中自觉坚守和践行该信仰"① 的目的。马克思主义信仰受教育者对马克思主义的"真行"，表现为确立个人在实践中的正当立场与价值原则，从而成为实现"每个人"自由、解放与发展的真正之实践主体，成为幸福生活之"引领者"。

马克思主义信仰教育就是引导人民大众从现实世界出发，通过对现代生活充分地、全面地把握，对现代生活意识的确立以及对未来幸福生活之确信，真正正视其自身实践主体地位，认识到自身是"人"的解放之主体，是实现未来幸福之生活的主要力量。马克思主义信仰教育是由"真知"到"真信"再到"真行"的科学过程，是受教育者在现代生活之中"在马言马""懂马信马"，进而指导其现实生活之实践，促成"知""情""行"之统一。一言以蔽之，马克思主义信仰不仅是精神力量，更多层面的是改变现实生活的物质力量，其科学性的本质属性就是指引人民大众认识世界、改造世界，实现自身幸福生活之必然；马克思主义信仰教育就是让受教育者实现马克思主义信仰的理论和实践的自觉，树立正确的价值观念，立足正确的价值立场，从而指导其生活实践，改善其自身，实现"人"的自由全面的发展。

---

① 徐秦法. 马克思主义信仰教育的本质规定及其内在逻辑 ［J］. 马克思主义研究，2018 （04）：122 – 128.

第二章　马克思主义信仰教育的发展历程

　　马克思主义是一种科学理论，同时也是一种科学信仰。它是无产阶级认识世界、改造世界的精神支柱和斗争旗帜。它是我们国家的基础，是我们党的源泉。它不仅具有巨大的物质价值，而且具有最高的精神价值，激励人类进入最崇高的精神境界，形成完美而高尚的新人格。邓小平同志在总结历史经验说："对马克思主义的信仰，是中国革命胜利的一种精神动力。"① 作为一项系统工程的马克思主义信仰教育，涉及教育的多个方面，包括了家庭、学校和社会等多个领域的教育内容。在价值多元化的背景下，特别是在宗教信仰自由政策之下，合法的宗教信仰教育、富有地域特色的民间信仰教育等各种信仰教育客观存在。以马克思主义引领上述客观存在的多元、多样信仰教育的实施。

一、萌芽阶段

　　19 世纪末 20 世纪初，西方列强掀起瓜分中国的狂潮。许多先进的中国知识分子亟待寻找"良方"来医治当时已经"千疮百孔"的中国，在对清政府极度失望的情况下，他们将目光转向西方，大量地翻译西方著作，企图从中找到"药方"，以达到救国救民的愿望。1902 年 10 月起，梁启超在《新民丛报》上连续发表了《进化论革命者颉德之学说》《二十世纪之巨灵托辣斯》《中国之社会主义》等文，简述了马克思的思想。在《进化论革命者颉德之学说》一文中，梁启超称马克思是"日尔曼人，社会主义之泰斗也"，这是中国人在自己的著作中提到马克思的最早记载。在《二十世纪之巨灵托辣斯》一文中，梁启超又称马克思是"社会主义之鼻祖，德国人，著书甚多"。在《中国之社会主义》一文中，梁启超指出："社会主义者，近百年来世界之特产物也，概括其最要之义，不过曰：土地归公，资本归公，专以劳力为百物价值之原泉。"

---

① 邓小平文选：第 3 卷［M］．北京：人民出版社，1993：63.

马君武先生也是国内比较早接触和研究马克思主义的著名学者。1903 年 2 月,他在《译书汇编》上发表了《社会主义与进化论比较——附社会党巨子所著书记》一文,在论述社会主义学说发展史时介绍了马克思及其思想,并称"马克司者,以唯物史解历史学之人也。马氏尝谓:阶级竞争为历史之钥"。该文所附《社会党巨子所著书记》列举了 26 部研究社会主义的著作,其中包括《英国工人阶级状况》《哲学的贫困》《共产党宣言》《政治经济学批判》《资本论》等五部重要的马克思、恩格斯著作,这是最早在中文书刊中出现的对于马克思主义经典著作书目的介绍[1],对马克思主义在中国的传播起着不可磨灭的作用。研究马君武的马克思主义观,有助于还原近代中国人对马克思主义的早期认知,系统地梳理马克思主义中国化的历史发展脉络,对新时代推动马克思主义中国化、大众化提供参考借鉴。许多报刊都报道了马克思及其理论,如当时较为著名的《万国公报》《民报》《新民丛报》《大公报》等。但是当时的中国民族资产阶级由于视野所限,未能深入理解马克思主义的内涵,并对马克思主义存在一些错误的认知,因此对马克思主义浅尝辄止,没有坚定的马克思主义信仰,没能将马克思主义与中国当时的实际情况结合起来,脱离了人民群众,没有完成反帝反封建的民主革命任务,终究没能救中国于水火之中。

在新文化运动后期,李大钊率先举起了马克思主义的大旗,推动了马克思主义在中国的传播与发展。他先后发表了《法俄革命之比较观》《庶民的胜利》与《布尔什维克主义的胜利》等文章,高度赞扬了俄国十月革命的胜利,并积极地宣传马克思主义。在《我的马克思主义观》中,李大钊明确指出要反对帝国主义与封建主义的势力,必须依靠广大的劳动人民。他认为,青年知识分子必须与劳动人民携手,共同推进中国革命事业的发展。在李大钊不遗余力地宣传下,许多人开始对马克思主义有了深入了解,树立起了对马克思主义的信仰。

在五四运动后,陈独秀通过《马克思学说》《社会主义评论》和《劳动者底觉悟》等,宣传马克思的剩余价值理论与阶级斗争学说,强调无产阶级的重要作用,并预言将马克思主义与无产阶级结合起来,必将促成无产阶级政党的诞生。此后,陈独秀为建党而四处奔走,发展建党人才。1920 年,在北京和上海等地第一次出现了马克思主义的团体,这离不开陈独秀的努力,在诸多有识之士的积极宣传下,马克思主义的发展进入新时期,启发着人们的觉醒。

---

[1] 汪信砚. 西学东渐与马克思主义哲学中国化 [J]. 中国社会科学,2012(07):4-25,203.

二、探索阶段

从 1920 年开始，陈独秀与李大钊等人开始策划党组织的筹建工作。1920 年 8 月，在共产国际的帮助与陈独秀等人的努力下，中国共产党首个早期组织——上海共产主义小组成立了。它成立后，开始深入钻研马克思主义，积极宣传马克思主义，扩大马克思主义的影响力，并团结广大青年，进行革命运动，组织成立了社会主义青年团，并号召各地建立青年团，共同开展行动。同年 9 月，《新青年》开始作为党刊公开发行，以马克思主义学说和党的宗旨为思想武器，和各种反马克思主义与非马克思主义言论做斗争。同年 11 月，上海共产主义小组领导成立了第一个工会组织——上海机器工人工会，这是马克思主义的科学理论与中国工人运动结合的初次尝试。此后，北京共产主义小组、武汉共产主义小组、长沙共产主义小组、广州共产主义小组、济南共产主义小组纷纷成立。各个共产主义小组开展了许多活动，在思想上，出版马克思主义的相关刊物，开办学校，深入浅出地宣传马克思主义；在组织上，将工人有序地组织起来，建立工人组织；在人才培养上，在青年中开展工作，注重培养青年骨干，为革命储备人才。这些准备工作为中国共产党的诞生奠定了基础。

1921 年，中国共产党的第一次全国代表大会确立了党对宣传工作的领导权，这为马克思主义信仰教育的开展奠定了基础。在中国处在内忧外患的情况之下，马克思主义信仰教育的根本目标是实现无产阶级专政、消灭剥削，走向共产主义，实现社会的大变革。马克思主义信仰教育的对象在当时主要是广大的工人阶级，要用马克思主义对工人开展教育，党要领导和组织工人开展工人运动，以推翻资产阶级，建立无产阶级政权，使无产阶级掌握对国家机器的领导权。

1922 年，中国共产党在第二次全国代表大会上提出了民主革命纲领，第一次明确指出反帝反封建是这个阶段的主要革命任务，而马克思主义信仰教育要围绕着民主革命纲领来开展，目的是在工会中开展马克思主义教育活动，提高工人阶级的阶级自觉性，使其由一个自在的阶级演变为一个自为的阶级。此外，马克思主义信仰教育必须严格遵守党的组织要求和纪律要求。在组织上，必须深入群众，在群众中开展马克思主义信仰教育，以期实现马克思主义大众化；在纪律上，要主动接受严密的专业训练，按照党的纪律要求开展马克思主义信仰教育。

1923 年，中国共产党在第三次全国代表大会上提出与国民党以党内合作的方式建立革命统一战线。1924 年国民党第一次全国代表大会顺利召开，双方达成共识，革命统一战线正式形成，国民大革命的帷幕拉开了。同时，马克思主义信仰教育在国民大革命中开展，广泛地传播了"打倒列强和军阀"的革命思想，动员了广大人民参与和支援革命。首先，在黄埔军校中，设立了党支部、党代表与政治部，旨在开展马克思主义信仰教育，吸收党员，扩大党的影响力。并组织军校学生成立团体，为今后筹建党团组织做准备。此外，在开展军事训练的同时对学生开展主要内容为反帝反封建的思想教育，体现了马克思主义活的灵魂，即具体问题具体分析的观点，更坚定了黄埔军校学生对马克思主义的信仰。其次，在国民革命军中，开办培训班，培养思想政治工作的骨干；广泛宣传党的指导思想，设立党的政治部。党员充分发挥先锋模范作用，积极参军参战。最后，在农民群众中，开办讲习所和训练班；创建农民协会，以农民的切身利益为出发点，组织农民开展农民运动。农民群众是当时中国社会的基本力量，开展马克思主义信仰教育必须关注农民群众的实际情况，才能切实提高农民的觉悟，充分调动其参加革命的积极性。

在国民大革命失败后，中国共产党认识到城市的敌人力量过于强大，为了保持革命的有生力量，中国共产党开始转入敌人统治力量较为薄弱的农村地区，创建人民军队与农村革命根据地，发动武装斗争。首先，在人民军队中开展马克思主义信仰教育。在南昌起义与秋收起义接连受挫后，党中央决定对军队进行整编，在三湾改编后确立了"党指挥枪"的原则，统一了军队内部的思想，增强了官兵的集体归属感。其次，在农村革命根据地中，毛泽东同志提出了一条不同于城市中心道路的"农村包围城市，武装夺取政权"的中国革命道路，通过对道路的理论宣传与教育，坚定了广大党员干部与战士对中国革命必胜的决心。再次，中国共产党身为一个原则性极强的政党，十分重视纪律，坚持"不拿群众一针一线"，并且推广土地革命的政策，保障了更多群众的切身利益，使军民关系非常融洽。最后，宽待俘虏，争取俘虏，在俘虏中宣传马克思主义，有力地瓦解了敌军，壮大了人民军队。

在长征途中召开的遵义会议上，正式确立了以毛泽东为代表的党中央的正确领导，集中纠正了王明、张国焘等人的教条主义与分裂主义的错误，发扬了实事求是的优良作风，重新确立了党的正确路线，这是中国共产党独立自主地运用马克思主义基本原理解决中国实际问题的一次成功经验，更坚定了中国共产党人对马克思主义的信仰。并且在长征途中，红军广泛地宣传民族平等政策，赢得了少数民族的支持，广泛地播下了革命的火种，宣传了马克思主义，使少数民族地区的群众接受了马克思主义的洗礼，扩大了党在群众中的影响。

在 1935 年的瓦窑堡会议上，党确立了建立抗日民族统一战线的方针，开始在党内系统地宣传抗日民族统一战线，深刻地运用了马克思主义关于整体的方法论来解决中国当前的危机，这充分体现了党的大局思维。同时，党决定团结一切可以团结的力量，为了争取张学良、杨虎城所在的东北军和西北军，党多次派出优秀人才与张、杨二人积极接洽，传播马克思主义，宣传共同抗战方针，在党坚持不懈的争取下，最终形成了红军东北军和西北军"三位一体"的战略布局，在多方努力之下，西安事变得以和平解决，为抗日民族统一战线的建立奠定了基础。为了实现全民族抗战，促成国共合作，党决定对红军进行当前形势的教育，统一军队的思想，为红军改编做准备，以使军队能够更好地迎接当前的挑战。在抗日战争中，党的工作原则是"官兵一致、军民一致、瓦解敌军"，这也是中国共产党马克思主义信仰教育的重要内容。在抗日战争时期，党特别重视加强党员干部的马克思主义信仰教育，针对当时党内存在的主观主义、宗派主义与党八股等不良作风，中国共产党决定开展整风运动，集中主要力量解决主要矛盾，发扬理论联系实际的作风，改造了党员干部的思想，提高了他们业务能力，培养了一批高素质的人才。毛泽东同志认为："应该扩大共产主义思想的宣传，加强马克思列宁主义的学习，没有这种宣传和学习，不但不能引导中国革命到将来的社会主义阶段上去，而且也不能指导现时的民主革命达到胜利。"① 因此，要使革命取得胜利，必须使党员干部保持正确的政治方向，必须用马克思主义教育党员干部。除此之外，党十分注重加强大学生的马克思主义信仰教育，坚持转变学生的思想，使他们深刻理解马克思主义理论，提高他们的思想觉悟，树立正确的关于马克思主义的世界观、人生观与价值观，为抗日战争培养了骨干力量。

20 世纪 30 年代初，毛泽东同志在《反对本本主义》中明确指出"我们的斗争需要马克思主义。"② 马克思主义必须与中国实际相结合。1937 年，毛泽东同志发表了《实践论》和《矛盾论》，系统阐述了马克思主义认识论与辩证法，为马克思主义信仰教育提供了哲学依据。毛泽东同志在《实践论》中强调："我们的结论是主观和客观、理论和实践、知和行的具体的历史的统一，反对一切

---

① 毛泽东选集：第 2 卷［M］. 北京：人民出版社，1991：706.
② 毛泽东选集：第 1 卷［M］. 北京：人民出版社，1991：111.

离开具体历史的'左'的或右的错误思想。"① 毛泽东同志在《矛盾论》中指出："不同质的矛盾，只有用不同质的方法才能解决。"② 因此，针对当前的实际情况，必须团结起来，共同抗日，建立抗日民族统一战线，实现全民族的抗战。在1938年六届六中全会上，在《论新阶段》的报告中，毛泽东同志提出了实现马克思主义中国化的重要议题。强调"使马克思主义在中国具体化……成为全党亟待了解并亟须解决的问题"③。马克思主义中国化、具体化有利于更好地在立足我国国情的基础之上开展马克思主义信仰教育。此外，刘少奇同志在《论共产党员的修养》中提到了加强共产党员党性修养的重要性。他认为："每一个共产党员，不应该只是做一个起码的够格的党员，而应该按照党章的规定力求进步，不断提高自己的觉悟程度，努力学习马克思列宁主义。"④ 他强调："一个共产党员要有比较好的马克思列宁主义的理论修养。"⑤ 因此，党员必须学好马克思主义，用好马克思主义。《关于军队政治工作问题》的报告中指出："共产党领导的革命的政治工作是革命军队的生命线。"⑥ "在一定物质基础之上，思想掌握一切，思想改变一切。"⑦ 因此，党员必须真诚信仰马克思主义，深刻理解马克思主义。为了扩大抗日民族统一战线，中国共产党积极开展了争取知识分子的工作，加强了对知识分子的马克思主义信仰教育。如毛泽东同志在《大量吸收知识分子》的决定中强调："争取一切进步的知识分子于我们党的影响之下，是一个必要的重大的政策。"⑧ 引导与教育知识分子与工农民众相结合。转变他们的思想，改造他们的世界观，从而使他们站在无产阶级的立场上看待问题和解决问题。在党的带领下，知识分子认真学习马克思列宁主义经典著作，了解党史，对马克思主义有了一个较为理性的认识。广大投身于抗战的文艺工作者到抗战前线上，到军队中，到农村中开展文艺活动，以群众喜闻乐见的形式，创作了许多优秀的文艺作品，宣传了马克思主义理论，推动了马克

---

① 毛泽东选集：第1卷［M］.北京：人民出版社，1991：296.
② 毛泽东选集：第1卷［M］.北京：人民出版社，1991：311.
③ 毛泽东选集：第2卷［M］.北京：人民出版社，1991：534.
④ 刘少奇选集：上卷［M］.北京：人民出版社，1981：104.
⑤ 刘少奇选集：上卷［M］.北京：人民出版社，1981：115.
⑥ 建党以来重要文献选编（1921—1949）：第21册［M］.北京：中央文献出版社，2011：214.
⑦ 建党以来重要文献选编（1921—1949）：第21册［M］.北京：中央文献出版社，2011：206.
⑧ 毛泽东选集：第2卷［M］.北京：人民出版社，1991：751.

思主义大众化的发展，丰富了马克思主义信仰教育的内容。在中共七大上，毛泽东同志指出："掌握思想教育，是团结全党进行伟大政治斗争的中心环节。"① 思想教育的关键在于马克思主义信仰教育，必须予以重视。"以马克思列宁主义的理论与中国革命的实践之统一的思想——毛泽东思想，作为我们党一切工作的指针。"② 中共七大确立了毛泽东思想为党的指导思想，有利于统一全党的思想，为夺取抗日战争的最后胜利做了思想上和理论上的准备。

在抗日战争胜利后，为了人民群众和平安定的愿望，中国共产党提出"和平、民主、团结"的口号并以实际行动表明诚意，致力于实现国内和平。但是蒋介石却公然站在人民的对立面上，率先挑起内战，破坏得之不易的和平。中国共产党不惧挑战，从思想上武装全党和全国人民，消除了他们的畏战情绪，带领他们勇敢地迎接挑战，为保卫和平而战。首先，中国共产党带领广大农民开展土地改革，满足农民的土地需求，同时，对农民进行宣传和教育工作，以提高农民的觉悟性，激起农民生产和参军热情，支援前线作战。其次，在国民党统治区，开展人民民主运动，坚持原则性与灵活性相统一、先进性与广泛性相统一、公开性与保密性相统一，以配合解放军粉碎国民党的阴谋。再次，在青年学生中开展马克思主义信仰教育，激发学生爱国热情，掀起爱国主义运动的新高潮。最后，开辟反蒋统治的第二条战线，形成"一个极其广泛的全民族的统一战线"③。这个统一战线是取得解放战争胜利的关键，有利于开展各项有关于反战民主的工作，推动了解放战争的胜利进程。在解放战争过程中，党中央号召全党同志学习马克思主义基本理论，用无产阶级的世界观观察问题和解决问题。在党的七届二中全会上，一共将以下 12 种马克思列宁主义的经典著作作为干部必读书：《共产党宣言》《政治经济学》《社会发展史》《国家与革命》《联共（布）党史》《社会主义从空想到科学的发展》《帝国主义是资本主义的最高阶段》《共产主义运动中的"左派"幼稚病》《马恩列斯思想方法论》《论列宁主义基础》《列宁斯大林论社会主义建设》《列宁斯大林论中国》。毛泽东同志认为深入学习马克思主义经典著作十分必要，他曾深刻指出："如果在三年

---

① 毛泽东选集：第 3 卷［M］．北京：人民出版社，1991：1094.
② 刘少奇选集：上卷［M］．北京：人民出版社，1991：332.
③ 毛泽东选集：第 4 卷［M］．北京：人民出版社，1991：1213.

之内，有三万人读完这十二本书，有三千人读通这十二本书，那就很好。"① 只有理解了马克思主义的本质，才能真正由衷信仰马克思主义，才能灵活运用马克思主义的基本方法来解决中国的实际问题。

三、曲折阶段

在中华人民共和国成立后，实施全国性的马克思主义信仰教育对于中国共产党而言是一个极其艰巨的任务。其一，中华人民共和国成立初期，经济、政治状况相当复杂，思想多元化，马克思主义思想与各种反对马克思主义的思想并存。《中国人民政治协商会议共同纲领》确认了马克思主义的合法地位，将党的指导思想确立为国家主流意识形态。但是由于当时中国仍然是新民主主义性质的政治与经济制度占主导地位，必然导致思想领域中在马克思主义思想之外还存有其他的思想，主要表现为农民阶级、城市小资产阶级、民族资产阶级的思想在短时期内仍将与无产阶级思想同时存在。由于社会意识具有相对的独立性，虽然帝国主义、封建主义与官僚资本主义的反动统治已被推翻，但是其思想残余仍然存在，并且由于当时国民文化素质普遍不高，更容易受到这些残余思想的毒害。因此，提高国民文化素质，与各种错误思想展开斗争，肃清帝国主义、封建主义与官僚资本主义的思想残余是党面临的一项重大课题。其二，相关宣传部门的设置还未完善。当时党的工作重心主要在经济建设，对马克思主义信仰教育重视不够。刘少奇同志曾指出："我们党的宣传工作同当前任务的需要比较起来，还很不相称。"② "各级宣传部门很少注意党内外的思想动态，对马列主义——毛泽东思想更少有系统地宣传。"③ 各级宣传部门由于刚设立不久，未能明确其工作性质，认清其职责所在，因此在贯彻党中央的政策，宣传党中央的路线、方针时会出现偏差。其三，群众工作力度不足。一方面，由于人民群众饱受压迫，社会生活的混乱引起了他们思想上的混乱，加上战争年代群众工作存在暂时性、区域性等特点，从而难以形成体系。另一方面，由于中华人民共和国成立初期各级宣传机构主要将目光集中于比较大规模的群众运动，

---

① 中共中央文献研究室．毛泽东年谱（1893—1949）（修订本）：下卷［M］．北京：中央文献出版社，2013：467.
② 刘少奇选集：下卷［M］．北京：人民出版社，1985：83.
③ 中共中央文献研究室．建国以来重要文献选编：第2册［M］．北京：中央文献出版社，1992：76.

而对普通群众运动宣传不太重视，从而缺乏连贯性。因此，中华人民共和国成立初期，党在意识形态领域面临诸多困难与挑战，这无疑加剧了开展马克思主义信仰教育的难度。

为了解决上述难题，巩固和加强党在意识形态领域的领导地位，党采取了一系列针对性极强的措施。譬如，党中央发布了《关于加强理论教育的决定通知》，并于1951年5月召开了首次全国性的宣传工作会议，确立了开展宣传工作的方针与政策。此时党在思想领域的基本政策是"既应把对于共产主义的思想体系和社会制度的宣传，同对于新民主主义的行动纲领的实践区别开来；又应把作为观察问题、研究学问、处理工作、训练干部的共产主义的理论和方法，同作为整个国民文化的新民主主义的方针区别开来"①。其中既有现实目标，也有长远目标，有利于提高马克思主义信仰教育的实效性。此外，在会议上，刘少奇同志指出马克思主义信仰教育必须坚持实事求是，提高马克思主义信仰教育的重要性，并要处理好马克思主义信仰教育与党的中心工作的关系。因为一旦"离开了党的中心工作，宣传工作就会失败"②。1954年5月，党召开了第二次全国性宣传工作会议，主要议题是用马克思主义思想教育全党和全国各族人民，为实现第一个五年计划与过渡时期的总路线而奋斗。在会议中强调了加强思想工作的重要性，尤其是加强马克思主义理论宣传的重要性。这次会议召开后，关于党的总路线的宣传教育活动进入发展的新阶段。党的总路线的宣传教育活动影响十分深远，它广泛地传播了社会主义思想，使党的总路线得到人民的理解与支持，从而有利于社会主义改造事业的进行。刘少奇同志曾高度赞扬此次宣传教育活动，认为这个宣传教育活动"使党在过渡时期的总路线获得了全国绝大多数人民的热诚拥护，使社会主义的思想在国内树立了压倒一切的优势，使资本主义思想受到了深刻的批判"③。针对当时存在的人民马克思主义理论水平普遍不高的问题，有不同的解决方案。其一，为了提高领导干部的马克思主义理论水平，党中央先后发布了《关于加强理论教育的决定（草案）》《关于加强干部文化教育工作的指示》《关于党的高级干部自修马克思、列宁主义办法的规定》等文件，各级党校是培训各级领导干部的主阵地，对于提高领导干

---

① 毛泽东选集：第2卷［M］．北京：人民出版社，1991：706.
② 刘少奇选集：下卷［M］．北京：人民出版社，1985：90.
③ 中央档案馆，中共中央文献研究室．中共中央文件选集：第15册［M］．北京：人民出版社，2013：259.

部的思想理论素质发挥了积极作用。经过学习，提高了广大党员干部的马克思主义理论修养，减少了官僚主义做派，密切了干群关系。其二，为了提高知识分子的马克思主义理论水平，对知识分子进行了思想的改造。周恩来同志在《关于知识分子的改造问题》的报告中提到要以马克思列宁主义为指导，动员广大知识分子参加理论学习，提高他们的思想政治觉悟，通过听报告与学习党的相关文件资料，接受爱国主义、集体主义、社会主义与国际主义的教育。知识分子在接受改造的过程中，将所学理论与自身实际结合起来，开展批评与自我批评，树立了为社会主义服务、为人民服务的价值观，为实现从新民主主义向社会主义的顺利过渡做出了一定的贡献。其三，在思想领域，党中央号召在全国范围内学习马克思列宁主义理论。翻译出版了大量马克思列宁主义的经典著作，创办政治理论学习的报刊，出版各类理论学习读本，发表大量理论学习文章，并召开理论学习研讨会，对于转变中国人民的思想与推动中国各项事业的发展起了重要作用。其四，为了提高师生的马克思主义理论素养，在学校中开展马克思主义信仰教育，党中央颁发了《关于在学校中进行思想改造和组织清理工作的指示》，以清除学校中的反动思想，对教职工与学生进行思想改造，将马克思主义理论教育贯穿于整个国民教育体系之始终，提高了教职工与学生的思想道德水平。在 1949 年 10 月颁布的《各大学、专科学校、文法学院各系课程暂行规定》中确认将《政治经济学》《新民主主义论》《辩证唯物主义与历史唯物主义》列入公共必修课，使马克思列宁主义理论课正式进入中国国民教育体系。其五，为了提高工商业者的马克思主义理论素养，党对他们开展了强有力的马克思主义的宣传与教育活动，通过座谈、演讲、学习等方式引导他们开展自我批评，向他们宣传党的路线、方针、政策，使工商业者认清了社会发展的必然规律，即资本主义必将消亡、共产主义（社会主义）必将胜利的历史发展规律，成功地在思想上对他们进行了社会主义改造，使大多数资产阶级分子走上了自食其力的道路。其六，为了提高农民的马克思主义理论素养，在土地改革完成之后，党将社会主义教育、爱国主义教育、集体主义教育与农业合作化运动相结合，同时并举。农民十分欢迎与拥护变革，农村实现了深刻的社会变革。

　　1956 年 9 月，在党的第八次全国代表大会上，刘少奇同志提出要加强党的马克思主义信仰教育的具体措施：第一，要加强高级领导干部的马克思主义理论学习，以便他们能够熟练地应用马克思主义的立场、观点、方法来看待和解决问题；第二，提高理论与实际相联系的能力，将马克思主义的基本原理同中国的实际情况相结合，警惕经验主义与教条主义的威胁，坚决反对主观主义。邓小平同志提出要加强党员干部的马克思主义教育，提高全党的马克思主义思想水平。在党内开展批评与自我批评，及时纠正错误，使全党实现在马克思主义信仰上的统一。

　　1957年4月，党中央颁发了《关于整风运动的指示》，强调了此次整风运动的性质："这次整风运动，应该是一次既严肃认真又和风细雨的思想教育运动，应该是一个恰如其分的批评和自我批评的运动。"① 但是这一良好初衷很快被曲解，马克思主义信仰教育的探索方向逐渐偏离了。随着反右派斗争的扩大化，思想教育运动逐渐演变为"一场大规模的思想战争和政治战争"②。许多爱国知识分子与党员干部被错划为右派，蒙受了莫大的冤屈。"大跃进"和人民公社化运动脱离了当时中国的实际情况，是对马克思主义的错误解读，给马克思主义信仰教育带来了严重的不良影响。

　　在郑州会议和庐山会议上，认识到反右派斗争的扩大化、"大跃进"和人民公社化运动脱离了实际的错误，总结了经验教训，提出全党要统一认识，"必须注意教育公社的工作人员发扬优良的作风，首先是群众路线的作风和实事求是的作风"③。但是庐山会议后，对形势的错误判断，使得马克思主义信仰教育又面临新的困境。虽然这一时期的马克思主义信仰教育受到各种错误思想的影响，但是广大党员干部与人民群众仍在生产劳动实践、文艺作品和对榜样的学习中学习马克思列宁主义与毛泽东思想，这一点是值得肯定的。

　　"文化大革命"结束后，马克思主义信仰教育亟待拨乱反正。由于十年"文化大革命"带来的混乱局面在短期内仍然存在，并且当时党中央在指导思想上仍然犯"左"的错误，提出了"两个凡是"的方针，即"凡是毛主席作出的决策，我们都坚决维护，凡是毛主席的指示，我们都始终不渝地遵循"④，使得马克思主义信仰教育工作的开展步履维艰。而后邓小平同志提出要用完整的毛泽东思想来指导全党，"我们必须世世代代地用准确的完整的毛泽东思想来指导我

---

① 中共中央文献研究室. 建国以来重要文献选编：第10册［M］. 北京：中央文献出版社，2011：198.
② 中央档案馆，中共中央文献研究. 中共中央文件选集：第25册［M］. 北京：人民出版社，2013：388.
③ 中共中央文献研究室. 建国以来重要文献选编：第11册［M］. 北京：中央文献出版社，2011：539.
④ 学好文件抓住纲［N］. 人民日报，1977－02－07（01）.

们全党、全军和全国各族人民"，"只有这样，才不至于割裂、歪曲毛泽东思想，损害毛泽东思想".① 邓小平同志等老一辈无产阶级革命家们对"两个凡是"的极力批判，为后来关于真理标准的大讨论奠定了思想基础，为恢复马克思主义信仰教育做了舆论准备。党的十一大，党中央决定恢复和重建党的宣传组织。

1977 年 10 月 5 日，中央发布《关于决定办好各级党校的决定》，将办好党校提上日程，提高党员干部的党性修养，发扬党的优良传统，学习党的优良作风，坚决捍卫马列主义与毛泽东思想。9 日，叶剑英同志在中央党校的开学典礼上提出要坚持理论联系实际的学风，要让学习与研究马克思主义成为生活中的重要组成部分。他呼吁全体党员干部一定要认真读马克思主义相关著作，领会马克思主义基本原理，紧密联系实际。之后全国各地各级党校纷纷开学，培养了一大批马克思主义的人才。

在拨乱反正工作取得一定进展的前提下，马克思主义信仰教育工作也在推进，高校重开了马克思主义信仰教育课程。邓小平同志提出："学校应该永远把坚定正确的政治方向放在第一位."② 相关马克思主义信仰教育课程的设置，使大学生加深了对马克思主义基本理论的认识，提高了他们的马克思主义理论水平，对马克思主义的信仰更为坚定。

1978 年，《实践是检验真理的唯一标准》一文发表，邓小平同志指出："《实践是检验真理的唯一标准》是马克思主义的."③ 并直言坚持"两个凡是"的错误方针是对毛泽东思想的损害。《实践是检验真理的唯一标准》在全国范围内掀起了关于真理标准问题的大讨论的热潮，否定了"两个凡是"的错误方针，这场大讨论有利于重新确立实事求是的思想路线，夯实马克思主义理论基础。邓小平同志高度评价了这场关于真理标准问题的大讨论，指出："只有解放思想，坚持实事求是，一切从实际出发，理论联系实际，我们的社会主义现代化建设才能顺利进行，我们党的马列主义、毛泽东思想的理论也才能发展顺利。从这个意义上说，关于真理标准问题的争论，的确是个思想路线问题，是个政治问题，是个关系到党和国家的前途和命运的问题."④ 这场关于真理标准问题

① 邓小平文选：第 2 卷［M］．北京：人民出版社，1994：38—39.
② 邓小平文选：第 2 卷［M］．北京：人民出版社，1994：104.
③ 中共中央文献研究室．邓小平思想年谱（1975—1997）［M］．北京：中央文献出版社，1998 年：72.
④ 邓小平文选：第 2 卷［M］．北京：人民出版社，1994：143.

的大讨论，使广大人民群众主动接受了一次心灵的洗礼，接受了广泛而深刻的马克思主义信仰教育，使广大人民群众挣脱了思想僵化的牢笼，实现了思想上的大解放，推动了改革开放的热潮，为改革开放的伟大历史时期党的理论创新提供了重要借鉴，为中国特色社会主义道路的开辟奠定了坚实的思想基础。

四、发展阶段

十一届三中全会是党和国家历史上的一次伟大转折，在会上重新确立了马克思主义的思想路线，使马克思主义信仰教育进入新阶段。在《解放思想，实事求是，团结一致向前看》中，邓小平同志指出了解放思想与实事求是的重要性，"只有思想解放了，我们才能正确地以马列主义、毛泽东思想为指导，解决过去的遗留问题，解决新出现的一系列问题"，"解放思想是当前的一个重大的政治问题"①。"解放思想是当前的一个重大的政治问题"，"实事求是，是无产阶级世界观的基础，是马克思主义的思想基础"。②"实事求是，是毛泽东思想的出发点、根本点。"③在会后，党坚持解放思想、实事求是，把马克思主义基本原理同中国改革开放的实际相结合，使马克思主义中国化继续深入发展，坚持辩证唯物主义和历史唯物主义的思想路线，充分发扬了马克思主义的优良学风与传统，研究新情况，解决新问题，为马克思主义信仰教育的开展提供了重要启示，要求马克思主义信仰教育工作必须坚持理论联系实际的原则，提高教育的实效性，不能脱离当前实际情况。同时，马克思主义信仰教育工作要坚持四项基本原则，因为"对各种错误思潮掉以轻心，任其泛滥，我们就会犯历史性的错误"④。所以要坚决与各种怀疑与否定马克思列宁主义、毛泽东思想、中国共产党的领导、无产阶级专政与社会主义道路的错误思潮做斗争。在党的十一届六中全会上，通过了《关于建国以来党的若干历史问题的决议》，此决议科学评价了毛泽东同志，肯定了毛泽东思想作为党的指导思想的重要意义，体现了中国共产党人对辩证唯物主义和历史唯物主义的灵活运用。同时，决议中指出："要加强和改善思想政治工作，用马克思主义世界观和共产主义道德教育人

---

① 邓小平文选：第2卷 [M]．北京：人民出版社，1994：141.
② 邓小平文选：第2卷 [M]．北京：人民出版社，1994：143.
③ 邓小平文选：第2卷 [M]．北京：人民出版社，1994：114.
④ 中共中央文献研究室．十五大以来重要文献选编：中册 [M]．北京：人民出版社，2001：1038.

民和青年。"① 这有利于促进马克思主义信仰教育的发展。

（一）探索时期：1978 年—1982 年

改革开放初期正处于我国思想领域拨乱反正与经济建设全面开放的重要转折点，全党的工作重点也适时转移到了社会主义建设上，迫切需要打破思想的枷锁，用科学的指导思想统领全局。1978 年，关于"真理标准"的大讨论掀开了我国马克思主义信仰教育的新篇章，在具体实践中，逐步实现了思想路线、教育目标的转变。

1. 由"两个凡是"向"解放思想、实事求是"思想路线的转变

1976 年"文革"结束后至 1978 年党的十一届三中全会召开之前，尽管已经粉碎了以"江青"为首的"四人帮"，但由于部分党内干部和人民群众长期受"左"倾思想以及错误提出的"两个凡是"的影响，全国思想工作、政治工作、经济工作待兴，面临诸多亟须处理的问题，迫切需要扫清思想上的雾霾，树立新的指导思想引领全局。1978 年，关于"真理标准"问题的大讨论犹如一场甘霖，成为思想上拨乱反正和推进改革开放的及时雨，为后续历史转折提供了充足的思想舆论准备。同年 5 月 10 日，中共中央党校理论研究室在其内部刊物《理论动态》上发表了《实践是检验真理的唯一标准》一文，提出："检验真理的唯一标准只能是社会实践，理论与实践的统一"。翌日，《光明日报》以特约评论员的名义（作者为胡福明）公开发表。随后，《人民日报》《解放军报》等重要刊物相继转载。至此，以一篇文章拉开了真理标准问题大讨论的帷幕，"实践是检验真理的唯一标准"这一口号开始在群众中广泛传播。尽管在文章刊出后遭受坚持"左"倾顽固派的反对，但在邓小平同志、叶剑英同志、陈云同志等老一辈革命家的积极领导和支持下，文章内容被广泛传播和学习，要"使我们的思想来个大解放"②，"只有思想解放了，我们才能正确地以马列主义、毛泽东思想为指导，解决过去遗留的问题，解决新出现的一系列问题"③。1978 年底，党的十一届三中全会顺利召开，为这场大讨论画了一个圆满的句号，实现了思想上的拨乱反正，消弭了"左"倾思想的长期影响，解除了"两个凡是"

---

① 中共中央文献研究室. 十一届三中全会以来重要文献选读：上册［M］. 北京：人民出版社，1987：348.
② 邓小平文选：第 2 卷［M］. 北京：人民出版社，1994：119.
③ 中共中央文献研究室. 三中全会以来重要文献选编：上册［M］. 北京：人民出版社，1982：20.

的束缚，使人们脱离"本本主义""教条主义"的沼泽，增强了党员干部和人民群众的认知和辨别能力，在马克思主义信仰教育的发展历程中具有重要的转折意义。

1978 年底，邓小平同志强调"全党必须再重新进行一次学习"，"学习什么？根本的是要学习马列主义、毛泽东思想……克服保守主义和本本主义"①，1979 年 3 月 30 日，邓小平同志对思想理论工作的任务做出重要部署："今后要求从中央起，各级党委一定要把思想理论工作放在正确轨道和重要地位上"②，这将思想政治工作方向拉回到马列主义、毛泽东思想的正确轨道上来，掀起了全党学习马列主义、毛泽东思想的高潮，为改革开放初期开展马克思主义信仰教育扫清了思想障碍。至此，马克思主义信仰教育工作也实现了从"两个凡是"向"解放思想、实事求是"思想路线的转变，教育内容也随之发生变化。

2. 由"以阶级斗争为纲"向"为社会主义经济建设服务"的教育目标的转换

经济基础决定上层建筑，"从长远观点着眼，教育能改变现有经济结构，促进经济发展"③。马克思主义信仰教育作为一种意识形态教育，必须围绕党的中心任务展开，要引导人民群众树立马克思主义的科学信仰，积极投身于改革开放的浪潮之中。1979 年 3 月 30 日，邓小平同志在做《坚持四项基本原则》讲话中指出，"使全党有可能把工作着重点从今年起转移到社会主义现代化建设上来"④，这标志着我国将工作重点转移到社会主义现代化建设上，思想工作、文化工作、政治工作等要为配合"四个现代化"发展而服务。9 月 29 日，叶剑英同志在庆祝中华人民共和国成立三十周年大会上的讲话中强调："经过同林彪、'四人帮'的斗争，我国人民极大地提高了关心国家大事的政治觉悟……增强了为保卫真正的社会主义经济和社会主义政治而斗争的本领。"⑤ 为配合改革开放，加快经济建设，推进"四个现代化"工作，国家有关部门出台了一系列文

① 中共中央文献研究室. 三中全会以来重要文献选编：上册 [M]. 北京：人民出版社，1982：33.
② 中共中央文献研究室. 三中全会以来重要文献选编：上册 [M]. 北京：人民出版社，1982：105 - 106.
③ 卫道治，沈煜峰. 人·关系·文化——教育社会学观略 [M]. 长沙：湖南教育出版社，1988：221.
④ 中共中央文献研究室. 三中全会以来重要文献选编：上册 [M]. 北京：人民出版社，1982：82.
⑤ 中共中央文献研究室. 三中全会以来重要文献选编：上册 [M]. 北京：人民出版社，1982：233 - 234.

件，旨在加强人民群众尤其是青年学生和在岗职工的思想教育工作，紧密结合经济建设工作和马克思主义信仰教育工作。1980 年 4 月，教育部、团中央联合印发《关于加强高等学校学生思想政治工作的意见》，明确高等学校的培养目标必须围绕"又红又专"的发展方向，《意见》还指出，"四个现代化建设是当前最大的政治"，"学生为祖国的四个现代化刻苦学习业务，是政治思想好的重要表现"①。将政治思想表现与业务学习挂钩，积极培养"又红又专"且服务于现代化建设的综合性人才。1981 年 2 月 20 日，中共中央、国务院出台《关于加强职工教育工作的决定》，强调"需要一支广大的有社会主义觉悟、有科学文化知识、有专业技术和经营管理经验的职工队伍"，"引导职工利用科学文化知识来促进生产的发展"②，将职工培养成坚定社会主义信念、懂现代经济和经营管理水平的人才。

十一届三中全会后，全党的工作重心落在了社会主义现代化建设之上，思想政治工作与经济发展紧密结合，我国马克思主义信仰教育也实现由"以阶级斗争为纲"向"为社会主义经济建设服务"教育目标的根本转换，积极引导教育对象积极践行马克思主义的科学信仰，共同推进经济建设，改变了马克思主义这一思想上的"批评性武器"在"文化大革命"期间沦为革命斗争武器、仅仅为政治服务的历史，这标志我国马克思主义信仰教育正式迈过曲折探索时期，逐渐转向了服务四个现代化建设和人的全面发展的正确方向。

（二）开拓时期：1982 年—1992 年

1982 年 9 月 1 日至 11 日，中国共产党第十二次全国代表大会在北京顺利召开，开始了全党全国人民"建设有中国特色的社会主义"新命题的不断探索。在这一历史进程之中，我国马克思主义信仰教育工作逐步形成了基本的教育轮廓、初步建构了系统的教育体系，围绕社会主义初级阶段理论，在社会主义精神文明建设、思想政治教育学科化建设进程中不断开拓创新、稳步发展。

1. 围绕社会主义初级阶段理论展开马克思主义信仰教育

1987 年 10 月，党的十三大提出并系统阐释了关于社会主义初级阶段的理论，这一理论成为这一历史阶段我国马克思主义信仰教育的重要内容，广泛运

---

① 教育部思想政治工作司组编．加强和改进大学生思想政治教育重要文献选编（1978—2014）［M］．北京：知识产权出版社，2015：4.

② 中共中央文献编辑委员会．三中全会以来重要文献选编：上册［M］．北京：人民出版社，1982：690 - 691.

用于各个教育环节之中。1988 年 6 月，中共中央宣传部理论局为贯彻落实党的十三大会议精神、适应社会主义初级阶段理论和党的基本路线教育的需要，推出《关于在县级以上党政机关党员干部中深入学习社会主义初级阶段理论和党的基本路线的意见》，该《意见》要求在县级以上党政机关党员干部中开展社会主义初级阶段理论和党的基本路线教育，未在高等学校或地级以上党校、干校学习过马克思主义理论相关知识的党员干部，需要补修《哲学》《政治经济学》以及《社会主义初级阶段理论和党的基本路线教育》三门课程（原为四门），实现由党内干部带动党外干部、基层干部和广大群众的学习，这一历史阶段的马克思主义信仰教育工作也基本围绕这一主题展开。随后，红旗出版社出版《社会主义初级阶段理论和党的基本路线学习书目和教学大纲》，详细罗列了相关的参考书目，说明了如何学习马克思、恩格斯、列宁和毛泽东等革命先驱的经典著作，并规定了教学要求和要点。此外，《大纲》明确指出要"使社会主义初级阶段理论和党的基本路线的学习成为一次广泛的深入的马克思主义和社会主义的再教育"①。此后，围绕这一主题，积极引导党员干部和人民群众运用我国社会主义初级阶段理论和马克思主义的基本理论分析生活和工作实际、在学习过程中树立坚定的马克思主义信仰成为这一历史阶段教育的主要内容，取得了良好的教育效果。

2. 在社会主义精神文明建设中加强马克思主义信仰教育

社会主义社会作为一种社会形态，不仅要有丰富的物质文化生活，也应有丰富的精神文明生活，两者互为补充，才能发挥社会主义的优越性。1980 年 12 月 25 日，邓小平同志针对党内部分同志思想混乱，认为坚持四项基本原则与解放思想呈矛盾态势的错误思想的情况，明确强调，"所谓精神文明，不但是指教育、科学、文化，而且是指共产主义的思想、理想、信念、道德、纪律"②。党和政府清醒地认识到在实现社会主义现代化建设过程中丰富物质文明的同时必须加强精神文明建设，并从二者的关系问题视角强调在建设过程中必须加强全党全国人民的意识形态教育，以此发挥马克思主义信仰教育对社会主义现代化建设的内驱功能。1982 年 9 月，胡耀邦同志在党的十二大报告中首次明确"社

① 中共中央宣传部理论局. 社会主义初级阶段理论和党的基本路线学习书目和教学大纲 [M]. 北京：红旗出版社，1988：53.

② 中共中央文献编辑委员会. 三中全会以来重要文献选编：上册 [M]. 北京：人民出版社，1982：641.

会主义精神文明是社会主义的重要特征，是社会主义制度优越性的重要表现"①。一方面，将精神文明建设分为"文化建设"和"思想建设"两个维度，二者相互渗透，互为补充。另一方面，明确了思想建设对于坚持政治方向的重要性，强调了马克思主义信仰是精神文明建设的重要组成部分，必须要在建设过程中加以强化。

1986 年 9 月，党的十二届六中全会强调，"马克思主义是社会主义意识形态的最重要的组成部分，对整个精神文明建设起着重大的指导作用"②，必须强化对全党全国人民的科学世界观的教育与引导，同时强调马克思主义作为指导思想的重要性。此时，由于教育对象的多层次性、教育环境的复杂性特点日益凸显，传统的、单一的教育教学模式不再适用，于是以简洁明快的宣传标语广泛推广、以人民喜闻乐见的文化娱乐模式积极引导等隐性教育方式在实践过程中不断被运用。1981 年 2 月 25 日，文明礼貌月活动正式推广，倡导"讲文明、讲礼貌、讲卫生、讲秩序、讲道德"五讲教育，以及"心灵美、语言美、行为美、环境美"四美教育。1981 年 2 月 28 日，中共中央宣传部联合教育部等部门联合发出《关于开展文明礼貌活动的通知》，"逐步使'五讲四美'成为广大群众的作风和习惯"③，结合"热爱祖国、热爱社会主义、热爱中国共产党"三热爱教育开展教育工作，"五讲四美三热爱"口号在人民群众中广泛传播。"五美四讲三热爱"教育活动是党和政府在认真研究改革开放新的历史条件下，结合思想政治教育工作新的特点与规律，根据教育环境的复杂性和教育对象的层次性特点，运用人民群众喜闻乐见的活动形式深入开展马克思主义信仰教育的典范，取得了良好的教育效果和实践。

3. 在思想政治教育学科化建设中规范马克思主义信仰教育

自我国革命先驱李大钊同志在众多革命理论中不断求索，逐步摆脱各种资产阶级、小资产阶级社会思潮的影响选择马克思主义后，中共党人从未放弃对思想教育、马克思主义理论教育理论的研究和补充，取得了较为丰硕的成果。值得注意的是，马克思主义信仰教育在这一历史阶段中的开展并不系统和规范，

---

① 中共中央文献编辑委员会. 十二大以来重要文献选编：上册［M］. 北京：人民出版社，1986：26 - 27.

② 中共中央文献编辑委员会. 十二大以来重要文献选编：下册［M］. 北京：人民出版社，1988：1186.

③ 中共中央文献编辑委员会. 十三大以来重要文献选编：下册［M］. 北京：中央文献出版社，1993：723.

党内部分干部依旧信奉"本本主义"和"教条主义"的错误思想，迫切需要基础理论研究打破思想瓶颈，但此时理论研究的速度已经滞后于我国的政治、经济、文化的发展速度。一方面，各级党校和高等学校响应国家号召至少设置了一两门较系统的马克思主义理论课，致使马克思主义理论教育、思想政治教育的工作量增大，教育资源不能有效覆盖。另一方面，改革开放以后，经济、思想、文化等多方面因素致使基础理论研究工作的弊端日益显现，而"恢复高考"意味着我国即将拥有一批基础理论研究的人才储备，可以有效扩充教育研究队伍。此后，推进马克思主义理论教育和思想政治教育学科化建设的呼声不断高涨，"有关马克思主义是一门科学"等理念不断涌现，并在 1982 年由中宣部、教育部联合召开政治理论教育座谈会上得到肯定，实现思想政治教育和马克思主义理论教育学科化这一亟须解决的问题被提上日程。经过多年研究与部署，"思想政治教育"专业被正式设立并纳入学科专业目录，首批"思想政治教育"学科的专业生、本科生和第二学士学位生于 1984 年秋季正式入学，标志着我国"思想政治教育"工作正式向规范化、系统化方向发展。三年后，国家教委批准设立"思想政治教育"硕士专业，在复旦大学等十所重点高校先行试点，与此同时，高等学校思想政治教育和马克思主义理论教育的课程体系进一步完善，课程方案不断更新，教材编写质量不断提高，教师队伍的马克思主义素养不断加强，教学方式和手段不断创新，涌现了一大批从事马克思主义信仰教育的专精尖人才。至此，推进思想政治教育学科化建设对我国马克思主义信仰教育的重要作用得以凸显，伴随着教育理念和教育内容系统化、规范化发展，我国马克思主义信仰教育也正式进入繁荣发展时期。

（三）繁荣时期：1992 年—2002 年

1992 年，面对国内外严峻复杂的形式，邓小平同志以普通党员的身份走访多地，铿锵有力地回应政治、经济发展的走向问题，坚定了党员干部和人民群众对社会主义的信念和对改革开放的信心。伴随邓小平南方谈话的发表和党的十四大的召开，我国改革开放和现代化建设也上升到新的发展阶段。以江泽民同志为主要代表的中国共产党人在具体实践中积累了治党治国的宝贵经验，凝练为"三个代表"重要思想，丰富了我国马克思主义信仰教育的指导思想和教育内容，全社会广泛开展"三讲"教育，将马克思主义信仰教育推向新的制高点。

1. 树立理论旗帜，确立邓小平理论的指导地位

19 世纪 80 年代末至 90 年代初，由于东欧剧变和政治风波的影响，国内部

分党员干部和群众的思想出现了偏差，迫切需要思想理论重塑对社会主义和改革开放的信心。邓小平同志站在时代发展的战略高度，凭借"继续忠于党和国家的事业"的坚定信念，在南巡过程中发表了对中国未来走向影响深远的讲话，这一时期也掀起了学习邓小平理论的高潮。十五大胜利召开，邓小平理论被确立为党的指导思想，并被写进了党章，我国马克思主义信仰教育在这一历史进程中不断强化邓小平理论的宣传教育，取得了良好的成效。

第一，学习贯彻邓小平南方谈话精神。1992 年初，邓小平同志赴武昌等地视察，沿途发表了一系列重要讲话，在群众中引发热烈讨论。随后，中共中央发布 1992 年〔2〕号文件，以文件的形式要求各级党组织要积极开展南方谈话的学习教育活动，在工作中贯彻落实其精神实质。3 月 26 日，《深圳特区报》以巨幅版面，发布了 11000 余字的长篇通讯《东风等来满眼春——邓小平同志在深圳纪实》，取得了热烈的反响，北京大学、北京外国语学院、北京语言学院等几十所首都高校的学生联名给邓小平同志书写了一封热情洋溢的信件，谈论学习南方谈话的感受，表达了衷心拥护南方谈话的心情和为祖国的兴旺发达贡献青春年华的决心。此外，各级党组织多次举办学习南方谈话的系列报告会、座谈会，从北京到边疆，形成了学习、宣传、贯彻和落实邓小平南方谈话精神的高潮，坚定了全党全国人民坚持社会主义、坚持改革开放的信心，丰富了马克思主义信仰教育的内容及其教学形式。

第二，学习贯彻邓小平理论。在贯彻落实"南方讲话"精神的基础上，党的十四大报告提出要用邓小平同志建设有中国特色社会主义理论武装全党。此外，为保证党员干部和人民群众在学习、教育过程中能有全面、准确的理论蓝本作为支撑，更好地理解建设有中国特色社会主义理论的科学体系，树立马克思主义的科学信仰，服务于全党全国工作的大局，各出版社相继出版了一系列专著和学习材料。1993 年 11 月 2 日，《邓小平文选》第三卷由人民出版社正式出版发行。同日，中共中央发布《关于学习〈邓小平文选〉第三卷的决定》①，强调要"摆在党的思想建设和干部理论教育的主要地位"②。此后，结合已出版的三卷《邓小平文选》，在全党全社会广泛开展学习建设有中国特色社会主义理

---

① 中共中央文献研究室. 十四大以来重要文献选编：上册［M］. 北京：人民出版社，1996：465.

② 中共中央文献研究室. 邓小平著作是怎样编辑出版的［M］. 北京：中共中央文献出版社，2010：451.

论，成为这一历史发展阶段中马克思主义信仰教育的重要内容。1997年9月，党的十五大正式把"邓小平同志建设有中国特色社会主义理论"命名为"邓小平理论"，并确立为党的指导思想，写入了党章。1998年6月24日，中共中央下发《关于在全党深入学习邓小平理论的通知》，要求"全面、正确领会和掌握邓小平理论科学体系和精神实质"①，统一全党的思想和行动，凝聚全国各族人民的智慧和力量，推动我国社会主义事业的新发展，开展一系列教育宣传活动、理论宣讲活动、深入贯彻学习活动，将全面学习邓小平理论推向了新高潮，我国马克思主义信仰教育也由此进入了新境界。

2. 开展"三个代表"重要思想学习教育活动

2000年2月24日，江泽民同志在广州主持召开党建工作座谈会时完整地提出"三个代表"重要思想。同年12月16日，胡锦涛同志在全国"三讲"教育工作总结会议上谈到基层党组织建设时表示："用两年左右时间，在全国农村开展'三个代表'重要思想的学习教育活动"②。肃清基层党组织的不正之风，提高农村党政领导班子的政治素养和业务水平，以此遏制农村封建迷信活动蔓延的情况，阻止地方宗族势力干扰村务的行为，在农村播撒马克思主义信仰的种子，推动农村基层文明建设。"三个代表"重要思想极大地丰富了马克思主义信仰教育的理论内容和指导思想，必须要在教育过程中长期贯彻、长期坚持，突出"三个代表"重要思想的伟大战略意义。2002年11月，党的十六大将"三个代表"确立为全党必须长期坚持的指导思想。随后，中共中央对学习"三个代表"重要思想的教育工作进行部署，推动马克思主义信仰教育工作的深入发展，给予了在教育过程中深入贯彻落实"三个代表"思想的价值范导。2003年7月1日，胡锦涛同志在"三个代表"重要思想的理论研讨会上指出，"'三个代表'重要思想是全党全国人民在新世纪新阶段继续团结奋斗的共同思想基础"③。随后，由中共中央文献编辑委员会汇编的《江泽民文选》的三卷本正式进入大众视野，内容丰富、视野高远，极大地丰富了我国马克思主义信仰教育的教学内容和指导思想，给予了在教育过程中贯彻落实"三个代表"思想的理

---

① 中共中央文献研究室. 十五大以来重要文献选编：上册 [M]. 北京：人民出版社，2000：426.

② 中共中央文献研究室. 十五大以来重要文献选编中册 [M]. 北京：人民出版社，2000：718.

③ 中共中央文献研究室. 十六大以来重要文献选编：上册 [M]. 北京：中央文献出版社，2005：376.

论蓝本，必须要在教育教学过程中长期运用、长期学习。

3. 深入开展"三讲"教育

党的十四届五中全会以来，江泽民同志连续发表关于"讲学习、讲政治、讲正气"的多次重要讲话，要求推动县级以上党政领导干部加强党性修养，不断强化思想教育、政治教育和作风教育，努力改造主观世界，树立科学的马克思主义信仰。1999 年 3 月至 2000 年 1 月，由中央到地方逐级开展"三讲"教育，在教育过程中穿插自我剖析、交流思想、展开批评等教育手段。此外，以听动员报告、填写征求意见表等方式参加"三讲"教育活动的干部群众达 500 余万人，覆盖范围广，取得了良好的学习成效。开展"三讲"教育学习活动，是党在新阶段对党政干部进行马克思主义信仰教育和引导的新举措，也是党在新阶段对党内进行的一次广泛而扎实的马克思主义信仰教育活动。"三讲"教育活动，极大地提高了广大党员干部的马克思主义素养，使其马克思主义信仰得到高度强化，进一步提高了对党的"归属感"、对人民的"责任感"，使马克思主义的科学信仰真正"入脑""入心""入行"。

（四）推进时期：2002 年—2012 年

党的十六大以来，伴随着改革开放进入攻坚克难的关键时期、开启全面建设小康社会的新篇章，我国马克思主义信仰教育也在深入学习实践科学发展观、用社会主义核心价值体系引领社会思潮、实施马克思主义理论研究和建设工程的过程中不断深入推进。

1. 深入学习实践科学发展观

2003 年 8 月 28 日至 9 月 1 日，胡锦涛同志在江西考察工作时首次使用"科学发展观"概念，提出要"牢固树立协调发展、全面发展、可持续的发展观"，其饱含"中国智慧""中国方案"，是在历史实践中总结凝练的科学思想，必须要在推进各个领域工作时加以贯彻和运用。2007 年 3 月，《科学发展观学习读本》由人民出版社正式出版，对深入学习科学发展观主题教育活动的重点难点和方式方法等重要问题进行了全新的、系统的阐述，为新阶段丰富马克思主义信仰教育内容、创新教育教学手段提供了价值指导。学习实践科学发展观活动也在社会各个领域广泛开展，取得了丰硕的教育成果，夯实了人民群众的共同思想基础，维护了我国的信仰生态。2007 年 10 月，党的十七大将科学发展观正式写入党章，其成为党的指导思想，极大地丰富了我国马克思主义信仰教育的教育内容。根据党的十七大精神的指引，中共中央决定自 2009 年 9 月开始在全党分批开展深入学习实践科学发展观活动，通过学习调研、分析调查、整改落实三个阶段性主题，统筹推进机关单位、高等学校、企业、社区以及农村的学习实践安排，积极引导社会舆论，努力营造良好的学习实践氛围。

2. 运用社会主义核心价值体系引领社会思潮

21世纪初，我国逐渐步入以市场经济为主导的转型期，信仰生态和人民群众的精神家园也随着时代背景的变迁而发生变化。在这种历史背景之下，我国迫切需要建立一套与社会主义市场经济相适应的思想准则，竖起一面能够凝聚人心的精神旗帜，以此直面思想、信仰领域的多元化价值镜像，引领社会思潮，消解非马、反马等错误思潮对人民群众精神家园的恶性冲击，"开展中国特色社会主义理论体系宣传普及活动，推动当代中国马克思主义大众化"①，牢牢把握意识形态领域的"主导权"和"话语权"。2006年10月，党的十六届六中全会首次明确提出"建设社会主义核心价值体系"的重大命题。2007年10月，党的十七大又进一步揭示社会主义核心价值体系的科学内涵，并将其转化为人民群众的自觉追求，内化为科学信仰，进一步完善了马克思主义信仰教育的教育内容。2008年12月，胡锦涛同志在军队一次重要会议上创造性地提出"军人核心价值观"，坚持培养具有"忠诚于党、热爱人民、报效国家、献身使命、崇尚荣誉"②的当代军人，强化军队的马克思主义信仰教育。此外，还突出强调以"八荣八耻"为基本内容的社会主义荣辱观教育，充实了马克思主义信仰教育的宣传内容和精神主旨。在这一历史时期，除运用传统的新闻、报刊、广播等理论宣传媒介，还充分发挥主观能动性，及时分享新时期科技手段创新的成果，建立了"社会主义核心价值体系"理论教育网站，推出了"社会主义核心价值体系"的理论宣传歌曲，举办多个学习讲座、主题征文大赛、主题演讲比赛、主体微电影竞赛等，将马克思主义信仰教育寓于社会主义核心价值体系的建设进程之中，二者相互结合，互为补充，凸显了我国的马克思主义信仰教育的鲜明特色，使其在新的历史发展阶段得以良好推进。

3. 实施马克思主义理论研究和建设工程

马克思主义理论研究和建设工程作为巩固马克思主义在意识形态领域指导

---

① 中共中央文献研究室. 十七大以来重要文献选编：上册 [M]. 北京：中央文献出版社，2009：26.

② 中共中央文献研究室. 十七大以来重要文献选编：中册 [M]. 北京：人民出版社，2011：889.

地位的基础工程，于 2004 年 3 月被正式提出。随后，刘云山同志主持召开工程工作会议，并做出一系列重大决策部署。一方面，在贯彻胡锦涛同志的讲话精神的基础上，有关部门先后成立了哲学、政治经济学等 11 个课题组并确定了对应的首席专家负责督导。另一方面，成立了中央党校、国防大学等 7 个邓小平理论和"三个代表"重要思想研究基地课题组并分派相应任务，成立中国社会科学院马克思主义研究院，积极发挥统筹引领作用。在推进过程中，各课题组、各研究基地多次举办研讨会、座谈会，不断交流研究和建设经验，实现了马克思主义理论研究和建设工程的良好推进，在学科建设、教材建设和队伍建设等方面取得了丰硕的成果。首先，加强学科建设。2005 年 12 月 12 日，国务院学位委员会和教育部发布《关于调整增设马克思主义理论一级学科及所属二级学科的通知》，决定在专业目录中增设马克思主义理论一级学科。多年来，各高等学校及科研院所不断扩充师资队伍、推进学科申请和建设，我国马克思主义理论一级学科博士、硕士学位授权点不断增加，截至 2020 年 4 月 2 日，我国马克思主义理论一级学科博士点授权单位共 87 家，区域分布基本合理，覆盖范围广。其次，加强教材建设。教材是教育活动的理论载体，是开展教育活动的基础。工程推进以来，扎实推进马克思主义经典著作的编译和研究工作，10 卷本《马克思恩格斯文集》、5 卷本《列宁专题文集》相继出版，思政课教材如《马克思主义基本原理概论》《思想道德修养与法律基础》等的编写工作相继完成并广泛运用于教育活动之中。最后，加强队伍建设。历史和实践证明，马克思主义信仰教育工作是否顺利开展、是否取得显著成效的关键在于是否拥有一批可靠管用的师资队伍，队伍建设也是工程推进的目标和重点。经过多年建设与发展，逐步形成了一支具有坚定的马克思主义信仰、深厚的理论知识，通晓教育理念和方法的教育队伍，为马克思主义信仰教育的繁荣开展奠定坚实基础。

（五）深化时期：2012 年至今

2012 年 11 月，党的十八大首次提出要全面建成小康社会，围绕这一战略目标，以习近平同志为核心的党中央做出了一系列重大决策部署。在这一历史发展阶段中，伴随着习近平新时代中国特色社会主义思想的形成与发展，我国马克思主义信仰教育工作不断推进，正式进入全面深化时期。社会主义核心价值观教育稳步开展，不断强化党内马克思主义信仰教育坚定精神支柱，严格落实马克思主义在意识形态领域指导地位的根本制度，取得了丰硕的教育成果，维护了我国社会的信仰生态。

1. 学习贯彻习近平新时代中国特色社会主义思想

2017年10月18日，习近平总书记在中国共产党第十九次全国代表大会上首次提出"习近平新时代中国特色社会主义思想"，该思想分别于2017年10月24日与2018年3月11日被写入《中国共产党章程》《中华人民共和国宪法》，是新时代我国马克思主义信仰教育的主要内容和指导思想。2012年11月，习近平总书记在参观"复兴之路"展览时，首次阐述了"中国梦"的概念，全国各地纷纷响应，"强国梦""强军梦""中国航天梦"等领域梦想不断涌现，迅速成为当年的网络流行词汇。2013年3月，习近平总书记强调要"实现中国梦必须走中国道路，必须弘扬中国精神，必须凝聚中国力量"①，掀起了全党全国人民学习"中国梦"的热潮。我国马克思主义信仰教育工作审时度势，推进理论工作"四大平台"建设，不断创新教育方式和教学手段，开展了一系列倡导将"个人梦"融入"中国梦"的理论宣传活动、主题研讨会活动，在微博、微信、贴吧、论坛等网络信息平台上广泛传播。"中国梦"的提出为我国马克思主义信仰教育打开了新局面，"个人梦""国家梦"等理论词汇亲民质朴、通俗易懂，深受人民群众的欢迎和喜爱，相关内容频频登上热搜，在现实和网络中掀起讨论"中国梦"的时代热潮。此外，"构建人类命运共同体""坚持总体国家安全观""把握意识形态工作的领导权"等命题不断扩充习近平新时代中国特色社会主义的思想理论宝库，开辟了理论发展的新境界，我国马克思主义信仰教育的教育内容和指导思想也不断丰富和发展。

新时代背景下，科学技术快速发展，信息传播逐渐快速化、便捷化，传播途径日益多样化，我国手机用户数量达到新的规模，境外敌对势力的网络渗透也不断加剧。为回应时代需求和现实需要，2019年1月1日，由中共中央宣传部主管，以习近平新时代中国特色社会主义思想和党的十九大精神为指引打造的"学习强国"App正式上线，软件内设置有"学习新思想""学习文化"等板块，下设多个一级栏目，内容丰富多样，涵盖多种可供免费浏览的电影、图书、音乐等资料，截至2020年3月，"学习强国"App在手机应用商店上的下载量超过2000万次，结合各品牌应用商店的下载数据来看，"学习强国"App已基本覆盖党员干部群体，此外还有大量的预备党员、入党积极分子和共青团员也在软件中进行理论学习，软件内置的转发、打卡、排行榜等功能拉近了党

---

① 何毅亭. 学习习近平总书记重要讲话 ［M］. 北京：人民出版社，2013：27.

员与群众之间的距离，有关"学习强国"的经典内容也时常出现在大众视野之中。党和国家清醒地认识到：加强马克思主义信仰教育不能光从培训班、课堂、讲座等载体入手，强行灌输晦涩抽象的理论知识只能适得其反。应利用好"线上""线下"两个抓手，用生动接地气的理论视频、关键词拉近距离，号召教育对象主动学习相关理论知识，树立马克思主义的科学信仰，提升其自觉抵御境外敌对势力思想渗透的能力，实现马克思主义信仰教育的教育目的。

2. 坚定精神支柱，强化党内马克思主义信仰教育

信仰是人的精神支柱，党员干部作为马克思主义信仰教育的重点对象，精神上不能得"软骨病"，其马克思主义信仰是否坚定、共产主义信念是否牢固关乎党的执政能力建设是否取得实效。为此，坚定"对马克思主义、共产主义的信仰，对社会主义的信念"，从源头上把好关，补足党员干部的精神之"钙"，坚定精神支柱，不断强化党内马克思主义信仰教育成为党的思想建设的重要环节之一。"理想信念就是共产党人精神上的'钙'"①，钙是身体健康运转不可缺少的重要元素，中共党员是马克思主义信仰的坚定信奉者和实践者，精神上缺"钙"就会远离共产党人的初衷，不能科学运用马克思主义的方法去解决工作和生活上的难题，也不能带动党外人士践行马克思主义信仰、发挥先锋模范作用，不利于我国社会主义事业的良好发展。至此，为党员干部补"钙"成为十八大以来党内马克思主义信仰教育常抓不懈的内容。

从党的群众路线教育，到"三严三实"专题教育，再到"两学一做"学习教育，党在不断实践的过程中摸索出适合党情实际的马克思主义信仰教育的展开路径。2013年6月18日，党的群众路线教育实践活动正式展开，以"为民、务实、清廉"为主题，按照"照镜子、正衣冠、洗洗澡、治治病"的总要求，自上而下在党内深入推进。在具体教育过程中要教育全党干部"全心全意为人民服务"，树立马克思主义群众观点，净化工作、生活作风，关切群众期盼，踏踏实实将党和国家出台的各项方针政策落实到位。2014年3月9日，习近平总书记提出"既严以修身、严以用权、严以律己；又谋事要实、创业要实、做人要实"②的重要观点，称为"三严三实"讲话。随后，中共中央多次印发"三严三实"专题教育方案，着力解决党员干部理想信念摇摆、信仰迷茫和精神迷失等思想问题。2014年12月，习近平总书记在调研时首次提出"四个全面"战

---

① 习近平. 习近平谈治国理政：第1卷［M］. 北京：外文出版社，2018：414.
② 习近平. 习近平谈治国理政：第1卷［M］. 北京：外文出版社，2018：381.

略思想①，其中，"抓思想从严"成为新阶段开展党内马克思主义信仰教育工作的价值宗旨。2015 年 5 月 25 日，"三严三实"专题教育网站正式上线，通过线下集体学习、线上自主学习的方式强化学习效果。随后，为规范党员干部工作、生活作风，立足党章党规坚定马克思主义信仰和共产主义信念的"两学一做"活动掀起了回归党章党规、铭记使命的学习热潮，也将马克思主义信仰教育工作推向新的制高点。

3. 坚持马克思主义在意识形态领域指导地位的根本制度

2019 年，党的十九届四中全会首次将坚持马克思主义在意识形态领域的指导地位作为一项根本制度确定下来，集中体现了党对意识形态工作经验和建设规律的科学总结，通过构建马克思主义意识形态话语体系建设、加强阵地建设与管理、坚持党性与人民性的统一，进一步推动我国马克思主义信仰教育工作"走深""走实"。首先，构建马克思主义意识形态话语体系建设。坚持用中国理论阐释中国实践、用中国实践发展中国理论、用中国智慧贡献中国方案，以时代要求为背景，以立足社会现状为依托，以超越社会现实为目标，为马克思主义信仰教育提供话语内容，唤起人民群众的精神力量，树立马克思主义的科学信仰。其次，强化问题意识和问题导向。加强阵地建设与管理，落实意识形态工作责任制，坚持党管意识形态、党管媒体、党管教育，加强阵地建设、强化阵地意识。建好、管好、用好思想宣传平台，唱响主旋律，形成强大精神合力，增强人民群众为实现中华民族伟大复兴中国梦的"责任感"和"奋斗感"。最后，坚持党性与人民性的统一。党的一切工作都是以满足人民对幸福生活的向往追求为出发点和落脚点，将人民群众作为教育评价的主体。马克思主义在意识形态领域的指导地位制度化过程中话语"说得怎么样"，马克思主义信仰教育是否能落到实处，是否能在人民群众中产生"认同感""信赖感"和"归属感"，关键要在马克思主义信仰教育的过程中实时倾听人民群众对教育效果、教育过程以及教育路径的真实评价，在落实马克思主义在意识形态领域制度化建设实现教育工作的良好推进。

---

① 习近平. 习近平谈治国理政：第 2 卷 ［M］. 北京：外文出版社，2017：48.

第三章　马克思主义信仰教育的基本经验

我国马克思主义信仰教育工作始终围绕党的中心任务和现实生活实际展开，贯穿经济、政治、文化、生态建设的全过程，形成了具有阶段性特征的、丰富多样的教育策略、路径、方法和模式，这勾勒出我国马克思主义信仰教育的基本经验，即坚持"四个始终"：始终凸显马克思主义的鲜亮底色，始终直面思想、信仰领域中的多元化价值镜像，始终确保马克思主义信仰教育的客观有效性和良好效果，始终将马克思主义信仰教育置于人类精神生活和人类信仰的谱系之中。

一、始终凸显马克思主义的鲜亮底色

马克思主义是我们党的指导思想，是马克思主义信仰教育的指导思想。马克思主义信仰教育良好发展的基础就是在教育过程中，坚持马克思主义在意识形态领域的指导地位，坚持马克思主义中国化的最新成果，维护中国共产党的核心领导，强调马克思主义的鲜亮底色，维护马克思主义信仰教育的合法性

（一）坚持马克思主义在意识形态领域的指导地位

马克思曾说过："如果从观念上来考察，那么一定的意识形式的解体足以使整个时代覆灭。"[1] 由此可以看出，意识形态关乎中国革命、建设和改革伟大事业的成败兴衰。历史告诉我们，马克思主义基本原理与中国的革命、建设和改革实际相结合，经历了一个艰难的过程。在经历无数挫折和成功之后，党才对坚持马克思主义在意识形态领域的指导地位的重要性和规律性有了深刻认识，形成了中国化的马克思主义意识形态理论，并指导中国革命、建设和改革取得了重大胜利。正所谓知史以明鉴，查古以至今。中国特色社会主义进入新时代，

---

[1] 马克思恩格斯全集：第 30 卷［M］．北京：人民出版社，1995：539.

要进一步巩固坚持马克思主义在意识形态领域指导地位的根本制度，加强党对意识形态工作的全面领导，建立意识形态工作责任制。只有坚持党管宣传、党管意识形态、党管媒体不动摇，压紧压实做好意识形态工作的政治责任、领导责任，把意识形态工作领导权、主动权和话语权牢牢掌握在党的手中，意识形态工作才会卓有成效。

从这个意义上说，完善优化意识形态工作责任制，是推动意识形态工作从决策层向执行层转化，从软要求到硬约束转变，并助力意识形态工作常态化的现实需要，是坚持马克思主义在意识形态领域指导地位之根本制度的"阿基米德点"，对于意识形态工作的开展具有重要意义。

党的十九届四中全会强调"坚持马克思主义在意识形态领域指导地位的根本制度"，并做出一系列重大部署。这是我们党第一次把马克思主义在意识形态领域的指导地位作为一项根本制度明确提出来，这是关系党和国家事业长远发展、关系中国文化发展方向和发展道路的重大制度创新。社会主义先进文化之所以先进，是因为它以马克思主义先进理论为指导。马克思主义以科学的世界观和方法论揭示了人类社会发展的规律。它已成为我们党和国家建设在历史上的根本指导思想和人民的选择，是指引我们不断取得革命、建设、改革胜利的强大思想武器。

这是我们党第一次明确提出马克思主义在思想领域的指导地位这一根本制度。坚持马克思主义在意识形态领域指导地位的根本制度，就是从根本制度的高度上确立与完善以人民为中心的发展理念，保持唯物史观的人民主体论，以制度方式不动摇、不变形。因此，坚持马克思主义在意识形态领域指导地位的根本制度是恪守党的本质属性、巩固党的团结统一的必然要求；是坚持正确发展道路、实现国家长治久安的必然要求；是筑牢全体人民共同思想基础、凝聚团结奋进强大精神力量的必然要求；是保证我国文化建设正确方向、更好担负起新时代使命任务的必然要求。

"坚持马克思主义在意识形态领域指导地位的根本制度"，这是我们党第一次把马克思主义在意识形态领域的指导地位作为一项根本制度明确提出来。坚持什么样的指导思想，决定了一个政党、一个国家的前途和命运，也决定了道路和旗帜。中国共产党自建党以来就把马克思主义作为党的指导思想，将马克思主义的普遍真理与中国实际相结合，"理论上的成熟是政治上成熟的基础，政治上的坚定源于理论上的清醒"①，在党领导人民群众建设社会主义的进程之中，坚持以"理论清醒"实现"政治坚定"，坚持以"理论成熟"推动"政治成熟"。"理论清醒"就是坚持马克思主义在意识形态领域的指导地位，与其他非马、反马的社会思潮做不懈斗争，筑牢意识形态安全的壁垒，抵御错误思想的侵蚀。同时，坚持马克思主义在意识形态领域的指导地位也是我国开展马克思主义信仰教育，筑牢人民群众的共同思想基础、形成磅礴伟力的本质要求。回顾我国马克思主义信仰教育的历史发展过程，正是因为坚持马克思主义在意识形态领域的指导地位，我国社会主义建设事业才有了坚实的思想保障，实现了对全体人民紧密团结在党中央周围同心聚力、矢志奋斗的精神引领。

（二）坚持以马克思主义中国化的最新成果为指针

我国马克思主义信仰教育始终保持生机与活力，其核心就在于始终坚持以马克思主义中国化的最新成果为指针，在教育过程中将马克思主义中国化的最新理论成果武装全党，教育人民。一方面，在不同的历史时期和发展阶段，我国马克思主义信仰教育的内容始终与马克思主义中国化的最新成果步调一致，协同并进，在第一时间将最新成果渗透到教学理念、教学方式、教育内容中去，始终保持教育的先进性和规范性。另一方面，在马克思主义信仰教育过程中不断进行实践探索、不断进行反思追溯、不断与时俱进进行理论创新、不断用先进的理论成果武装全党全国人民，始终保持教育的科学性和有效性。从毛泽东思想、邓小平理论到"三个代表"、科学发展观，再到习近平新时代中国特色社会主义思想，我国马克思主义信仰教育的教育内容和指导思想也不断趋于完善，在具体教育实践中始终坚持以马克思主义中国化的最新成果作为教育发展方向的指针，突出马克思主义的鲜亮底色，结合各时期推出的意识形态教育主题活动，打造具有针对性和指向性的教育内容，实现马克思主义信仰教育的良好推进。回溯坚持马克思主义在意识形态领域指导地位的历史进程：毛泽东同志在延安时期就强调："我们共产党人区别于其他任何政党的又一个显著的标志，就是和最广大的人民群众取得最密切的联系。全心全意地为人民服务，一刻也不脱离群众；一切从人民的利益出发，而不是从个人或小集团的利益出发；向人民负责和向党的领导机关负责的一致性；这些就是我们的出发点。"② 中华人民

---

① 中共中央文献研究室. 习近平关于全面从严治党论述摘编［M］. 北京：中央文献出版社，2016：67.

② 毛泽东选集：第3卷［M］. 北京：人民出版社，1991：1094 - 1095.

共和国成立前，广大人民群众之所以接受马克思主义、毛泽东思想，不是因为他们对马克思主义、毛泽东思想有了深刻的理解，而是因为中国共产党在马克思主义、毛泽东思想指导下，能够实实在在地解决群众的实际问题。同样，在中华人民共和国成立后，广大人民群众接受马克思主义，是因为在马克思主义、毛泽东思想指导下建立的社会主义与封建主义、官僚资本主义相比，能够给他们带来幸福生活。

改革开放初期，邓小平同志把党的工作重心转移到经济建设上来，并确定了"以经济建设为中心"的基本路线和判断一切工作的"三个有利于标准"，使广大人民群众的物质和文化生活有了很大的改善，促进了经济发展和社会进步，使人们重新树立和增强了对社会主义的信心和对中国共产党的信任，并成功抵御了西方和平演变、国内资产阶级自由化和东欧剧变的严峻挑战。

在改革开放和建设社会主义市场经济的条件下，中国面临的最大的"问题"是建设一个什么样的党和怎样建设党的问题。以江泽民同志为代表的中央第三代领导集体科学回答这一问题，产生了"三个代表"重要思想。

以胡锦涛同志为核心的中央领导集体对这一问题做了科学回答，产生了科学发展观。与我国马克思主义中国化紧密相连的就是意识形态领域发生的巨大变化，突出表现就是价值观念不断更新和日趋多样化，社会思想文化内容不断丰富，面对这样的实际问题，以胡锦涛同志为核心的中央领导集体提出建设社会主义核心价值体系的战略任务，更好地坚持了马克思主义在意识形态领域的指导地位。

党的十八大以来，世情、国情、党情呈现出的新情况、新特征和新趋势，给我们提出了一个重大时代课题，这就是必须从理论和实践结合上系统回答新时代坚持和发展什么样的中国特色社会主义、怎样坚持和发展中国特色社会主义，包括新时代坚持和发展中国特色社会主义的总目标、总任务、总体布局、战略布局和发展方向、发展方式、发展动力、战略步骤、外部条件、政治保证等基本问题。围绕这一重大时代课题，以习近平同志为核心的党中央将解决实际问题作为坚持马克思主义在意识形态领域指导地位的根本任务，紧密结合新的时代条件和实践要求，以全新的视野深化对共产党执政规律、社会主义建设规律、人类社会发展规律的认识，进行艰辛的理论探索，取得了重大理论创新成果，创立了习近平新时代中国特色社会主义思想。

习近平新时代中国特色社会主义思想是马克思主义中国化最新成果，是当代中国马克思主义、21 世纪马克思主义。健全用习近平新时代中国特色社会主义思想武装全党的常态长效机制是完成好新时代党的历史使命的迫切需要，要遵循如下逻辑理路：一是价值之蕴，健全用习近平新时代中国特色社会主义思想武装全党的常态长效机制是加强马克思主义意识形态建设的路径依托；二是组织之要，健全用习近平新时代中国特色社会主义思想武装全党的常态长效机制是巩固中国共产党执政地位的根本保证；三是现实之需，健全用习近平新时代中国特色社会主义思想武装全党的常态长效机制是坚持和完善中国特色社会主义制度、推进国家治理体系和治理能力现代化的迫切要求。健全用习近平新时代中国特色社会主义思想武装全党的常态长效机制的重要意义在于：一是有利于推动全党全社会全面贯彻落实习近平新时代中国特色社会主义思想；二是有利于坚持和巩固习近平新时代中国特色社会主义思想指导地位；三是有利于坚持和巩固马克思主义在意识形态领域的指导地位；四是有利于坚持和完善繁荣发展社会主义先进文化的制度，巩固全体人民团结奋斗的共同思想基础。

（三）坚持和维护中国共产党的核心领导地位

马克思主义信仰是对社会主义的信念、对中国共产党的信心，中国共产党是我国马克思主义信仰教育的领导者和管理者，党员干部是马克思主义信仰的传播者和践行者。党的指导思想勾勒了马克思主义信仰教育的逻辑主线，坚持党的领导是我国马克思主义信仰教育的必然要求，维护党的核心领导地位是我国马克思主义信仰教育的本质要求。只有坚持和维护中国共产党的核心领导地位，才能为我国马克思主义信仰教育工作的良好开展提供政治保证和组织保证。

第一，坚持和维护中国共产党的核心领导地位是马克思主义信仰教育的政治保证。从历时性视角来看，我国马克思主义信仰教育的教育史是在坚持党的领导下维护我国信仰生态的发展史，思想是行动的先导，党的指导思想就是我国马克思主义信仰教育的指导思想，必须在教育过程中长期贯彻、长期引导。马克思主义信仰教育作为马克思主义教育的一部分，其本质是服务于社会主义社会建设的。坚持和维护党的核心领导地位是维护人民民主专政、维护人民主体地位、维护社会主义的发展方向的唯一保障，也是维护马克思主义信仰的纯洁性和科学性的唯一方法。脱离了共产党领导的马克思主义信仰教育也如同无根之木、无源之水，必须在教育过程中坚持和维护中国共产党的核心领导地位，落实党管思想、党管教育，才能为马克思主义信仰教育提供坚实的政治保证。

第二，坚持和维护党的核心领导地位是马克思主义信仰教育的组织保证。

一方面，马克思主义信仰教育作为一种教育活动，必须有科学合理的教育教学制度、稳固实用的教学环境，必须有理论素养强的教学队伍做支撑，而我国现有的教育资源都是在党的领导下，长期的历史实践中不断完善和补充的，否则"怎样教育""何处教育""谁来教育"等基本环节就难以展开，教育活动也将是纸上谈兵。另一方面，能否发挥党员干部的先锋模范作用与马克思主义信仰教育能否卓有成效息息相关，根据统计数据显示，目前我国中共党员数量已超过9000万名，基层组织460余万个，覆盖行政、教育、医疗、军队、社区、企业、乡村等各个社会领域，有力地保障了党的方针政策的广泛实施。党员在生活与工作的过程中，身体力行马克思主义信仰，潜移默化地影响周边群众和党外人士，使马克思主义信仰的真理之声传递到了每个角落。改革开放以来，我国在深化马克思主义信仰教育的过程中，始终坚持党对教育工作的全面领导，逐步形成了一支以马克思主义理论宣传工作者、思想政治教育工作者为主，其他各级领导干部、各类教师以及专家学者为辅的教育宣传队伍，为我国马克思主义信仰教育提供了强大的组织保证。

二、始终直面思想、信仰领域中的多元化价值镜像

党始终坚持马克思主义在意识形态领域的指导地位来解决中国革命、建设和改革中的各种实际问题。中国共产党无论在革命时期还是在建设和开放时期，都是从直面"问题"开始，到通过实践有效地解决"问题"结束，把解决问题作为坚持马克思主义在意识形态领域指导地位的出发点和归属。直面思想领域、信仰领域中的多元化价值镜像，就是在坚持马克思主义在意识形态领域的指导地位的前提之下，勇于出"剑"，直面多元社会思潮的冲击与挑战，彰显马克思主义信仰的批判性和生命力。

（一）彰显马克思主义信仰的批判性

从历时性和共时性的视角来看，马克思主义自诞生以来就不断开展对自由主义为主流的资本主义意识形态的批判，是自由主义最尖锐、最彻底的批评者①。马克思主义信仰的教育史就是在各种非马、反马的错误思潮的博弈中，坚守思想阵地，树立马克思主义信仰教育正当性的历史。一方面，自改革开放

---

① 林少敏．自我选择与政治认同：对自由与社群之争的反思［M］．北京：人民出版社，2017：3．

以来，来自国外敌对势力和国内反动势力的意识形态渗透层出不穷，普世价值观、新自由主义思潮、民主社会主义思潮、历史虚无主义和民族虚无主义等各种"非马""反马""伪马"的错误思潮不断侵蚀人民群众的精神家园。另一方面，随着经济建设的迅猛发展，"功利主义""享乐主义""拜金主义"也不同情况地存在于人民群众的精神家园之中，没有科学的信仰做指引，没有坚定的信仰做保护，容易出现思想摇摆不定、消解理想信念的状况。针对国内思想领域出现的问题和面临的挑战，1980 年 8 月 18 日，邓小平同志在中央政治局扩大会议上指出，"决不能丝毫放松和忽视对资产阶级思想和小资产阶级思想的批判"，明确要求通过反面批判开展积极的思想斗争。江泽民同志指出，"马克思主义从不惧怕批判，也从不惧怕同非马克思主义、反马克思主义的斗争"①。进入 21 世纪，由于国际形势的变化，各种社会思潮猛烈交锋、意识形态渗透不断加剧，冲击我国意识形态安全，胡锦涛同志适时提出"既尊重差异、包容多样，又有力地抵制各种错误和腐朽思想的影响"② 的指导方针。此外，党的十九大报告强调要"牢牢掌握意识形态工作领导权"，把好意识形态工作的"方向盘"，增强意识形态工作的话语权，通过了解人民群众在新时代背景下的思想状况，用马克思主义的立场、观点和方法研究侵蚀我国信仰生态的错误思潮的理论内核，剖析其被"伪自由""伪民主"外衣包裹下的政治诉求。通过马克思主义信仰教育，引导人民群众用马克思主义信仰这一思想"利刃"对各种非马、反马的错误思潮进行批判，在社会实践中自觉抵御意识形态渗透，在精神家园中筑起一座牢不可破的堡垒，破解来自思想领域的多元化价值镜像的冲击与挑战，为人民群众提供科学的世界观和方法论，维护我国社会的信仰生态，彰显马克思主义信仰的批判性。

（二）彰显马克思主义信仰的生命力

马克思主义信仰教育的历史就是与宗教信仰抢占人民思想阵地的历史。1982 年 3 月，中共中央印发《关于我国社会主义时期宗教问题的基本观点和基本政策》的通知，全面系统地总结了自中华人民共和国成立以来我国的宗教政策的正反历史经验，阐述了党在新的历史时期关于宗教问题的基本观点和基本政策。

---

① 江泽民文选：第 3 卷［M］. 北京：人民出版社，2006：228.
② 胡锦涛文选：第 2 卷［M］. 北京：人民出版社，2016：640.

首先，党和政府清醒地认识到"对待人们的思想问题，对待精神世界的问题，包括对待宗教信仰的问题，用简单的强制的方法去处理，不但不会收效，而且非常有害"①。一方面，强调不强制干预人民群众的宗教信仰，不强制改变人民群众的宗教习惯，不强制改变人民群众的宗教需求，避免宗教斗争博弈的局面。另一方面，"尊重和保护宗教信仰自由"这一基本政策被沿用至今，以此勾勒了我国处理宗教问题的主线，是否信仰宗教由人民群众自我决定，宗教组织可以正常开展宗教活动，但不得干预国家行政、司法、教育工作，相关部门要"积极引导宗教与社会主义社会相适应"②。其目的是在于团结信教群众加入社会主义现代化建设，这为新时期和平发展、加快社会主义现代化建设夯实了群众基础。

其次，针对党内部分党员干部拥护党的方针政策，服从党的纪律，积极参与党交予的各项工作任务，但还存在宗教信仰残余的情况，党和政府在社会历史实践中摸索出一条适合中国国情的解决路径，即通过强化马克思主义信仰，开展理论学习，在教育过程中引导党员干部树立辩证唯物主义和历史唯物主义的世界观，投身于社会主义建设的时代浪潮之中。1991年1月，中共中央组织部印发《关于妥善解决共产党员信仰宗教问题的通知》，指出"共产党员是工人阶级的有共产主义觉悟的先锋战士，是无神论者，只能信仰马列主义、毛泽东思想"③。为清除党内宗教信仰的部分残余，《通知》颁布了多条方案，其中第一条便是"要把加强教育放在首位……要经常进行马克思主义无神论的教育，进行党的基本知识和科学文化知识教育，帮助党员树立辩证唯物主义和历史唯物主义的世界观"。此后，马克思主义宗教观教育也成为马克思主义信仰教育的重要内容，在对党员干部开展思想政治工作的同时，除讲授我国的宗教政策外，还融入马克思主义关于宗教的产生、发展、消亡的相关理论知识，切实保障了马克思主义信仰在我国党员干部群体中的信仰主体地位。

值得注意的是，新时代背景下，随着科学技术的高速发展，信息传播媒介逐渐增多，信息传播速度不断加快，获取信息的成本不断降低，网络宗教传播

---

① 中共中央文献研究室. 三中全会以来重要文献选编：下册［M］. 北京：人民出版社，1982：1225.

② 中共中央文献研究室综合研究组，国务院宗教事务局政策法规司. 新时期宗教工作文献选编［M］. 北京：宗教文化出版社，1995：254.

③ 中共中央文献研究室综合研究组，国务院宗教事务局政策法规司. 新时期宗教工作文献选编［M］. 北京：宗教文化出版社，1995：205.

已成为当今宗教极端势力渗透我国人民群众的主要途径。这些势力通过建立网站引诱网民参与网上宗教活动，以网络为载体，通过网站、微博等互联网平台建立网上寺庙，倡导线上祈福、线上修行、线上崇拜等宗教活动，是一种虚拟的形态。这些宗教极端势力在网络上披着"伪自由""伪人权"的外衣对目标网民持续不断地进行意识形态渗透。此外，高等学校成为宗教极端势力渗透的重灾区，尽管国家多次下文规定禁止宗教势力向校园蔓延，但宗教极端势力并未停止渗透大学生群体，渗透方式愈加隐蔽，群体渗透逐渐向"一对一"转变，渗透方式由线下转为线上，渗透手段愈加灵活。在新的历史时期，开展马克思主义信仰教育也要坚持直面信仰领域的多元化价值镜像，不刻意回避，敢于"出剑"、敢于"亮剑"，积极宣传马克思主义宗教观的相关内容，使教育对象深刻理解马克思主义宗教观的精神实质，懂得在面临宗教渗透时应该坚持什么、拒绝什么、反对什么，发挥马克思主义信仰的价值判断功能，维护信仰的纯洁性。

三、始终确保马克思主义信仰教育的客观有效性和良好效果

马克思主义信仰教育具有广泛性，但由于不同社会阶层、不同的社会群体的文化水平不同，思想特性不同以及社会分工不同，在教育过程中难以实现全面覆盖。围绕这一问题，党和教育部门、教育工作者不断解放教学理念和教学思想，立足实际，根据教育对象的特殊性，构建了分众化、对象化的教育路径；根据教育环境的复杂性，构建了全方位、立体化的教育格局，确保了马克思主义信仰教育的客观有效性和良好效果。

（一）根据教育对象的特殊性，构建分众化、对象化的教育路径

我国经济建设事业的快速发展，促使人民群众的社会阶层流动、职业流动、地域流动不断加快，这对我国马克思主义信仰教育工作的广泛开展产生了一定的影响。为辐射不同群体、广泛开展马克思主义信仰的学习践行活动，根据教育具有广泛性和层次性的特点，充分考虑教育对象的特殊性，在农村、军队、高等学校等各领域广泛开展马克思主义信仰教育工作，逐步构建了分众化、对象化的教育路径，确保了我国马克思主义信仰教育的客观有效性和良好效果，实现了教育资源的协调分布。

第一，我国是一个农业大国，农民的数量庞大、分布面广，根据国家统计局的数据显示，1978 年我国农村人口数量为 79014 余万人，占比 82.08%，经过

40 年的发展，2019 年我国农村人口数量为 55162 万人，占比 39.40%，同比减少 42.68%。尽管我国农村人口的数量和比例都显著下降，但不可否认的是，农民一直是我国社会主义建设的主体，为实现伟大复兴中国梦持续贡献力量，是党一直挂怀的马克思主义信仰教育对象。农民的受教育水平相对较低，但具有勤劳务实的优良品质，根据这一特性，通过写标语、听广播、唱歌曲等形式开展简单的理论宣讲工作，结合农民生产生活实际，充分发挥农村党支部的理论教育功能，让农民群众在劳动的过程中感受到马克思主义的理论光辉。

第二，军队是保护国家领土安全和人民生命财产的武装力量，军人的马克思主义信仰教育是实现"党指挥枪"、保证党对军队的绝对领导的重要抓手，我党历来重视军队的理论宣传工作，始终用马克思主义军事理论中国化的最新成果武装全军，在战备训练中融入马克思主义信仰教育，把思想政治建设摆在全军各项工作开展的首位。

第三，高等学校是我国马克思主义信仰教育的主阵地，大学生作为社会主义建设的后备力量，肩负着实现伟大复兴中国梦的重要责任，大学生的思想、信仰状况直接影响国家主流意识形态的建设。引导大学生树立坚定的理想信念，自觉抵御国外敌对势力和国内反动势力的渗透也是我国马克思主义信仰教育的重要教育内容，也能够推进全员全程全方位育人的实现。

第四，社区作为城市的细胞、社会有机体最基本的组成部分，逐渐发展为马克思主义信仰的基层宣传、教育阵地。充分发挥居委会、管委会的螺丝钉精神，在服务好社区居民的同时，开展丰富的社区理论教育宣传活动，将马克思主义信仰传播到每个城市居民的精神家园之中。

第五，企业的发展要符合我国社会主义的性质和方向，要充分发挥党支部在企业马克思主义信仰教育的教育主体地位，经常性地开展相关理论的宣传教育，坚持结果导向的原则，引导企业员工用马克思主义的立场、观点和方法解决思想问题和实际问题。

第六，少数民族地区和边疆地区是我国马克思主义信仰教育的重点领域。由于地理位置、民族因素的影响，少数民族地区和边疆地区遭遇国外敌对势力、国内反动势力意识形态渗透的可能性相对较大，必须持续性地开展马克思主义信仰教育。充分发挥少数民族党员的影响力，不断加强马克思主义民族理论教育，宣传党的民族思想政策、宗教管理政策。

通过对不同民族、不同地域的教育对象实施具有适应性和针对性的教育方案，广泛开展马克思主义信仰教育，逐步构建分众化、对象化的教育路径，增加马克思主义信仰教育的覆盖面和影响力。

（二）根据教育环境的复杂性，构建全方位、多渠道的教育格局

马克思主义信仰教育是一项广泛辐射党员干部和人民群众的"浩大工程"，必须要坚持和维护党的核心指导地位，依靠全党和全社会的共同努力才能实现良好推进。首先，我国马克思主义信仰教育的教育环境十分复杂，农村与城市、东部地区和西部地区的教育资源分布不均衡，只有通过不同层次和不同社会分工的教育主体的密切合作、齐抓共管，将马克思主义信仰教育渗透到社会各阶层和各群体生活的各个环节之中，才能形成覆盖面广的马克思主义信仰教育工作网络。

一方面，充分发挥各条战线的意识形态领域工作者的教育宣传功能，构建全方位的教育格局，"认真落实谁主管谁负责和属地管理的原则"①。邓小平同志强调："宣传、教育、理论、文艺部门的同志，都经常地、自觉地以大局为重，为提高人民和青年的社会主义觉悟奋斗不懈"②，新闻界、出版界、教育界、文艺界等领域的从业者要充分发挥自身优势，充分发挥教育主体的意识形态教育功能。针对思想政治工作责任制的建设，为推进"三个代表"重要思想的学习贯彻，江泽民同志强调"要建立党委统一领导，党政各部门和工会、共青团、妇联等人民团体齐抓共管、各负其责的思想政治工作体制"③。胡锦涛同志也强调，"工会、共青团和妇联等人民团体要充分发挥广泛联系各界群众的优势"④，在联系群众、服务群众的同时做好马克思主义信仰教育工作。2018 年 9 月 10 日，习近平总书记在全国教育大会上进一步强调"要完善党委统一领导、党政齐抓共管、部门各司其职的教育改革领导体制"。在发展过程中，逐步形成了以党的干部理论培训学校、高等教育学校为主，军事委员会政治工作部、共青团、电视台、出版社、工会、妇联等部门联合推进的全方位教育格局，有效保障了教育工作的广泛化开展。

---

① 中共中央文献研究室．十七大以来重要文献选编：上册［M］．北京：中央文献出版社，2009：757.
② 中共中央文献研究室．三中全会以来重要文献选编：上册［M］．北京：人民出版社，1982：324.
③ 江泽民文选：第 3 卷［M］．北京：人民出版社，2006：97.
④ 中共中央文献研究室．十六大以来重要文献选编：上册［M］．北京：中央文献出版社，2005：323.

　　另一方面，充分发挥传播媒介在意识形态教育过程中的叠加效应，构建多渠道的教育格局。1980 年 1 月 16 日，邓小平同志在《目前的形势和任务》的讲话中强调"报刊、广播、电视都要把促进安定团结，提高青年的社会主义觉悟，作为自己的一项经常性的、基本的任务"①，充分发挥传播媒介的意识形态教育功能。1981 年 1 月 29 日，中共中央发布《关于当前报刊新闻广播宣传方针的决定》，强调"报刊、新闻、广播、电视是我们党进行思想政治工作的重要武器……宣传马克思主义，宣传党的思想路线、政治路线、组织路线，解放思想、拨乱反正等方面，做了大量的工作，取得了显著的成绩"②，坚持摆事实、讲道理，以理服人。1996 年 1 月 24 日，江泽民同志在全国宣传部长会议上指出，"坚持正确的舆论导向，首先要把握好报刊、通讯社、广播电台、电视台、出版社的宣传方向，把这些阵地牢牢地掌握在我们党手里，掌握在马克思主义者手里"，以科学的理论武装人，以正确的舆论引导人。党中央高度认可报刊、新闻广播等宣传载体对占领人民群众的思想阵地、掌握舆论武器、引导人民群众紧密团结在党中央周围、全方位开展马克思主义信仰教育的战略意义，"要大力宣传共产主义的理想和道德"③。通过报刊、新闻广播等传播途径将马克思主义信仰教育辐射到全国各地。

四、始终将马克思主义信仰教育置于人类精神生活的谱系之中

　　信仰是人的精神生活的核心，是实现对美好生活的向往的精神力量，马克思主义信仰教育就是观照人的精神家园，通过以政治化视角出发完成对人的社会化教育，以人民群众对美好生活的向往为价值导向，将马克思主义信仰教育始终置于人类精神生活和人类信仰的谱系之中。

　　（一）坚持以政治化视角出发完成对人的社会化教育

　　面对日趋复杂的国际国内新形势和社会主义建设新任务，为切实增强人民群众的政治敏锐性和政治鉴别力、坚定人民群众的正确政治方向、倾听人民群

---

①　中共中央文献研究室. 三中全会以来重要文献选编：上册［M］. 北京：人民出版社，1982：324.

②　中共中央文献研究室. 三中全会以来重要文献选编：上册［M］. 北京：人民出版社，1982：681.

③　中共中央文献研究室. 三中全会以来重要文献选编：下册［M］. 北京：人民出版社，1982：685.

众的政治文化诉求，党和国家领导人不断强调马克思主义信仰教育要突出"政治"教育，坚持以政治化视角完成对人民群众的社会化塑造。邓小平同志指出："马克思主义的思想理论工作不能离开现实政治。"① 每个人的发展都是在一定社会所约定的范围内，不可避免地受政治发展的影响和约束，在马克思主义信仰教育过程中必须要以现实政治发展为导向，引领社会思潮，统一政治信仰，坚持以政治化视角为出发点，完成对教育对象的社会化教育。江泽民同志指出，"不论哪个领域，哪条战线工作，都要讲政治"②，毫不避讳地强调马克思主义信仰教育的政治性功能，强调必须要在马克思主义信仰教育的过程中突出"政治化"教育的鲜明属性，用马克思主义信仰紧密团结人民群众，增强国家认同感和政治认同感，提升对社会主义的"归属感"、对中国共产党的"信赖感"，将人民群众的思想和行为统一到"政治目标"发展上来，共同推进社会发展和政治发展。习近平总书记指出，"政治方向是党生存发展第一位的问题，事关党的前途命运和事业兴衰成败"，"我们所要坚守的政治方向，就是共产主义远大理想和中国特色社会主义共同理想"。③ 坚定政治方向就是树立共产主义的远大理想和中国特色社会主义的共同理想，树立马克思主义的科学信仰，以政治化视角出发完成对人的社会化教育。

马克思主义信仰教育的教育目标就是通过政治认知教育、政治思想教育，在教育过程中不断强化政治意识、大局意识、核心意识、看齐意识，树立马克思主义的科学信仰，保持清醒的政治头脑、坚守正确的政治方向，不断加强对教育对象的社会化塑造，实现教育对象的政治社会化。

（二）坚持以人民群众对美好生活的向往为价值导向

"人民对美好生活的向往，就是我们的奋斗目标"④，对美好生活的向往分为对美好"物质生活"和美好"精神生活"的向往，打造美好的"物质生活"条件是基础，丰富美好"精神生活"是追求。首先，邓小平同志一直强调要将"有利于提高人民的生活水平"作为衡量党的一切工作的价值评判标准，马克思

---

① 邓小平文选：第 2 卷［M］. 北京：人民出版社，1994：197.
② 江泽民文选：第 2 卷［M］. 北京：人民出版社，2006：366.
③ 全国干部培训教材编审指导委员会. 全面加强党的领导和党的建设［M］. 北京：人民出版社，2019：59.
④ 中共中央文献研究室. 十八大以来重要文献选编：上册［M］. 北京：中央文献出版社，2014：87.

主义信仰教育工作是否落到实处、有实实在在的成效，其衡量标准就是人民群众在教育过程中是否有真真切切的精神"获得感""充实感"，是否丰富了精神文化生活、是否坚定了对美好幸福生活的追求。其次，"三个代表"重要思想的本质要求就是要不断"实现好、发展好、维护好最广大人民的根本利益"，要站在群众的角度思考问题、解决问题，切实改善人民群众的生活条件和生活状况，加强党和人民群众的血肉联系。再次，科学发展观的本质和核心是"以人为本"，以人为本就是要以人民群众的物质生活条件为基础，倾听人民群众对改善生活环境、生活条件的心声和意见，构建社会主义和谐社会，坚持"利为民所谋"的执政理念，把握人民群众的精神文化生活需求，保障人民群众的精神文化需要。最后，党的十九大以来，我国社会的主要矛盾已经转化为"人民日益增长的美好生活需要和不平衡不充分的发展之间的矛盾"。党和国家清醒地认识到人民对美好生活的需要与实际情况还存在较远距离，呈现发展"不平衡""不充分"的时代特点，表现在现实生活中就是物质生活条件的差距、精神家园维护来源的差距、娱乐文化活动途径的差距。要通过推进马克思主义信仰教育、改善民生，以"物质"与"精神"两手都要抓、两手都要硬的坚决雄心，努力实现经济建设与群众的物质生活需要的平衡发展，实现意识形态建设与群众的精神文化生活需要的平衡发展，实现文化建设与群众的心理性需要的平衡发展，实现政治建设与群众的同理心建设需要的平衡发展。

第四章　马克思主义信仰教育的功能与价值

　　探索马克思主义信仰教育的功能与价值，是在回答马克思主义是否过时、马克思主义信仰在新时代下是否还有立足之地等一系列的生存问题。马克思主义强大的生命力和历久弥坚的理论品质也保证了其在当下仍然绽放着智慧的思想光芒，成为党毫不动摇坚持的指导思想，成为我国的主流意识形态。

　　"信仰教育是指一定社会和阶级对人们进行的世界观、人生观和价值观的引导、教育过程，是教育者按照一定阶级、集团的意志对受教育者施加影响，使之树立符合特定阶级、集团需要的信仰的教育活动。"① 谈到信仰教育，就不得不提到德国哲学家雅斯贝尔斯，他曾说过："信仰教育能使个体了解自己所处的世界，自己在这个世界中所处的位置，自己的义务以及责任，从而感受到生存的价值。信仰教育在教育中的价值是多方面的，它与各类知识和技能教育相配合，发挥着不可替代的作用。"② 这段话被很多学者或直接或间接地引用过，仔细体味这段话，笔者认为雅斯贝尔斯主要是从信仰教育与各类知识和技能教育的区别中来谈信仰教育的。在他看来，信仰教育的内容主要有三个方面。一是信仰教育使人了解自己和世界的关系，确立自己的世界观；二是信仰教育使人了解自己和社会的关系，是以社会为主体使一定的个体完成和实现他的社会化过程，从而真正成为特定社会中的一员，为一定的社会所接纳；三是信仰教育可以使个人了解自己的义务和责任，感受到生存的意义和价值，确立自己的人生观和价值观。另外，其实在教育的目的等方面，信仰教育与各类知识和技能教育也存在区别。传授知识和技能的各类教育活动的目的在于提高受教育者的智力，传授的是客观的静态的知识和技能，它告知受教育者客观世界的本来面

---

① 卢建华. 试论我国新时期的信仰教育 [J]. 党建研究, 2005 (09): 39－41.
② 卡尔·雅斯贝斯. 历史的起源与目标 [M]. 魏楚雄, 俞新天, 译. 北京: 华夏出版社, 1989: 213.

目、本质规律，受教育者弄懂了这些客观知识和技能，知识和技能教育的目的就达到了。信仰教育的目的在于提高受教育者的觉悟，传授的是主观的思想信仰，它更强调受教育者主体思想的觉悟和认同，只有当受教育者认同了你的思想，信仰教育的目的才算达到了。换句话讲，如果说知识和技能教育主要在于"动手"的话，信仰教育主要在于"动心"。受教育者真心认同某种思想，才能真正成为某种思想的信徒。

毫无疑问，雅斯贝尔斯所说的信仰教育与我国进行的价值观、人生观、世界观的教育有密切关联，国内学者大多已经认识到了这一点。简单地说，信仰教育属于人的思想和意识的教育，主要就是价值观、人生观、世界观的教育，只不过信仰教育比单纯的价值观、人生观、世界观教育"要具备更多的人格动力色彩和非理性色彩，它往往具有更为终极、整合力的特质，更容易让人的心灵找到归宿，找到最高的价值导向"①。它们之间的细微差别在于"信仰教育是统领世界观、人生观、价值观以及理想信念教育的上位概念"②，"信仰教育在整个教育系统中具有独立地位，它应该成为整个教育活动的终极目标或'灵魂'"③。具体来说，信仰教育与单纯的价值观、人生观、世界观教育之间的区别主要在于：其一，从心理结构的角度来说，虽然可以把世界观、人生观和价值观理解为知、情、意的统一，但是因其作为"观"而言，实际上最为强调和突出的是其具有认知的特性。而对于信仰来说，则更多地突出了情、意的成分，强调的是其人格属性；其二，从内容特质的角度来说，世界观、人生观、价值观虽然是表现对人生和世界的根本观点，但其认知的特点导致其内容的丰富程度上受到限制，而信仰则往往具有更为终极也更为整合的特点。由此可见，不能简单地在它们之间画上等号，世界观、人生观、价值观教育并不能代替信仰教育，在理论上用信仰教育去统摄世界观、人生观、价值观教育是完全有必要的。

一、马克思主义信仰教育的功能

马克思主义作为一种科学体系，自诞生以来就一直饱受着其他政治倾向和

---

① 周颖莹. 信仰教育：当前中小学教育面临的一个重要课题 [J]. 湘潭师范学院学报（社会科学版），2006（06）：140 – 142.

② 顾协国. 大学生信仰观教育读本 [M]. 北京：海洋出版社，2013：139.

③ 檀传宝. 信仰教育与道德教育 [M]. 北京：教育科学出版社，1999：14.

其他学派的非议与攻击。与此同时，以马克思、恩格斯为代表的领袖人物还要积极地与机会主义以及修正主义进行论战，以向世人区分"'龙种'与'跳蚤'"①。可见，任何一种学说的成立和发展都不是一帆风顺的，都会遭遇挫折与挑战，只有具备强大生命力的学说，才能屹立不倒。马克思主义的生命力首先是出于它的社会需要性。人们对马克思主义的需要，对共产主义社会的呼唤决定了它的最初产生、继续存在与不断发展。其次是体现在它的真理性上。马克思主义是具有超越自己时代价值的科学学说，经得起历史和实践的检验。最后是体现在它的传承性上。马克思主义在全世界范围内，无论是在社会主义国家还是在资本主义国家，都有众多的传人或后继者。马克思、恩格斯等马克思主义经典作家因为"立言"而"不朽"，马克思主义的后继者也因对这一主义的信仰而立志实现这一学说，这使得马克思主义有了源源不断的力量，从而这一主义也是"不朽"的了。

（一）论战功能

在人类历史上，从来没有哪一种学说像马克思主义一样从未诞生前便以认识世界和改造世界为前提和目标，诞生后到如今，初心未改、立场坚定，为解决资本主义社会的基本矛盾、为寻求无产阶级和人类解放而不懈奋斗。马克思主义信仰开阔了人们的理论和历史视野，运用科学有效的方式方法致力于包括工人阶级、其他一切阶级以及个人争取自身解放在内的全人类的解放事业。从这一定义来看，与马克思主义的原则、性质、宗旨、目标、理想相违背的，与马克思主义信仰相抵触的，皆可视为反马克思主义信仰，是当前我们急需引起注意和防范的、必要之时积极进行论战的对象。当前，国内外各种社会思潮涌动，归结起来，对我国影响较大的具备反马克思主义信仰特征的有新自由主义、文化保守主义（新儒学）、民族主义、后现代主义、历史虚无主义、普世价值论和宪政民主思潮等。现做如下分析。

1. 与新自由主义的论战

新自由主义原是在亚当·斯密古典自由主义思想基础上建立起来的一个新的理论体系，"华盛顿共识"达成之后，新自由主义开始政治化为西方资本主义社会的主流意识形态，日益成为国际垄断资产阶级向社会主义国家和第三世界

---

① 马克思恩格斯选集：第 4 卷［M］．北京：人民出版社，1995：695.

国家进行"思想渗透的重要武器"①。其下虽流派众多,但归结起来有如下共识:一是在政治领域,新自由主义只注重对资产阶级个人的自由和资本主义制度的维护,提倡宪政民主与代议制民主,推崇个人价值,提倡个性解放、个人自由,分化和消解社会主义国家及第三世界国家。二是在经济领域,过分强调市场对经济的调节作用,极力反对国家对市场的干预,反对社会主义和公有制,贬低和诋毁集体主义。这与我国一贯坚持公有制的主导地位,自始至终发扬集体主义精神、运用集体主义原则的社会主义制度背道而驰。民主社会主义侧重的不是个人权利而是群体福利,而新自由主义则是个人至上。民主社会主义在政治纲领、公共政策、治理机制等方面都带有浓厚的、"中立"的社会主义气息,但实质上它确属资产阶级改良主义,是带着"假面"的资产阶级自由民主理论,长期充当着西方资本主义国家"和平演变"社会主义国家的工具。由此,不论是新自由主义还是民主社会主义,其强烈的阶级属性决定了它超不出为资本主义辩护的庸俗经济学的囚笼,跳脱不开"新帝国主义"的内在本质。

20世纪90年代以来,新自由主义便严重地影响着我国的改革开放和社会主义现代化建设,是对我国进行渗透、影响和危害的极其严重的错误社会思潮之一。国内的新自由主义主要表现为:在政治上反对国家对社会、经济、文化等领域的干预,力图动摇中国共产党的执政地位,主张学习西方国家实行议会制、多党制以及总统制等来实现民主、自由与法治;在经济上主张国家不断扩大私企进入社会各领域的数量规模及范围,倡导产权改革;在文化上主张以大众文化来消解中国传统文化,输入西方意识形态、文明价值观念及生活方式来影响中国人的思想观念、行为方式以达到"和平演变"中国的目的。新自由主义导致部分社会群体深受其害,对马克思主义、中国共产党和中国特色社会主义道路产生了怀疑,动摇了对党和国家的政治认同,从而误信私有化、自由化以及市场化的经济模式才能发展中国。因此,当前党和国家把意识形态工作看作是一项极端重要的工作,是一项关乎国家安全、社会稳定、党和人民事业兴衰成败的工作。强调必须大力引导广大人民群众认真研究社会思潮,认清其危害和实质,果断地与其划清思想界限进而做出正确的价值评断,选择正确的科学的信仰。马克思主义信仰是致力于包括工人阶级、其他一切阶级以及个人争取自身解放的全人类解放的信仰,其原则、性质、宗旨、目标、理想与只代表极少

---

① 吴仁华. 社会思潮十讲:青年师生读本 [M]. 福州:福建教育出版社,2014:7.

数人的利益的新自由主义等学说大相径庭，因此，在多元化信仰竞争激烈的今天，要克服狭隘的个人主义观点，坚定马克思主义信仰。

2. 与文化保守主义（新儒学）的论战

中国的文化保守主义思潮萌发于19世纪中期，兴盛于20世纪20年代，而后便一直衰弱，直到20世纪90年代，在中国落寞数十年的文化保守主义又重新崛起，近年来更是伴随着国学热、孔子热、读经班现象以及随之出现的各种反思和批判激进主义文章等快速发展，成为引人瞩目的思潮之一。文化保守主义的流行不是偶然的，而是多种因素交织组合、互相影响的结果。首先，文化保守主义起源于对文化激进主义的反思。改革开放以来，中西文化的交流、碰撞日益频繁，使人们反思中西方文化关系问题。其次，西方现代工业进程必然导致人们对于传统文化自觉的保护意识，文化保守主义应运而生。最后，当代文化保守主义的兴起离不开近代文化保守主义的早期铺垫，可以说，它是近代文化保守主义的发展和延伸。

文化保守主义（新儒学）之所以在当代备受批评并成为马克思主义信仰论战对象的主要原因在于：它一方面不看好马克思主义中国化的进程和成果，主张儒学政治化，提出要重新认识"儒学"的价值，鼓吹"重建儒教"以呼唤"儒学"价值的回归。这种在文化保守主义中关于"儒学""儒教"等具有鲜明意识形态特征的思想使马克思主义的主流意识形态受到冲击从而引起了我们的警惕。另一方面，文化保守主义总以片面的观点看待全球化和中国的对外开放，反对现代化，主张科学技术和心性人伦的共同进化，过分夸大儒学在现世的地位和作用，处处显露出"东方文化优越论"，不经"扬弃"便一味复古，恶意利用国人的民族情怀和文化认同招致部分社会群体形成过激的文化民族主义观念。辩证地来看，当代文化保守主义对传统文化的保护、对当代中国的文化建设是有益处的，它进一步增强了民族文化的主体性，同时也使人们对中华文化有了更全面、更深刻地认识，创造了更好地继承中国优秀传统文化的氛围。因此，通过与文化保守主义的论战有利于全面、客观、深刻地认清文化保守主义的优势和缺陷。马克思主义者有必要用社会主义核心价值观对其进行正确的价值引领，使其有益于社会主义现代化建设事业。

3. 与民族主义的论战

民族主义作为一种现代政治思潮和社会实践活动，起源于于法国大革命时期的欧洲。中国民族主义思潮的兴起则基于中国民族观念的确立。近代以来，中国国力日渐衰弱而西方列强日益崛起，一贯以弱肉强食思维行事的西方列强对积贫积弱的中国开始了一系列以军事威胁为主的疯狂入侵和掠夺。在亡国灭种的危机之下，救亡图存的民族观念产生，中国的近代民族主义正是基于这种诉求应运而生。五四运动以及之后的抗日战争使得中国的民族主义思潮高涨。中华人民共和国成立后，民族主义随着国内外形势的变化而变化出不同的表现形态，对社会政治生活产生了很大影响，在青年学生中的影响也不可小觑。归结起来，中国的民族主义社会思潮大致经历了近代民族主义、毛泽东时期的民族主义、改革开放后的民族主义以及 20 世纪后期形成的新民族主义的发展阶段。当前，马克思主义信仰与民族主义的论战主要围绕新民族主义进行。

新民族主义的兴起具有一定的国际和国内背景。在国际上，经济全球化过程中西方发达国家处于主导位置获得红利，发展中国家处于弱势地位，经济发展极不对称。再加上 20 世纪 90 年代以来，对外关系上出现的一系列冲突和摩擦，激起了中国民众的愤怒并刺激了民族情感。在国内，一方面改革开放以来，经济政治领域的变革引发人们的思想领域的变革；另一方面，苏联解体、东欧剧变后社会主义进入低潮，中国的社会主义意识形态出现危机，中国内部需要有凝聚力的意识形态来聚拢人心，因此民族主义思潮便适时出现。

新民族主义思潮分为一般形态和极端形态。极端形态强调民族国家和民族认同，具有强烈的排他性质，主张为了本民族的利益可以损害其他民族的利益。我国是一个地域辽阔、人口众多的统一的多民族国家，如此的原生环境为民族分裂势力提供了寄生土壤，让外国反华势力看到了机会，民族分裂势力被外国反华势力所利用，民族分裂势力以国外反华势力为靠山，自愿充当着敌对势力"分化""西化"社会主义中国的傀儡，靠着外国的物资援助从事着分裂祖国、离间民族情谊的反动活动，严重影响祖国统一、民族团结、社会和谐稳定及对外开放。如我国境内的"台独""藏独""疆独"分子以及民族分裂主义、宗教极端主义和国际恐怖主义等。但与此同时，我们也必须看到民族主义一般形态的无害性。中国的民族主义思潮具有双重性质：一方面，中国的民族主义最初就是以爱国主义为基础而产生的，它表现为与祖国同甘苦共命运的一种深沉的爱国情怀，这有利于保护民族的文化传统，有助于增强中华民族的民族责任感和使命感，提高民族凝聚力；另一方面，中国的民族主义中又夹杂着非理性因素，不少社会群体因为认知体系的不成熟不健全，很容易被别有用心者误导利用而形成偏激情绪，做出极端行为。当代中国新民族主义是中华民族振兴的集中表现，其中蕴含着当代人民对国家的一种不可推卸的责任和宝贵的爱国主义精神，是新时代下民族精神的重要理论支撑。因此，马克思主义信仰与之进行论战，从表面上看会损伤民族主义的肌体，实质上有利于新民族主义的再研究，使新民族主义通过不断地自我剖析、自我反省和自我完善，成为一种更务实的民族观念，成为国家强盛的一股重要力量。

4. 与后现代主义的论战

后现代主义作为一种哲学思潮，不仅是对西方现代社会的批判与反思，也是对西方近现代哲学的批判与继承。后现代主义者中不乏思想界的巨擘，如德里达、哈贝马斯和福柯等。他们的理论主张坚持分散与多元开放，强调个体差异和不恒定，注重自我，反对整体与同一，主张消除主体等，核心是反理性主义。当前，全球化的狂潮席卷着世界，"反全球化""去全球化"的声音也不绝于耳，全球化趋势的任何发展似乎都不会妨碍以美国为首的西方资本主义国家通过各种方式对中国进行文化渗透与"和平演变"，这在美中情局对华的《十条戒令》中表现得尤为清楚。后现代主义思潮进入中国思想领域，使国人注重个人主义，强调个人价值从而否定集体主义、合作意识与团队精神；注重实用主义、拜金主义、享乐主义从而消解民族精神、时代精神和中华美德，导致社会和国家的不稳定因素增加。这些理论主张决定了后现代主义终将与马克思主义信仰背道而驰，坚持后现代主义会对我们的中国特色社会主义事业带来负面影响。此外，主张只有通过家长式威权政治才能领导经济发展，发展市场经济增强中产阶级力量，以此聚集发展民族政治的力量，实现政治民主化的新权威主义也时不时被拿出来与后现代主义进行比较。新威权主义显露出的弊端则在于"有心人"可借故抹黑中国共产党、政府和领导人的形象，挑拨群众与党和政府的关系，弱化党和政府开展的群众路线活动的影响力，使上下离心。因此，马克思主义信仰有必要站在历史的高度与后现代主义和新威权主义进行论战，为人民群众拨开思想迷雾，导正思想方向。

5. 与历史虚无主义的论战

"'虚'，就是虚假矫造；'无'，就是消除忘记"①。历史虚无主义可简单概括为虚无历史，表现为始终对客观存在的史实进行抹杀消除，从而按照自己的主观臆想来解构和虚构历史。历史虚无主义通常采取极端消极或极端激进的方

① 吴仁华. 社会思潮十讲：青年师生读本［M］. 福州：福建教育出版社，2014：9.

式来割断历史与现实、传统与现代的联系以消解和分化主流意识形态。它否认历史文化传统的连续性和继承性，把传统文明与现代文明之间的过渡看成是彻底的断层与决裂，否定历史发展的内在逻辑性，漠视人文精神传统的内在传承及其教化意义。

历史虚无主义的产生不是偶然的，20 世纪 70 年代的后现代史学思潮力主的非理性主义，是其产生的理论来源之一。到 21 世纪初，历史虚无主义思潮重新泛起，以东欧剧变为标志的世界社会主义运动急转直下是其泛起的历史归因。首先，在这一时期，马克思主义"过时论"、马克思主义"无用论"、社会主义"失败论"以及共产主义"渺茫论"等观点甚嚣尘上，一些人开始到处找寻新出路，于是一种与马克思主义唯物史观根本对立的、非科学的，为国内外敌对势力服务的，旨在否定共产党领导、反对社会主义的社会思潮——历史虚无主义进入了人们的视线。其次，西方资本主义国家长期对社会主义国家实行"和平演变"也与历史虚无主义遥相呼应。西方反共反华势力对社会主义中国的"和平演变"企图在东欧剧变之后便一直是露骨的、公开的了。尼克松曾就此提到："历史虚无主义在社会主义国家播下的愤懑不满的种子，终有一天会开出'和平演变'之花。"① 最后，随着我国改革开放事业的推进和深化以及某些社会矛盾的显露和尖锐化，持自由主义传统论者借改革开放之际企图实现其政治诉求。于是一时间诸如"告别革命""告别主流意识形态""告别乌托邦"等历史虚无主义社会思潮在我国思想理论领域便呈井喷之势了。

历史虚无主义热衷制造影响深远的历史事件来体现它的客观存在性。但历史虚无主义刻意颠覆、否定和歪曲已有的历史事实与结论，严重影响人民群众特别是青少年形成正确的历史观。这从历史虚无主义活动的几种做法便可见一斑。第一种做法是先利用传统纸媒体和新兴媒体为人们呈现一套与主流意识形态大相径庭的针对中国近现代历史的话语体系，在人们的心中播下怀疑主流意识形态的种子，然后辅之以不断制造对主流意识形态不利的舆论来逐步消解大众对其的认同。第二种做法是通过对中国近现代历史的随意剪裁及持续曲解，造成人们对历史事实和结论的认知混乱；长此以往，大众的认知能力不断弱化，大众的固有认知体系被破坏，一套历史虚无主义特征的认知和价值体系便会建立起来。第三种做法是通过历史虚无主义者的一种假定的价值判断言论，即西

---

① 理查德·尼克松. 现实的和平 [M]. 陈杨，杨乐，译. 北京：世界知识出版社，1984：92 - 95.

方的模式和价值首先被认定是普世的、先验的、正确的，而来告诉大众，中国必须以同样的方式和朝着同一的方向实现西方式的现代化。第四种做法是历史虚无主义唤醒和伙同民族虚无主义及文化虚无主义一起混淆视听，为祸人间。诸如"价值坍塌""道德滑坡""理想式微"以及"人文精神危机"等的评论如涟漪迭起的湖水，久久不能平静。

历史虚无主义以理论创新为口号，频频在学术刊物、研讨会、学术著作、微博、公众号、论坛等传统媒体和新媒体中亮相，同时又以学术反思的面貌经常出现在文学和艺术作品中，特别是通过历史题材的影视作品等形式隐蔽地渗透和传播其核心观点，表现出了明显的反动政治色彩和利益诉求。历史虚无主义不仅诋毁和嘲弄人民群众的历史主人翁地位，还恶意贬低和否定为争取民族独立与人民解放而进行的反帝反封建的中国革命；不仅刻意歪曲中国近代史，把英美日等列强的侵华行径美化为促进中国现代化进程的壮举，还故意"失忆"以遗忘一些客观的历史事件；不仅按照个人主观臆断，以所谓的"历史细节"和敌对势力杜撰的"揭秘材料""秘密档案"来大做文章、断章取义，还对历史事件和人物进行假想和恶意篡改，热衷于为历史上的负面人物"正名"，采用"戏说""恶搞"等方式把抗日英雄丑化，把无产阶级领袖歪曲等；不仅肆意诋毁马克思主义、中国共产党和中国特色社会主义，甚至还意图抹杀我国源远流长的民族文化。

思想是行动的先导，人们的思想若是处于迷雾之中，人们的行动自然也会停滞甚至错乱。历史虚无主义这一思潮十分危险，其歪曲和篡改近代以来的中国历史，对伟大的民族精神、时代精神和光辉璀璨的华夏文明也一并进行抹杀。它们不时把自己打扮成知识广博的学者，因为学者的招牌会放松人的警觉，会增加其言论的可信度，或者"边缘反抗主流"的弱势群体，因为弱者的形象会更易博得大众的眼球并通过制造虚假的事件和案例力图对人们过去认同接受的、经过历史积淀的文化基因进行解构与重构，而经过解构和重构的话语体系会误导那些"三观"尚未形成的青少年走上歧途，或导致缺乏是非辨别能力的部分高校师生、工农群众等产生对马克思主义、中国共产党、社会主义根本制度和发展道路的消极情绪。放任历史虚无主义嚣张生长的最终结果是使人们的历史信仰、文化积淀被无情吞噬，整个社会倒退到一个历史虚无、信仰崩塌的可怕境地。历史是留给人们的珍宝库，里面饱含了精神财富和人文智慧，它不但帮助一个民族提升整体素质，还可用于增强民族自信心与凝聚力，会对国家和社会的未来发展规划提供意见和经验指导。因此，任何民族、国家、社会群体都是重视历史的积极作用的，对历史遗产都是倍加珍惜的。出于尊重和保护光辉历史遗产的目的，我们必须高度警惕，自始至终坚定马克思主义的立场和观点，自觉学习和运用马克思主义唯物史观来抵制历史虚无主义，自觉用科学的马克思主义信仰来对抗反动的历史虚无主义社会思潮。马克思主义信仰者不误信历史虚无主义，马克思主义者会立场坚决地与历史虚无主义者做斗争。

（二）批判功能

非马克思主义信仰可简单概述为除马克思主义信仰之外的其他信仰形式，包括远古时期人们对祖先、图腾、鬼神、自然等的崇拜或称原始信仰，以及后来不断发展而来的对基督教、伊斯兰教、佛教等的宗教信仰，对以儒家经典以及"整体之上、仁爱兼利、自律慎独"等中华民族的传统美德为代表的道德信仰，再到近代社会中存在着的对政治制度、哲学思想、法律体系、艺术表现形式等的社会信仰。抑或是当前从一众社会思潮出发的，对新自由主义、宪政民主、普世价值、公民社会、后现代主义、民族主义、文化保守主义、历史虚无主义等价值观念的信仰。如今，经济、文化、信息等的全球化既是机遇又是挑战。机遇在于个人可以有比之前更多更灵活也可能是更好的选择，作为一种文化现象，各种非马克思主义信仰的繁荣发展也推动了国家文化产业事业的发展，非马克思主义信仰本身也因此有了更为广阔的空间，使人可以跨国跨境去到更多民族、种族的心灵土壤中去。而挑战在于个人面对非马克思主义信仰的暴涨和频繁更新变化会不会眼花缭乱而失去准确判断，做出错误的选择，国家会不会因为越来越多的非马克思主义信仰存在而管控困难，非马克思主义信仰形式本身会不会因为在争取支持者和信仰者的时候出现恶性竞争和异化？除了探讨时代对非马克思主义信仰的机遇与挑战之外，我们不妨试图回到这些信仰形式本身，看看这些信仰的特质，来试着分析这些信仰是否能为我们的人民所信仰。

1. 对原始信仰的批判

以自然崇拜、图腾崇拜、巫术和禁忌、祖先崇拜为代表的原始信仰在远古时期影响和支配人类精神活动长达数万年甚至数十万年，随着早期人类灵魂观念的萌生与发展，原始信仰迅速进驻人们的精神世界，成为当时"最基础也是最深厚的精神背景,人类与自然万物借此具有精神的联系"①。面对各种危险、未知和不可控因素,弱小的远古人在强大的自然力量面前多是无能为力,便产生出对自然强烈依附的习惯以求得生存,不能说这样是绝对错误的,但从发挥人的主观能动性上来看,自然崇拜现象在一定程度上阻滞了人类认识自然、探索自然和改造自然的步伐。而对祖先崇拜的认识不妨先把它看成是原始社会时期人类社会关系的最早反映。在部落和氏族社会中,人们服从、尊敬自己的首领,这一崇拜发展到后来成为宗族制度下的族长崇拜,对人类社会的影响是非常大的,但对首领或族长的绝对服从,出现人格上的失衡却是一个不得不提的问题。图腾崇拜自古有之,到如今这一崇拜也静静流淌在中国人的血液中。客观来说,图腾对延续民族文化、保持族人联系有着重要的贡献,但不准杀食作为图腾的动植物、信奉不同图腾的人之间不能通婚等做法却也是不够科学的。如果说对自然、祖先和图腾的崇拜有着许多的可取之处,那么巫术和禁忌以及随后演变而来的迷信便多是原始信仰中的糟粕了,其惯用的手段是通过各种祷告仪式、不科学的甚至荒诞的、残忍的方式来趋吉避凶。不从文学艺术的角度去审析它们,巫术、禁忌和迷信活动所布置出的场地、嘴里的咒语、所唱跳的歌舞以及所有的注意事项绝大部分实质上都是"伪科学"和"假仪式",是异端,且很多已被现代科学所证明的糟粕。因此,人们对原始信仰的批判也引发了人们对信仰选择的深刻思考,显然,原始信仰作为最初级的信仰,无论在内容上、形式上、出发点上等都不能成为人们真正可以信仰的信仰,所以人们呼唤马克思主义信仰。

2. 对宗教信仰的批判

马克思主义信仰与以基督教宗教信仰也存在着差别,主要体现在诸如"信的问题"、信仰的"主要作用问题""信仰者对两者的态度和看法问题""对人的影响路径问题"等问题上。

首先,提及"信的问题",陈先达先生认为,马克思主义信仰的"信"是信事实,是信自然和社会的规律,而宗教信仰的"信"却是纯粹的"我'信'因而我信仰而从不追问'为什么可信'"②。众所周知,科学之所以是科学,是因为它的可逆性或称可错性。任何一种称得上科学的学说不仅首先追问"为什

---

① 冯天策. 当代中国主流信仰的情感变迁及价值研究 [M]. 合肥:安徽大学出版社,2010:33.

② 陈先达. 理论自信:做坚定的马克思主义信仰者 [M]. 长春:吉林人民出版社,2016:7.

么"，弄清事物的基本原理，更要问"为什么可信"，以从辩证逻辑的角度考察可信度。因此，从科学的一贯穷根究底地追问为什么信、为什么可信的精神出发，从探索宗教信仰的科学依据和事实依据出发，宗教信仰是经不起推敲和验证的。

其次，从"主要作用问题"来看，马克思主义是"救世"的，把人从压迫剥削中解救出来，以实现每个人的自由而全面的发展为终极目标，而宗教是"救心"的，"自救自赎"的①。宗教从未想过改变世界、改变社会，而是极力劝导各人回归自己的内心世界，顺应环境、调适自身、改变自我。马克思主义对这一问题的看法与哲学以及宗教信仰大不相同，马克思主义是要在认识世界的基础上改造世界、改造社会。所以，马克思主义及其信仰者会把社会不公问题纳入自己的可作为范围内，而宗教徒则因自己在遭遇不公时及时向信仰的神灵诉苦，其灵魂得到了洗礼和宽慰，便会选择忍耐和自认是对自己过去所犯错误的救赎。

再次，从"信仰者对两者的态度和看法问题"来看，宗教徒对所信仰的宗教极为虔诚而变得不能忍受不信仰者对自己宗教的批评和建议。但马克思主义信仰者却正好相反，马克思主义政党如中国共产党的一个优良作风便是在定时召开的民主生活会上会进行全体党员的批评与自我批评。这便是一个郑重的党对自己的党员的一种严格要求。党的建设的"五项基本要求"及近年来我党大力开展的反腐倡廉专项整治活动，无不说明了马克思主义的先进性，中国共产党一贯坚持实事求是，与时俱进，敢于批评和自我批评，勇于承认错误并善于改正错误。

最后，从"对人的影响路径问题"上看，马克思主义是"治河换水，治水救鱼"②，是从源头上解决问题，是从根本上进行大改造，而宗教是只想救鱼不想换水，宗教是没有触及个人问题的根本症结的，是治标不治本的。正如道德具有从内心的坚定信念、社会舆论和传统习俗等方面来起到约束人行为的作用一样，道德与纪律是有局限性的，社会不会通过逐个改造人心而得到根本改造且改造人心的过程极为漫长和容易反复，这时候我们就需要法律的制约，国家

---

① 陈先达. 理论自信：做坚定的马克思主义信仰者［M］. 长春：吉林人民出版社，2016：7.

② 陈先达. 理论自信：做坚定的马克思主义信仰者［M］. 长春：吉林人民出版社，2016：8.

通过暴力机关的执法活动来体现法律的权威，结合道德、纪律与法律的协同作用，即通过"德法共治"模式来建立一个富强、民主、文明、和谐、美丽的社会主义现代化强国，使人人皆有安身立命之所，而"两个一百年"奋斗目标的实现需要以马克思主义为指导思想，需要人们有对马克思主义的真诚信仰，社会上也需要更多真诚的马克思主义信仰者。

3. 对道德信仰的批判

道德信仰的根本问题或本质特征直接指向人的价值导向问题。道德信仰本质上是与人生观相近的一种人生信仰，人生信仰与道德信仰二者都关注"人生问题的探讨"①。道德信仰不同于宗教信仰的对来世的憧憬与寄托，它更侧重人的现世生活，注重世俗的道德践履与教育感化，中国的传统道德对提高人的道德和文化修养、理解家国天下观念、实现社会长治久安等问题为后人留下了宝贵的思想资源和经验借鉴，如中国传统的儒家思想就是一种道德信仰②。如前文所述，传统儒家伦理的核心价值观是忠、孝、仁、义、礼、智、信、恕、悌，"公而忘私""忧思天下""知之为知之，不知为不知""君子和而不同""克己复礼""自强不息""兼爱非攻""入世出世"等都为构建一个和谐融洽、积极健康的社会做出了巨大的贡献。当然，任何民族的传统文化都不可能是绝对的精华，以中国传统文化为基底的中国传统道德信仰中也掺杂了不少杂质和过时的成分，如"唯上忠君""三从四德""跪拜制度""盲目排外""裹足""专断皇权""文字狱""八股文""士农工商"的社会等级制度、对同性恋的歧视和残酷打压等。以儒学信仰为代表的道德信仰受时代的局限，受封建君主专制的影响，存在着种种缺陷。因此，在看待道德信仰问题时，既不要盲目夸大，也不要妄自菲薄甚至完全贬斥，应坚持联系的、发展的、全面的观点。

4. 对理性信仰的批判

从国内外信仰发展的流派来看，学者习惯把真正意义上的哲学信仰归为两种：一是理性信仰，二是马克思主义信仰即共产主义信仰。共产主义信仰自然是我们提倡的信仰，但理性信仰能否成为人们当下的一个备选呢？理性信仰主张在人类的思想领域要充满科学和自由的精神，在政治领域要坚持广泛和真实

---

① 刘建军. 信仰的呼唤：社会主义市场经济条件下的信仰问题研究 ［M］. 北京：人民出版社，2011：90.

② 袁友军. 寻找时代的信仰——当代中国国民信仰研究 ［M］. 广州：广东人民出版社，2014：6.

的民主；在经济领域要适用"丛林法则"，重视自由竞争；在社会生活领域要提倡公平正义，保障公民的合法权利、保护公民的私有财产等，这是比原始信仰以及宗教信仰更进步的信仰，但却始终未能成为适用所有人的信仰，原因在于理性信仰是被"贴了标签"的信仰，它是有产者而非全体社会成员的信仰，是为马克思、恩格斯等在内的一大批马克思主义经典作家所竭力批判的对象。理性信仰作为意识形态得到资产阶级政府和政党的着意维护和推行，成为维护资产阶级政权统治的工具，因而带有阶级性质，是异化了的、不适于无产者的信仰。今时今日，理性信仰的作用比之前三者有过之而无不及，它扎根于资本主义的生产关系、人类的自然本性和社会本性之中，资本主义制度一天不消失，理性信仰就有继续生存的土壤。纵观当前的世情国情，资本主义制度与社会主义制度竞争激烈，资本主义制度的弊病日益爆发出来，人们对这一制度的不满不断升级，社会主义制度的优势越发凸显，得到越来越多的包括资本主义国家的人民的认同和点赞，对制度的思考也引发了人们对不同制度支撑的官方信仰的思考。

因此，选择一个能达到自我最高境界的科学信仰尤为必要。较之其他信仰形式，马克思主义信仰确属最上乘之选，其他信仰形式因着先天的缺陷而远无法企及。在对自然科学与社会科学的规律性认识的基础上，马克思主义向世人阐述了自身关于世界图景的理解和实践方式，从头到尾都体现出科学性和人类性；不同于一般的具有阶级性的、必定代表特定集团利益的意识形态，马克思主义信仰的核心和基本理念是共产主义，自始至终以人的自由而全面的发展为终极目标，从而体现出强烈的现实意味和人文关怀；它也不是仅为人们描绘了一幅抽象的社会理想蓝图，而是深深地扎根在现实生活中，因而具有强烈的实践性和现实性；它所代表的更不只是一种宏观的现代社会信仰，而是一种极富生机活力、普遍适用的个人信仰形式，即每个人都可以是马克思主义信仰者，马克思主义信仰会因包容吸收了众多的个人特性而变得广博深厚，更有力量。

二、马克思主义信仰教育的价值

我国正在进行进一步的全面深化改革，且改革进入深水区。在这个过程中旧的事物和新的事物激烈碰撞，影响着一些领域的发展。突出表现为：一是道德缺失。在不断完善的过程中，一些漏洞出现，一些人开始钻漏子，为了为自身谋求利益，不惜以损害国家和人民的利益为代价，严重干扰了市场经济的正常运行。二是价值迷失。马克思主义信仰曾经发挥了重要的作用，但随着改革开放，市场经济带来了资本主义腐朽、落后的思想，马克思主义信仰受到排挤，一部分人信仰迷失。三是受儒家文化和计划经济的影响，一部分人的思想观念并未得到改变，官僚思想严重阻碍着马克思主义信仰的形成。历史与实践证明，人民大众是马克思主义信仰的价值指向，科学性之"出场"确证了其"以人为本"的独特价值旨趣，开展马克思主义信仰教育，必须明晰其独特的功能所在，从而透析其价值取向。

（一）马克思主义信仰教育的价值形态

1. 现代社会价值的"引领者"

习近平总书记指出："只有理想信念坚定的人，才能始终不渝、百折不挠，不论风吹雨打，不怕千难万险，坚定不移为实现既定目标而奋斗。"① 对马克思主义的坚定信仰，不只是对中国共产党员的必然要求，对人民大众而言也是极其重要的。马克思主义信仰的科学性印证了其所包含的引领性，是构成生存个体由"彼岸"走向"此岸"、由"蒙昧"走向"文明"的崇高指向。马克思主义信仰的引领功能历经实践的检验、人民的选择，是历史的必然，而传统信仰以人的"内在需求"为根本，旨在"渗透"人类的精神领域。人类的精神领域以信仰的指向为根本，传统信仰掌控了人类的精神领域，向其内在精神渗透，从而由内部开始确立信仰的崇高地位，进而"控制""奴役"人类的精神世界，致使人类的精神领域完全接受传统信仰所指定的价值主张。而马克思主义信仰与传统信仰有本质上的不同，其是针对现实生活、针对个体实践而存在的科学信仰。正是因为马克思主义信仰毫无保留地为实现生存个体的幸福生活而存在，其既不同于宗教信仰的"精神慰藉"，更不同于当代的"普世价值""资本主义"思潮，其势必是现代社会价值的"引领者"。马克思主义信仰的引领功能在人民的实践之中发挥了尤为重要的作用，中国共产党带领中国人民实现了从"站起来"到"富起来"的伟大飞跃，而现今中华民族正逐步实现由"富起来"到"强起来"的伟大飞跃，实践表明，其引领功能是无可非议的。我国在意识形态领域确立马克思主义信仰的统领地位，同样历经了历史和实践的检验，发挥马克思主义信仰的引领功能，是实现人民大众美好幸福生活的必然选择。

---

① 习近平. 在纪念朱德同志诞辰 130 周年座谈会上的讲话［N］. 人民日报，2016－11－30（02）.

2. 维护中国形态的"定位者"

自马克思主义传入我国以来，我国发生了翻天覆地的变化，这是马克思主义与生存个体实践相结合的必然结果，也是现实生存个体坚定信念、确立信仰之必然结果。人民大众深刻感受到社会生活发生着翻天覆地的变化，而这些变化是"人民日益增长的物质文化需要"逐渐到"人民日益增长的美好生活需要"的飞跃。马克思主义信仰与我国的建设事业密不可分，"马克思主义的命运早已同中国共产党的命运、中国人民的命运、中华民族的命运紧紧连在一起"①。开展马克思主义信仰教育，有助于筑牢我国意识形态的根基，我们必须认清当前发展之境遇，定位我国目前的社会发展。历史的经验告诉我们，如果没有马克思主义信仰的正确定位，一个国家、一个政党将会失败，现实生存个体之自由、解放更是无从谈起，唯有坚定自我的正确立场，立足现实存在，生存个体才能不断审视现实。以"人民"为特质，始终将"人"作为"目的"，正是中国共产党自始至终所坚守之根本。只有发挥马克思主义信仰的定位功能，中国共产党才能保持定力不变，才能探索出一条符合国情的发展道路。马克思主义信仰教育的开展，更能发挥其定位功能，"思想引领方向，方向决定道路"，只有坚定科学的价值取向，加强马克思主义信仰在我国意识形态领域的关键作用，才能推动党和国家事业不断向前发展。

3. 筑牢中华民族命运共同体的"教化者"

马克思主义信仰的教化功能不是传统意义上宗教信仰中的"施教"，马克思主义信仰的本体目标即为实现人民大众"每个人"的自由发展，进而实现生存个体现实之美好幸福生活。开展马克思主义信仰教育，阐明其教化"功用"，有助于对生存个体的"异化"予以"解弊"，更有利于开掘与架设追寻"真理"的现实之途。马克思主义信仰的教化功能，是破除人民大众对"精神幻象"的依赖。人类要获得自身的解放，必须以现实世界的幸福生活为指向，而非以观念中的幸福生活为信条，只有彻底抛弃了传统信仰的"虚幻"的束缚，人民大众才能成为真正的"人"，从而实现其"自由发展"。同时，受教育者在"理论"教化引导之下，付诸"实践"之中，进而能够破除自身对马克思主义信仰的宗教化、教条化，真正审视科学理论之奥义所在，摆正个体态度，筑牢价值场域，撕破"枷锁"限制，真正将马克思主义信仰视为现实生活的科学指南。

---

① 习近平. 在纪念马克思诞辰 200 周年大会上的讲话 [N]. 人民日报，2018 – 05 – 05 (01).

马克思主义信仰不仅在理论上成为人类的精神需求，更在实践中成为指明人类生存生活的价值取向。人民大众要获得自身的解放，不断满足自身对"美好生活的向往"，发挥教化功能，将科学的理论作为其精神"武器"，重塑生存个体之价值立场，直指个体之生存路径，实现自身"自由"发展之取向。

4. 人民大众意志和力量的"凝聚者"

传统信仰是人类精神活动的产物，它的产生反映了时代背景下的现实生活，因此它显而易见地被赋予精神慰藉的需求。传统信仰指导人往"内"、往"里"，即对人的精神、意志、观念以及价值取向的指向，是对"人本主义"的价值主张。其目的是将"此岸世界"与"彼岸世界"对立，将"彼岸世界"描绘为拥有"崇高幸福"的"神圣光环"世界，从根本上就是要将"人"与现实生活剥离，从"人"的精神世界追求美好幸福生活，淡化"人"生存的现实世界，其本质就是对现实的逃避、对现实的抛弃。而马克思主义信仰明确了其针对现实生活的特质，其本质就是追求现实生存个体之美好幸福生活。开展马克思主义信仰教育，解除个体的"现实苦难"，使其不再生活在"幻想"之中，从而为了"每个人"的自由发展这个共同目标不断奋进。马克思所说的"现实幸福"，并非是基于先验逻辑或某种既定的原则推演而建构的"理想"，亦非一切虚幻的宗教式的幸福允诺，更不是在"语辞"革命中兑现的，而是以一定的"历史前提"为起点，遵循生活自身的否定性逻辑，直面生活之"枷锁"和"苦难"而展开否定性、革命性批判，重建使生存个体获得现实解放与现实幸福的"现实生活"。发挥马克思主义信仰的凝聚功能，能够不断逾越我国社会主义现代化强国建设过程中的苦难，凝聚起人民大众的意志和力量，方可实现每一个体之生存自由。

（二）马克思主义信仰教育的价值效用

1. 马克思主义信仰建设是中华文化繁荣的一部分

在国家发展中不仅要重视硬实力的发展，还要不断增强软实力，软实力反映着一个民族的精神面貌和力量，其中最重要的两个就是政治软实力和文化软实力。马克思主义信仰是中国社会主义现代化建设的精神动力，是中华民族文化的灵魂。当代中国马克思主义信仰建设，将促使马克思主义信仰成为人们的"集体无意识"，必将极大地增强民族的凝聚力、向心力，有效提升国家的软实力。这具体表现在：首先，通过加强马克思主义信仰教育，使得广大人民群众认同马克思主义和中国特色社会主义思想，形成强大的政治力量、政治动员和行动中的高度一致性，有效培育社会和谐精神，加之在中国共产党领导下，中国的政治软实力将会增强。其次，不断对广大民众进行马克思主义信仰教育，让受教育者信仰一致，在这种相同的目标鼓舞下，有利于更进一步凝聚中华各民族的力量，提升中国人民的道路自信、理论自信、制度自信，增强中国的文化软实力。这种文化软实力不仅仅是中华文化在国际上的文化标识，进一步说，当中华文化内部重组并不断地出新，其更是一种文化由内到外的更新与壮大。民族凝聚力是一个民族国家不断前进富强的基本力量，中华民族是一个不可分割的有机统一体，马克思主义信仰教育建设就是为了让中华民族更好地凝聚在一起。除此之外，通过马克思主义信仰教育建设，可以体现出马克思主义的科学性与先进性，树立中华人民共和国是社会主义国家的大国风范，从而在国际交流中，体现出中国新的外交理念和自信，极大提升国家的外交软实力。总之，进行马克思主义信仰教育是增强中国软实力的重要手段。刚刚改革开放时，我们国家落后于发达国家，我们学习他们的技术、一些对人民有益的文化和观念等，这是时代的要求。但是信仰、意识形态领域内的东西，我们一定要有自己的。

2. 马克思主义信仰教育引领中国文化建设的方向

马克思主义信仰教育就是一方面用社会主义核心价值观引导人民的价值正向发展，另一方面要用马克思主义意识形态反击反马和非马意识形态的传播。尤其是在党的十九大以后，用习近平新时代中国特色社会主义思想，提升中华民族的自信心，让人民认识到什么是社会主义，为什么要实现共产主义；建设一个什么样的党，怎样建设党。增强人民的判断能力，剔除不利于国家和个人发展的思想，从而增强中华民族的凝聚力，共同为中华民族的伟大复兴而发力。

党的十八大以来，习近平总书记非常重视中国文化的发展，从中国特色社会主义建设的全局出发，进行文化体制改革，锐意激发文化的创新能力，促进文化产业的繁荣，进而满足广大人民群众的精神需求。我国的文化资源丰富，蕴含着非常大的发展潜力，而发展文化要与马克思主义信仰相结合。

首先，要以习近平新时代中国特色社会主义的思想为指导，对中华文化和马克思主义文化有正向的观点。在实现中国梦的过程中，习近平总书记高瞻远瞩，非常重视文化的建设，就当前的中国文化发展提出了一系列精辟的理论，并提出我们要坚持文化自信。相关论述有："文化自信，是更基础、更广泛、更深厚的自信，是更基本、更深沉、更持久的力量"①；"加强对中华优秀传统文

---

① 习近平.习近平谈治国理政：第 2 卷［M］.北京：外文出版社，2017：349.

化的挖掘和阐发，实现中华文化的创造性转化和创造性发展"①；"紧紧围绕建设社会主义核心价值体系、建设社会主义文化强国，完善文化管理体制和文化生产经营机制，建立健全现代公共文化服务体系、现代文化市场体系来做好工作，以此推动社会主义文化大发展大繁荣"②；"把握好意识形态属性和产业属性、社会效益和经济效益的关系，始终坚持社会主义先进文化前进方向，始终把社会效益放在首位。无论改什么、怎么改，导向不能改，阵地不能丢"③。习近平总书记关于文化的建设的论述，是最准确、最新的关于中国文化发展规律的认识，是马克思主义文化思想最新的中国化成果，有利于中华文化的健康发展，是对人民文化需求的关心。

其次，习近平总书记多次强调互联网、媒体的发展重要性。自媒体与新媒体快速发展，要关注其发展走向，用马克思主义相关理论引导其朝着有利于人民利益的方向发展，构建文明、安全的媒体格局。管控舆论建设，使其有利于中国社会主义建设、人民的身心健康、依法管理舆论的发展，使得互联网发展制度化。官媒应紧跟时代潮流，创新传播方式，使其乐于被广大人民群众所接受，提高马克思主义的公信力和影响力。

最后，提升中华文化的国际影响力，将优秀的文化展现到世界舞台，提升中国的话语权。习近平总书记多次强调要讲好中国故事，中国政府不断完善制度和规章建设，如《关于加快发展对外文化贸易的意见》《关于加强"一带一路"软实力建设的指导意见》等文件，中华五千年的文化是中国人民的瑰宝和骄傲，要充分利用好这一优势，重视对外文化交流和弘扬，让中华文化屹立在世界舞台。提高中国文化在国际上的话语力度，文化繁荣是实现中国梦的一部分，使用形象生动的故事向世界展示中国的发展道路内涵，向世界输出中国智慧、中国经验和制度，是中华民族对世界发展的贡献。文化繁荣是一个民族富强的最基本和根本的保障之一。随着中国文化体制的改革，中华文化将会越来越繁荣并具有世界影响力，这是中华民族伟大复兴的精神支撑和动力，马克思主义也将更快速地传播。

---

① 习近平. 习近平谈治国理政：第 2 卷［M］. 北京：外文出版社，2017：340.
② 中共中央文献研究室. 习近平总书记关于全面深化改革论述摘编［M］. 北京：中央文献出版社，2014：90.
③ 中共中央文献研究室. 习近平关于全面深化改革论述摘编［M］. 北京：中央文献出版社，2014：85.

第五章　新时代马克思主义信仰教育的基本原则与方法

新时代马克思主义信仰教育必须始终遵循现实性、科学性和人民性相统一的基本原则，以教育者和受教育者的相关性逻辑为入手点，创新马克思主义信仰教育的理念，定位好马克思主义信仰教育的层次，明确马克思主义信仰教育的内容，探寻更为有效的教育方式与方法，营造马克思主义信仰教育的文化生态，切实增强马克思主义信仰教育的理论说服力与现实感召力。引导受教育者真正懂得马克思主义信仰的科学内涵，提升对马克思主义信仰的认知度和认同度，增进践行马克思主义信仰的自觉性和主动性，从而在现代价值体系和信仰谱系中，充分彰显马克思主义信仰的科学性、人民性、正当性、神圣性与崇高性。唯有如此，才能拓展马克思主义信仰教育的学术视野、理论空间和实践路径，真正彰显马克思主义信仰的魅力，提升马克思主义信仰教育的新境界。

一、马克思主义信仰教育的基本原则

马克思主义信仰教育的基本原则是指教育者和受教育者进行信仰教育活动应该遵循的普遍要求和基本准则。有效的信仰教育原则不仅能够适用于不同的教育活动，引导教育者遵循信仰教育活动的规律对受教育者进行教育，保证信仰教育目标的顺利实现，而且适用于不同的教育对象，指导教育对象明辨是非、善恶美丑，树立正确的马克思主义信仰。具体来讲，当前我国马克思主义信仰教育的基本原则有以下几个方面：

（一）指导思想一元化原则

1. 指导思想一元化原则的内涵及其依据

马克思主义信仰教育指导思想一元化，即必须毫不动摇地坚持马克思主义在意识形态领域的一元指导地位。我们所要进行的信仰教育是中国共产党领导的马克思主义信仰教育。马克思主义信仰教育指导思想一元化原则主要是指在信仰教育活动意识形态领域中坚持马克思主义的方向性，运用马克思主义的科学方法论指导中国特色社会主义实践。马克思主义是立足于现实社会的工人阶级的世界观，而工人阶级的阶级地位决定了它的利益同社会发展的客观规律完全一致，同广大人民的根本利益完全一致。马克思主义理论既是对历史发展的客观规律的揭示，又代表了工人阶级和广大人民群众根本利益，它是科学性和阶级性、科学性和意识形态性的有机统一，这是马克思主义理论不同于其他各种社会思潮的根本特征，它的全部理论都体现了这一根本特征。并且中国历史的基本进程，正是历史和实践对马克思主义的真理性和价值性的检验，这也是我们坚持以马克思主义作为指导思想的最可靠的实践基础和历史根据。

指导思想一元化原则的基础和根本前提是明确社会主义和共产主义方向，与中国共产党的纲领与宗旨保持一致。马克思主义是我国的立国之本，只有坚持马克思主义的指导地位，才能保证我国的社会主义性质，才能保证中国特色社会主义道路建设的顺利进行。"中国特色社会主义"是亿万中国人民正在走的道路，正在从事的事业。思想政治教育的任务即培养能够实现这个崇高目标的人才，因此马克思主义信仰教育必须以此为核心，将丰富多彩的教育内容聚焦在引导全体社会成员坚持和拥护马克思主义以及马克思主义中国化成果，推动建设中国特色社会主义发展道路，否则就偏离了信仰教育的根本宗旨和正确方向。"如果进一步追问，为什么建设中国特色社会主义成了当代中国社会生活的主题呢？这是因为，新中国成立 70 年来特别是改革开放 40 年来的实践证明，只有这条道路能引领中国发展进步，实现中华民族的伟大复兴。这条道路，既坚持了科学社会主义的基本原则，又符合我国实际和时代特征。坚持中国特色社会主义道路，就是遵循社会发展客观规律去实现和维护中国人民的根本利益。"① 这就是马克思主义信仰教育以社会主义、共产主义理想信念教育为核心的根本依据。2019 年 5 月 31 日，习近平总书记在"不忘初心、牢记使命"主题教育工作会议上强调，"思想政治受洗礼，重点是教育引导广大党员干部坚定对马克思主义的信仰、对中国特色社会主义的信念，传承红色基因，增强'四个意识'、坚定'四个自信'、做到'两个维护'，自觉在思想上、政治上、行动上同党中央保持高度一致，始终忠诚于党、忠诚于人民、忠诚于马克思主义"。

---

① 田心铭.简论思想政治教育的目的、培养目标和教育内容——兼评"德育非政治化"的观点［J］.思想理论教育导刊，2011（06）：93 - 94.

这些要求的基本精神适用于我国所有群体的信仰教育活动，也是我们进行马克思主义信仰教育的有力抓手。

2. 指导思想一元化原则的具体要求

坚持指导思想一元化原则是马克思主义信仰教育工作必须遵守的第一原则，信仰教育工作直面社会大众，正面社会思潮，必须坚守马克思主义在意识形态领域的一元化原则。具体要求有以下两个方面：

第一，坚持指导思想一元化原则就是要在信仰教育中以马克思主义为指导，在信仰教育的整个过程中都要贯彻马克思主义理论，使之成为信仰教育内容的核心和信仰教育工作的基点。在马克思主义理论的基础上进一步阐释和拓展爱国主义教育，民族精神、时代精神以及共同理想教育。用马克思主义的方法论分析我国马克思主义信仰教育中面临的理论问题和现实困境，用马克思主义的立场、观点和方法分辨真伪、澄清是非，理清正确的指导思想，运用科学的辩证的方法对待各种社会思潮，旗帜鲜明地抵制错误思想的影响，树立马克思主义信仰。

第二，注意解决好指导思想一元化与思想文化多样性的关系。在各种文化冲突、意识形态冲突更加广泛、频繁和激烈的情况下，如果否定马克思主义在信仰教育中的主导地位，放弃马克思主义主导方向，思想意识形态领域就会产生"病变"的价值观。一味追求思想文化的多样性，否认马克思主义，社会发展就会迷失方向，社会主义精神文明建设就会陷入无序混乱状态。因此，首先必须坚持指导思想一元化原则，在坚持马克思主义在意识形态领域的主导地位的同时，要允许多样性社会思潮的存在；在允许多样性社会思潮存在的同时，应当在法律所规定的范围内展开积极的思想斗争与理性批判；在法律所规定的范围内展开积极的思想斗争与理性批判的同时，要注重培养尊重差异、包容多样的文化风尚，营造差异互补、多样共生的信仰环境。其次，将指导思想一元化与社会思潮多样性相结合，要求在进行信仰教育时，要弘扬主旋律，提倡多样性，促进社会精神文化的健康繁荣发展。社会主义文化的内容和形式丰富多彩、多种多样，没有形式的多样性，社会主义文化就会单调、凋零、枯竭，失去吸引力和感染力。要允许观点交锋，提倡"百花齐放、百家争鸣"①。我们可以借鉴、吸收其他各种思想理论，但是不能直接搬运过来当作信仰教育的指导

---

① 毛泽东选集：第 5 卷［M］．北京：人民出版社，1977：363 - 402．

思想和理论基础，更不能片面否认马克思主义。"真理是在同谬误作斗争中间发展起来的。马克思主义就是这样发展起来的。有些人把'双百'方针理解为鸣放绝对自由，甚至只让错误的东西放，不让马克思主义争。这还叫什么百家争鸣？这就把'双百'方针这个无产阶级的马克思主义的方针，歪曲为资产阶级的自由主义的方针了。"① 必须坚持马克思主义在意识形态领域的主导地位，鉴别、比较各种信息、内容、思潮，合理选择正确内容体系开展教育。只有这样，马克思主义信仰教育才具有科学真理性和理论彻底性，才具有说服力。

（二）主体性原则

1. 主体性原则的内涵及其依据

遵循主体性原则，首先就要搞清楚马克思主义信仰教育的主体是谁。目前对于信仰教育的主体研究主要有三种说法："单一主体"，即单独把教育者作为主体或单独把受教育者作为主体；"相对主体"，即相对于教育过程来说，教育者是主体，相对于接受过程来说，教育对象是主体，教育者和教育对象互为主体；"主体际说"，即教育者和教育对象在教育过程中通过"主体—客体—主体"的转化过程，结成"主体—主体"的一种际关系。这三种对于主客体的理解，存在着一定的局限性和片面性。笔者认为，马克思主义信仰教育的主体是教育者，把教育对象作为信仰教育目标的主体更为贴切。在信仰教育过程中，主体是指信仰教育的承担者、发动者和实施者。信仰教育活动中，教育者的主体性表现为主导性、创造性和前瞻性。主导性指在信仰教育活动中，教育者起主要和支配的作用，教育者是活动的发出者、主动者，是积极的、活跃的因素。主导性即教育者作为教育活动的执行者，对教育对象的教育活动发挥着主导的作用；创造性指教育者在教育中联系具体情况，开拓创新、勇于探索适合教育对象的教育内容、形式、方式等；前瞻性指教育者能够根据信仰教育的客观规律和受教育者的思想现状，预见教育对象思想的未来发展，引导教育对象养成与社会发展需要相适应的正确信仰。关于信仰教育主体概念的界定，其出发点是就其在教育过程中的地位和作用来确定的，很显然教育者是马克思主义信仰教育中的主体。

坚持主体性原则是遵循思想政治教育规律的客观要求。新时期思想政治教

---

① 邓小平文选：第3卷．[M]．北京：人民出版社，1993：47.

育的规律主要有："主导性与多样性统一规律，社会化规律和主体间多向互动规律。"① 在思想文化领域里，我们允许各种意识形态、社会思潮并存，但是在纷繁复杂的意识形态中坚守马克思主义，树立马克思主义信仰，这就需要教育者作为主体，发挥其主导作用，引导教育对象树立正确的信仰，使马克思主义深入人心。"社会化规律要求思想政治教育既要适应社会发展的要求，又要以主体推动社会的改造和发展，与社会发展趋势保持一致。"② 将理论和实践结合起来，既适应社会发展的要求，又促进信仰教育的发展，这就需要教育者发挥其主体作用。"主体间多向互动规律认为思想政治教育成效如何，主要取决于主体参与思想政治教育活动的广度和各个主体之间多向交往互动的深度（如何）。"③ 使信仰教育取得良好的成效，教育过程更加顺畅，这也需要发挥教育者的主体作用。思想政治教育的客观规律为教育者在马克思主义信仰教育中发挥主体作用提供了可靠的理论支撑。

坚持主体性原则是实现思想政治教育目标的根本要求。新时期思想政治教育的目标是为发展人、完善人服务，作为主体，教育者更需要把发展教育对象、服务教育对象作为教育活动的根本任务。信仰教育工作面对的对象是人，"人的本质并不是单个人所固有的抽象物，实际上，它是一切社会关系的总和"④，也就是说，人是处在一定社会关系中的人。要实现思想政治教育的目标，教育者需要从教育对象的社会关系入手，剖析教育对象的社会关系，帮助其正确处理各种社会关系，彻底摆脱个人主义、享乐主义及拜金主义的束缚，做有理想、有道德、有文化、有纪律的"四有"公民。

2. 主体性原则的具体要求

主体性原则是指在马克思主义信仰教育的实施过程中，遵循教育者主体性的同时，注重发挥教育对象即教育客体的主观能动性，尊重教育对象的地位，使教育对象主动学习、主动接受，进而调动其自我教育的主动性，促进信仰教育目标的实现。坚持主体性原则有以下两个方面的要求：

第一，主体性原则要求教育者必须具备坚定的马克思主义信仰和扎实的马克思主义理论基础，在教育过程中树立引导与服务相结合的观念。马克思强调

① 张耀灿. 思想政治教育的特点和规律探析 [J]. 思想·理论·教育, 2005 (03)：4–10.
② 张耀灿. 思想政治教育的特点和规律探析 [J]. 思想·理论·教育, 2005 (03)：4–10.
③ 张耀灿. 思想政治教育的特点和规律探析 [J]. 思想·理论·教育, 2005 (03)：4–10.
④ 马克思恩格斯全集：第3卷 [M]. 北京：人民出版社, 1995：5.

人的本质是具体的、实践的，就是要求教育者在进行信仰教育时不能脱离实践，要关注现实的生活及现实的人。在信仰教育活动中，教育者既是引导者又是服务者，在引导中服务，在服务中引导，引导的水平和服务的质量是成正比的。反思多年来我国的信仰教育，缺少服务意识是失误之一。在当前信仰教育中，有些教育者认为自己比受教育者多了解些理论知识就以先知先觉者自居，认为自己讲的是对的所以就对受教育者态度生硬粗暴、给受教育者下命令，忘记了受教育者是活生生的主体，是有着自己的个性需求的主体。教育者要尊重受教育者，理解受教育者，使服务贯穿于信仰教育的全过程，让受教育者时时体会到由信仰教育而带来的关爱、方便和愉悦，以服务促进信仰教育取得良好的效果。值得注意的是，强调受教育者的主体地位、强调教育者要有服务意识，不等于放任受教育者自我发展，教育者要以提高受教育者的自我教育能力为目的对受教育者进行引导。教育与自我教育历来是紧密相连、彼此促进的两个方面。如著名教育家叶圣陶所说的，"教是为了不教"，据此对教育者的要求主要有以下几点：教育者应适时给予受教育者以科学指导，把握好方向和阶段性转化的进程，跟踪观察分析，及时大胆地提醒开导受教育者；教育者要充分考虑到受教育者的个体差异，有针对性地采取符合他们认知水平、接受方式的教育内容和教育手段，给受教育者更多的发言权，因材施教，因地制宜；教育者需充分调动受教育者作为学习主体的主动性和创造性，激发受教育者信仰需要，增强其信仰意识，提高其正确选择信仰的能力，使其自觉接受并将马克思主义信仰内化为自己的思想认识，外化为自主自觉的行动；教育者需要调动受教育者的积极性、主动性和创造性，使其参与到整个教育的过程中来，激发其改变和完善自我的热情，鼓励他们独立思考，自觉地追求崇高的境界。唯有如此，才能使受教育者在信仰生活中对于信仰规范的遵循出于情感上的认同和理性的自由选择，在面对信仰冲突时才可以做出正确的选择，从而使受教育者将学习领悟的理论知识转化为自我教育的内在动力，提高其自我教育、自我管理和自我服务的能力和水平。

第二，主体性原则要求教育者在进行信仰教育时必须尊重受教育者的特点和信仰教育的特点，使受教育者充分发挥其主观能动性。马克思并不否认和反对个人对自身的关注，"对于各个个人来说，出发点总是他们自己，当然是在一定历史条件和关系中的个人，而不是思想家们所理解的'纯粹的'个人"①。受教育者不仅仅作为教育活动的客体被动地接受教育，更重要的是发挥自己的主观能动性作用，进行自我教育。这就要求当前的信仰教育，一方面根据教育目标，有计划地、有目的地对受教育者进行教育，激发受教育者自我教育的潜力，使马克思主义理论深入受教育者，实现其内在的知、情、意、行的变化过程，从而形成坚定的马克思主义信仰。另一方面积极主动地分析与理解教育者所宣传、教授的马克思主义知识，并在理解的基础上把外在的知识变为内在的情感，在认同的基础上纳入认知结构。在信仰情感的培养上，重视受教育者的主体性，所宣传、教授的理论知识要与受教育者的情感体验与自身发展需要相符合，促进受教育者积极的信仰选择，从而促进其信仰观念的内化，转变为信仰行为。如果受教育者从情感上厌恶反对，即使通过惩罚强制的措施，也只会使其表面接受而心里厌恶。而信仰意志的培养更加需要受教育者的自觉性，只有确立更高远的信仰目标，才能有效调动信仰情感，使信仰观念付诸实践。从这个过程来看，受教育者信仰认识的发展、信仰情感意志的提升、信仰行为习惯的养成都离不开受教育者的主动自觉。如果受教育者不发挥主观能动性，这种内化的过程难以完成，思想转化难以实现。

以受教育者中大学生这一群体为例：进入大学校园以后，互联网各种信息爆炸似的充斥在其周围，而其自身的价值观和世界观还没有确立牢固，很容易被错误思想影响。这一特点既有利于开展教育帮助他们树立正确的信仰，同时也使他们容易受到各种思想的影响。面对这样一群有特点、有个性的特殊主体，教育者必须认识信仰隶属于人类的精神世界，是灌注着人的主体精神的"自由自觉的活动"，信仰的确立是以自主意识为基础的，信仰作用的发挥及其存在的价值都是以主体性的发挥、以人的自由自觉为前提的，因而信仰是不能强迫的，是人们自由选择的结果。信仰的这一特点决定了信仰教育中受教育者必须是自觉自愿地接受教育，那么就要求信仰教育必须是在地位平等的前提下对相关真理进行揭示、讨论、思考，发挥受教育者的主观能动性，达到信仰理念的传递和接受。

第三，马克思主义信仰教育者不是单纯地"授业"，而是对受教育者的知识、品性、人格全面塑造，塑造具有自主的信仰意识、信仰行为的社会成员。

---

① 马克思恩格斯全集：第 3 卷 [M]．北京：人民出版社，1995：86.

"意识在任何时候都只能是被意识到了的存在，而人们的存在就是他们的实际生活过程"①，一定历史时期的信仰是与人类社会发展的一定历史阶段相适应的，具有一定的客观性。但是马克思主义信仰教育不能越俎代庖，不能强迫命令，把既定的信仰强加于人，而应把进行信仰选择的基本原则、基本标准和基本方法教授给受教育者，尊重受教育者的自主意识，让他们以理智的态度，郑重地选择科学的信仰。这样，受教育者才能自主、自悟、自我完善。特别是在当前思想观念多元化的条件下，不同的价值观念不断试图同化人们的精神世界。每一个需要确立信仰的人，都会面临着在不同的信仰中进行选择的问题。只有经过慎重地、认真地选择确立起来的信仰，才是靠得住的，才能经得起其他价值观念以及思想影响的冲击。

（三）层次性原则

1. 层次性原则的内涵及其依据

信仰教育整体来看是一个系统工作，"所谓层次，即系统内部由于整体和部分的无限对立所形成的一系列等级及其排列次序。任何系统，都是按严格的层次组织起来的，都有系统—子系统—支系统……的多层次结构"②。在信仰教育话语体系中，层次性原则主要指教育者对信仰教育的目标、内容、方式等不能一概而论，要根据受教育者的不同思想状况，从实际情况出发，因材施教、因地制宜、因人而异地进行教育的原则。这是因为：一方面，受教育者总是处于不同的环境之中，如社会环境、单位环境、家庭环境、社交环境等，不同的环境下不仅受教育者的思想水平不一，其适合的教育方式和内容也有所不同，必须根据不同的环境进行不同的信仰教育。另一方面，受教育者由于年龄、职业、社会地位、生活经历等，特别是教育程度的不同，对信仰教育的接受能力、接受程度等必然存在着差异。协调这些差异，使受教育者主动接受信仰教育，就需要把信仰教育这个系统工作分层次开展，理性对待受教育者之间的差异。只有达到各方面协调统一，信仰教育才能得以顺利开展，才可能收到实效。

层次性原则是信仰教育工作的指导性原则。由于受教育者的先天和后天的条件不同，这决定了他们在知识水平、思想认识、自我监督和控制能力，以及自我完善和自我发展的要求等各方面的巨大差异，甚至由于他们个性和态度的

---

①　马克思恩格斯选集：第 1 卷 [M].北京：人民出版社，1995：72.

②　刘松阳.系统论的基本原则及其哲学意义 [J].华中师范大学学报（哲学社会科学版），1986（02）：14-18.

不同，在接受信仰教育时也具有差异性。这些个人素质方面的差异是一种不以教育者主观意志为转移的客观存在，试图用一种统一的模式、相同的内容去教育存在差异的受教育者，将无法取得预期效果。要使信仰教育工作顺利进行，需要教育者、受教育者以及外部环境等各方面协调配合，层次性原则就是协调各个方面的有力抓手。

层次性原则是"实事求是"思想的现实表达。层次性原则要求教育者根据受教育者的实际情况，有计划、有目的地进行信仰教育，这是"实事求是"思想在信仰教育工作上的具体运用。实事求是强调一切从实际出发，对客观存在的情况进行周密的调查研究，对具体情况进行具体分析，全面地、历史地、客观地看问题，并从中找出解决问题的具体办法来，作为行动的向导。我们进行信仰教育就要根据信仰教育工作所面临的新形势、新任务，不断更新信仰教育的内容、方式等，使马克思主义信仰深入人心。

2. 层次性原则的具体要求

层次性原则要求我们在信仰教育的过程中，首先必须构建社会、单位、家庭、社交"四位一体"的协同运作模式。"一个人的发展取决于和他直接或间接进行交往的其他一切人的发展，彼此发生关系的个人的世世代代是相互联系的。"① 人总是处在与他人的联系之中的，作为教育客体来说，受教育者接受信仰教育可以潜移默化地影响他所在的关系网。当前，马克思主义信仰教育的实施主要集中于学校尤其是高校，信仰教育的天平偏向大学生，忽略了"四位一体"。我们知道信仰教育是一项复杂的系统性工程，仅仅依靠高校的信仰教育是孤立且不到位的，"四位一体"的每个层次必不可少。因此，面对不同教育对象的信仰教育的层次性原则就必须做到统一思想、目标一致、相互配合、综合实施，才能形成合力，完成信仰教育的使命。

信仰教育的内容要体现层次性原则。根据受教育者实际情况的不同，信仰教育的内容要体现由小到大、由低到高、由浅入深的层次顺序。据此，信仰教育的内容可以分为四个层次：第一个层次是国家意识，即政治方向、政治原则问题。这是马克思主义信仰教育的基本内容也是根本要求，受教育者不论年龄大小、文化程度高低都要接受爱国主义教育，坚决维护中国特色社会主义。第二个层次是厘清思想问题，树立正确的世界观、人生观、价值观，培养优良的

---

① 马克思恩格斯全集：第 3 卷 ［M］．北京：人民出版社，1995：515.

社会公德、职业道德、家庭美德和个人品德。尤其是对于青年学生这一群体来说，厘清马克思主义信仰与各类社会思潮，有利于其"系好人生的第一颗扣子"。第三个层次是解决认识问题，即受教育者根据所掌握的理论知识，运用科学思维和科学方法来解放思想、更新观念等。第四个层次是解决实际问题。因为人们生活在不同的环境中，受教育的程度不同，社会化的方向性质不同，人格判断力高低不同，每个人的优势需要不同。例如，对某些党的领导干部来说，除了马克思主义信仰的基本理论基础外，教育的内容还应侧重于与时俱进、理论联系实践等信仰宣传实践工作等方面。马克思主义信仰教育要把握人们需要的共性与个性及可接受的范围，根据各层次受教育者的思想道德水平，施教的内容重点应有所区别，对教学内容进行分化和适当引导，以利于调动各阶层及每一个社会成员的积极性，把社会、团体和个人的发展结合起来，寻求个人利益与集体利益、社会利益的统一。

信仰教育的目标要遵循层次性原则。信仰教育的目标按照不同的标准有不同的分类。根据受众的不同，信仰教育的目标分为集体目标和个人目标。信仰教育的目标按时间分为长期目标、中期目标和短期目标。因教育对象的不同，则有社会目标、群体目标和个体目标之分。因问题性质的不同，则有人格塑造目标和解决实际问题的即时目标之分等。在目标上，要根据人们的不同思想状况，分层次要求。思想政治教育是一个多层次的网络系统，坚持分层次教育方法需要区别教育的先进性和广泛性，认识多元价值观的合理性和可行性。以对奉献精神的要求为例，无私奉献是一种代代相传的高尚美德。社会主义市场经济应该大力提倡无私奉献，抵制拜金主义带来的负面影响，然而，倡导无私奉献精神并不意味着整个社会可以达到无私奉献的水平。在实践中，对奉献的要求应该是分层次的。在最高层次上，无私奉献是对共产党人的要求。在一般层次上，不以损人利己来保全自己的个人利益也是可行的。在低层次上，在不违法的前提下，即便"有私"奉献仍是现行政策允许的。又如对广大干部、共产党员和先进分子，要求其树立共产主义远大理想，全心全意为人民服务，努力当好先进生产力、先进文化和群众根本利益的代表；对广大群众则要求其树立中国特色社会主义的共同理想，扎扎实实地做好本职工作；对大学生则是要培养其成为中国特色社会主义事业的合格建设者和接班人。

(四) 循序渐进原则

1. 循序渐进原则的内涵及其依据

"夫子循循然善诱人，博我以文，约我以礼，欲罢不能。"（《论语·子罕》）教育者进行信仰教育必须首先掌握受教育者思想和行为产生、发展和变化的规律及教育规律，循循善诱，通过构建一个"知马、信马、用马"的科学教育体系，使马克思主义信仰深入人心，也就是使受教育者在接受信仰教育中，将理论知识内化于心、外化于行，主动维护、宣传马克思主义信仰。其中，"知马"就是让受教育者了解、知道马克思主义信仰是什么，即教育者通过各种形式的教育方式或活动，使马克思主义深入人心。"信马"主要是指受教育者在接受教育后，要"内化于心"，树立马克思主义信仰。不但要以马克思主义作为科学指导，更要信马克思主义，做真正的马克思主义者，并自觉做到维护马克思主义、传播马克思主义和运用马克思主义。"用马"指受教育者将马克思主义信仰教育"外化于行"，通过自己的实践向更多的人宣传马克思主义信仰。面对各种错误思潮以及当下发生的时事热点时，"对于群众，在引起他们的公愤之余，还须设法注入深沉的勇气，当鼓舞他们的感情的时候，还须竭力启发明白的理性，而且还得偏重于勇气和理性"（鲁迅《坟·杂忆》）。总之，循序渐进原则要求我们根据受教育者实际情况的不同，遵循客观规律，整合教育资源，优化教育内容，构建合理完整的教育体系，有步骤地引导受教育者，最终完成教育任务。

循序渐进原则遵循信仰教育过程的长期性。人的认识活动的反复性和无限性决定了人对世界的认识也趋向无限，由于主客观原因，人对世界的认识又是反复的，在反复中不断深化的。信仰作为人的一种精神现象，它的确立也不可能一蹴而就。众所周知，信仰的确立是一个长期的纵贯人生所有阶段的过程。"一般来说，可以把整个人生看作不同阶段或时期：童年时期，是确立人生信仰的基础时期，青年时期是确立人生信仰的关键时期，成年时期是人生信仰进一步确立并走向成熟的时期，老年时期的人生信仰有凝固化的倾向。"① 因为，人的思想是不断变化发展的，有时思想问题会反复出现，因此，马克思主义信仰教育要循序渐进反复进行。当然反复教育并不是内容的简单重复，而是根据新的情况，结合新的内容，反复地教育、感染、陶冶、磨炼，才会收到良好的效

---

① 刘建军. 论人生信仰的确立、保持与危机 [J]. 华北电力大学学报（社会科学版），1996（02）：59.

果。世界观的转变是一个根本的转变，而实现这一转变是个长期的过程。

2. 循序渐进原则的具体要求

当前信仰教育中存在着教育者把信仰理论讲完就没事了，受教育者听完就没事了的现象，又或者教育者不顾受教育者的具体情况，将理论知识一股脑地"灌输"给受教育者。笔者固然不赞同这些做法，但是这些做法也促使我们反思该如何坚持马克思主义信仰教育循序渐进原则才不会让受教育对象在"马克思主义信仰教育"和"无聊""浪费时间""接受不了"之间画等号。这就需要我们在进行马克思主义信仰教育时，至少要从方式、环境两个领域来贯彻。

第一，在方式上——寓教于乐，喜闻乐见。信仰教育不仅要有健康严肃的内容，而且要有生动活泼的形式，寓教于乐。例如，在高校开设的思想政治教育课程承载着马克思主义信仰教育的任务，从小学、初中到大学都设置着不同的思想政治教育课。从表面上看，学生接受了较多的思想教育理应形成一个良好的信仰，但事实并非如此，问题在于，这些课程中大多数教育者只是传授死板的理论知识，较多的课程没有使受教育者接受良好的信仰教育，反而成为他们的负担。要改变这一情况，就需要教育者在深入理解马克思主义的基础上，将马克思主义的传授与网络技术或新兴方式紧密结合起来，把马克思主义生硬的理论语言转变成受教育者喜闻乐见的教育语言。在不同的阶段有重点地进行恰当的马克思主义信仰教育，内容要环环相扣并且丰富多彩，还要根据其信仰确立的反复性，针对不同受教育者的不同的信仰状态展开多样化的教育，如普及课、巩固课、转化课、升华课、体验课等，进一步精细化马克思主义信仰教育学科体系。只有这样，受教育者才可能在有限的时间里接受连续的、稳定的、多样的、有效的信仰教育，才可能真正确立科学的、牢固的马克思主义信仰。

第二，在环境上——优化环境，潜移默化。信仰教育环境的潜移默化性是由环境影响因素的复杂性决定的，受教育者处于复杂环境系统中，总要与其所处的环境发生联系，环境便潜移默化地渗入到人的思想中，这种渗透由量变到质变，可以使受教育者原有的思想发生改变或提高到新的层次。信仰的确立需要一个过程，即使在确立之后也还处在变化之中，此后还需要各个主体以及环境等的不断保持和维护。对于受教育者来说，如果没有系统的、专门的教育环境，他的思想观念必然会随着所处环境的变化而发生一定的变化，其信仰也很可能会发生波动。因此，贯彻信仰教育的循序渐进原则就要求教育者认识到信仰教育过程是一个系统的过程，贯穿于社会大环境之中，要有覆盖教育、整体教育、终身教育的自觉。具体来说，政府相关部门可以通过成立各种正式组织和非正式的组织，为处于社会环境中的个人提供进一步学习马克思主义信仰的平台，营造亲切、温馨的社会大环境。类似这样的平台以及活动可以使得受教育者的马克思主义信仰能够在潜移默化的环境的熏陶中得到进一步升华和巩固。

二、马克思主义信仰教育的基本方法

马克思主义信仰教育的基本方法是指阐发马克思主义信仰的引导、激励作用，达成教育目标，实现教育效果的重要手段和方式。毛泽东同志曾指出："凡是思想性质的问题，凡是属于人民内部的争论问题，只能用民主的方法去解决，只能用讨论的方法、批评的方法、说服教育的方法去解决，而不能用强制的、压服的方法去解决。"[①] 这启示我们，信仰教育不能采取强制的手段，要以马克思主义信仰的真正魅力去吸引受教育者。与此同时还要适应时代的发展要求，与时俱进地完善信仰教育的基本方法，有效提升马克思主义信仰教育的科学性和发展性，使受教育者乐于接受信仰教育。这对于改善当前我国信仰教育的现状，持续深入地开展信仰教育工作，有着重要的现实意义。

（一）理论教育法——以理服人

探寻信仰教育的基本方法应该以了解信仰的本质和内容为理论前提。信仰离不开理性，在笔者看来，在改革创新的前提下，重视理论教育、理性引导的理论教育法显得尤为重要。同时，信仰教育工作的主体是教育者，那就可以从教育者入手，改善当前马克思主义信仰教育的发展状况。

1. 理论教育法的基本含义

理论教育法指教育者以马克思主义理论为主要内容进行信仰教育的基本方法。马克思主义是一个理论与实践相结合的系统的理论体系。理论教育法的运用和实施必须以教育者对马克思主义理论的全面准确把握为基础。如果教育者对科学理论"一知半解""不求甚解"，就难以体现马克思主义理论的彻底性，从而降低了马克思主义对受教育者的吸引力。

"无论是个人人生信仰还是社会理想信仰，都要首先讲清为什么信仰的'道理'，要站在地位平等的立场，用真理科学性和理性逻辑性的力量让受教育者信

---

① 毛泽东文集：第7卷．[M]．北京：人民出版社，1999：209.

服，要克服以权威自居、居高临下的说教方法。"①

理论教育法首先明确它区别于强制、压服受教育者接受信仰教育的方法。理论教育不等于说教，不能把抽象的马克思主义理论强加于受教育者身上，用"必须""应该""坚决"等绝对化的语言要求受教育者服从结论，限制和阻碍受教育者思维的发展。如果我们在进行信仰教育的过程中，只是讲授信仰的"绝对"，而忽视信仰教育中的"为什么"的因素，则容易导致理论说教。理论教育法应是一种建立在教育者和受教育者之间平等关系基础上的，以马克思主义理论为主要内容，采取讲道理的方式进行的一种理性的教育方式。理论教育法更不等于灌输法，灌输法是一种不顾受教育者的个人意愿和实际水平，生搬硬套地将马克思主义理论一股脑儿灌输给受教育者的方法。理论教育法是教育者有目的、有计划地将有关信仰的内容通过讲解和论证等方式传授给教育对象的方法，以理服人是理论教育法的精髓。我国思想道德建设必须以马克思主义为指导，并把马克思主义理论知识以科学的方式给予受教育者，作为思想道德建设重要组成部分的马克思主义信仰教育工作，理所当然必须坚持马克思主义的理论教育法。

2. 信仰教育中理论教育法的基本要求

当前我国信仰教育工作中部分教育者对科学理论的把握不够，导致其不能以系统的马克思主义理论来激发受教育者的学习兴趣。教育者只讲理论，与我国的基本国情、社会热点相脱离，使得马克思主义成为僵化的理论说教，难以体现马克思主义理论的生命力。受教育者是处于教育者意识之外的，教育者要想传授给受教育者一定的信仰，必须与处于自身意识之外的受教育者发生联系，信仰教育就是教育者与受教育者发生联系的基本途径。引导受教育者加深对马克思主义理论知识的理解和掌握，体会马克思主义的精髓，认识、领悟马克思主义信仰的价值，就需要借助合理的教育手段，让受教育者了解信仰理论。而让受教育者了解信仰理论，其实就是在对其进行理论教育，提高其认识水平和思维水平，培养其理性的认知。

理论教育法就要求将马克思主义以及当前指导国家发展的重要理论"理性灌输"给受教育者，指导他们进行正确的选择和决策。对于受教育者个体而言，正确的思想和理论即科学的世界观和方法论，不可能不学而知、不教而会，必

① 董黎. 哲学视域中的信仰教育问题研究［D］. 北京：北京交通大学，2016.

须通过各种形式的灌输，才能在他们的头脑中扎下根来。再加上，国内外各种非马克思主义思想观念不断充斥在受教育者周围等，如果我们放弃对受教育者进行理论教育，那就等于不负责任地放任各种非马克思主义思想观念去占领受教育者的头脑。无论何时何地，人的实践活动总是要受到一定的思想、理论支配。正确的思想和理论指导人们以正确的方式认识世界和改造世界，错误的思想和理论支配人们以错误的方式参加社会活动。在这样的形势下，我们必须对继续坚持马克思主义理论教育法的必要性有清醒的认识。

第一，要树立正确的理论教育观念。首先，理论宣讲是教育者的责任。理论教育法的实施者是教育者，如果教育者自己还在纠结是否有必要使用这个方法，或者认为马克思主义的方法过时了，甚至认为不合理等，这就直接脱离了信仰教育的轨道。教育者本身要坚定马克思主义信仰，不要犹豫不决，要责无旁贷、理直气壮地进行理论宣讲，这正是其职责所在。因此，教育者在使用理论教育法时首先需要树立正确的马克思主义信仰，清楚马克思主义并不是冷冰冰的教条，不能生搬硬套马克思主义，要使马克思主义理论深入人心。

其次，理论教育以互动为前提。直观来看，理论教育容易让人想起"注入式""填鸭式"教学法。其实，马克思主义是反对"注入式""填鸭式"教学法的。马克思主义理论"是发展着的理论，而不是必须背得烂熟并机械地加以重复的教条"①。"越少把这种理论硬灌输给受教育者，越多由他们通过自己亲身的经验，并在教育者的帮助下去检验它，马克思主义理论就越会深入他们的心坎。"② 科学的教育模式是主张双向互动的教育，即要求从教育者单一的理论宣讲向受教育者广泛参与的转变。双向互动的教育模式要求教育者在宣讲马克思主义理论时不可强加于人，要循循善诱，要求教育者在宣讲过程中淡化灌输意识，淡化说教成分，与受教育者建立平等、友爱的关系，让受教育者在与教育者的互动沟通过程中，心甘情愿地接受理论教育，以此提高理论教育的生机和活力。

最后，理论教育以信仰为目的。我们使用理论教育法时，以马克思主义理论为主要内容向受教育者进行宣讲，但信仰教育中单纯的知识传授并不等于信仰教育，传播马克思主义信仰与传播马克思主义的基本知识并不完全等同。我

---

① 马克思恩格斯选集：第 4 卷［M］．北京：人民出版社，2012：588.
② 张世鹏．马克思恩格斯论无产阶级政党建设［J］．科学社会主义，2006（06）：32 - 36.

们进行信仰教育的目的绝不局限于传播关于马克思主义的理论知识，而是要通过这些知识来影响受教育者的信仰。通常我们所说的进行信仰教育难，主要不是难在传授马克思主义理论知识方面，而是难在使受教育者接受这些知识并使这些知识变成他们的内在信念方面。对此我们应有清醒的认识：虽然知识传授与信仰教育，二者相辅相成，缺一不可，但必须明确，在马克思主义信仰教育的学科领域里，理论知识只是信仰的载体，最后能否达到受教育者信仰的目的，取决于理论教育法能否有效实施。

第二，要具有理论联系实际的能力。理论联系实际是理论教育取得实效的关键。正如邓小平同志所说："我们说的做的究竟能不能解决问题，问题解决得是不是正确，关键在于我们是否能够联系实际，是否善于总结经验。针对客观现实，采取实事求是的态度，一切从实际出发。"① 马克思主义信仰教育如果只停留在理论知识的宣讲上，而不与解决实际问题相结合，就很难有吸引力、说服力，难以取得实际效果。所以，反对简单说教，教育者对受教育者进行理论教育时必须具备理论联系实际的能力。

理论联系实际是有效运用理论教育法的关键，也是信仰教育的生命力所在，首先，信仰教育的教育对象是现实的人，教育目的是提高受教育者认识世界和改造世界的能力，因此，理论教育法的理论建构必须根据不同时代、不同环境中受教育者的不同特点而有所变化；其次，马克思主义理论本身就来自对实践经验的总结与升华，没有实践，就没有马克思主义的理论构架；最后，理论归根结底是为了指导实践，也就是说，实践是理论体系不断丰富与完善的根本动力。

理论联系实际具体而言，首先就要处理好教育理论与社会现实的关系。一般来说，理论与现实的关系可以呈现为"理论落后于现实""理论同步于现实""理论超越现实"等三种状态，与之相对应，理论教育也有三种效果，即"理论难以阐释实际问题""理论阐释实际问题""科学理论反映发展规律能预测未来发展趋势"。这就要求教育工作者一方面要结合理论教育过程中的实际困难、热点和社会生活的重点对理论进行解释，另一方面，要把握历史发展的规律和脉络，体现理论的彻底性，引导教育对象用科学的理论武装思想，逐步形成一套社会历史发展的科学认知体系。其次，处理教育方法与受教育者实际情况的关

---

① 邓小平文选：第 2 卷［M］．北京：人民出版社，1994：113—114.

系。正确对待受教育者是运用理论教育法的前提，根据受教育者的实际情况采取适当的教育方法是提高理论教育方法实效的必然要求。在信息时代的背景下，必须充分利用科学技术，将理论教育方法与多媒体教学等方法相结合，充分挖掘和利用网络、图片、音频、视频等手段，提高理论教育的吸引力。最后，必须处理好教育内容与教育规律之间的关系。信仰教育的规律就是要依据教育对受教育者的思想、心理发展规律来开展信仰教育活动。在教育活动中，教育者要针对不同时期受教育者的不同特点，综合受教育者所熟知和关心的问题，运用马克思主义理论的观点和方法去辨明是非，引导受教育者学会并掌握和应用马克思主义基本理论去分析和解决实际问题，让受教育者体验到信仰马克思主义的意义和价值，从而增强受教育者实践马克思主义信仰的信心，巩固马克思主义信仰教育的成效。教育内容的安排和创新要依据信仰教育的基本原则，当前，"不忘初心，牢记使命"主题教育等活动都是将马克思主义基本理论运用到中国特色社会主义的伟大实践，在中国特色社会主义的实践中不断宣扬马克思主义。这样一来，通过系统的理论教育，受教育者能够全面、正确地理解马克思主义，从而为其确立马克思主义的信仰奠定坚实的认知基础，马克思主义信仰教育也能在全社会实现从学校、单位、家庭、社交"四位一体"的理论教育衔接与接续发展，形成系统、科学的理论教学体系。

总之，认知是信仰产生的前提，理论是实现认知的基础，运用理论教育的方法可以提升受教育者对马克思主义信仰的认知水平，在充分的认知基础上就有可能产生坚定的马克思主义信仰。

（二）情感沟通法——以情感人

理论教育法强调通过摆事实、讲道理方式进行信仰教育，其往往被误以为不重视或者排斥情感因素，事实上，信仰教育过程中虽然强调"以理服人"，但信仰教育并不排斥情感因素，情感因素在信仰教育过程中起着重要作用。情感是与认知活动相伴而生的，任何认知的过程都包含情感的因素，在信仰教育活动中，如果说摆事实、讲道理是处理人们思想矛盾过程中的显性方面，那么，情感因素则是一种隐性的因素，教育者在进行信仰教育的同时，必然不知不觉地把自己的情绪、情感因素注入教育过程中。在信仰教育过程中理论的宣讲和情感的互动是一个问题的两个方面，正如鸟之两翼，具有不可分割性。信仰教育过程需要倾注积极的情感，如果缺乏一种积极的情感力量，那么整个教育活动就会变得了无生气。信仰教育看似是一个讲道理的过程，实际上是教育者与受教育者作为平等主体的相互交往的过程。德国哲学家卡尔·雅斯贝尔斯说过："教育是人的灵魂的教育，而非理智知识和认识的堆集。"① 由此看来，信仰教育也是一个人与人之间在思想上相互碰撞、相互影响的一个过程，这其中自然包含了情感的影响因素。

1. 情感沟通法的基本含义

信仰教育既是一个教育过程，又是一个沟通过程。信仰教育能否取得实效，关键在于教育者与受教育者之间能否进行有效的沟通。情感沟通法是指教育者为了实现一定的教育目的，选择特定的教育内容，与受教育者进行的思想、政治、道德信息的双向交流和情感互动的方法。有效的沟通能在认识上产生认同，情感上发生共鸣，思想上实现升华，达到其他手段所不能达到的效果。要使受教育者确信马克思主义信仰，就必须调动起受教育者的情感和意志，使受教育者在感情上认可信仰教育，用自己的实际行动去维护自己的信仰。

从价值发生学的角度看，建立信仰的过程并不纯粹靠理性因素的支配，还要受内心世界的情感等非理性因素的影响。"没有对信仰对象一定的情感，根本就谈不上接受这种信仰的问题。有了对信仰的基本认知，还必须有积极的感情。"② 信仰需要极大的感情投入，信仰情感不仅可以丰富受教育者的内心生活，给人心灵上的满足，而且能帮助受教育者建立一种稳定的心理状态，一种稳定的心理状态可以使受教育者在遇到各种因素的干扰、诱惑甚至破坏时，增添信心和力量，在面临信仰抉择的时候会做出倾向于自己心理需要的选择，坚持自己的信仰目标。情感沟通法就是着力培养受教育者的信仰情感、信仰意志的一种方法，就是想办法让马克思主义信仰进入受教育者的情感层面，想办法帮助他们把马克思主义信仰的情感变成稳定的内在心理结构，确立马克思主义信仰。

2. 信仰教育中情感沟通法的基本要求

当前，信仰教育存在着重视理论教育、忽略情感沟通的问题，受教育者也经常会因为觉得教育者津津乐道的大道理与自己的感情无关，甚至不胜其烦，在这种状况下，注重情感养成的情感沟通法的应用就更为有必要。沟通是信息和情感的双向交流活动。它不是独白式交谈，它要求教育者与受教育者充分暴露自己的想法，通过交谈、争论来相互启发、相互补充，使双方的认识逐步深

---

① 雅斯贝尔斯. 什么是教育［M］. 邹进，译. 北京：生活·读书·新知三联书店，1991.
② 张霞. 高校青年教师马克思主义信仰教育研究［D］. 成都：电子科技大学，2016.

入，在一种更高的层次上实现一致。

第一，情感沟通必须遵循平等原则。哈贝马斯认为理想的沟通情境具有以下三个特征："每一个说话者和行动主体均可参加讨论；各人均可质疑任何提议，可在讨论中引入任何提议，并可表达其态度、愿望和需要；没有讲话者会受到外来或内在的禁制而不能行使上述的权利。"① 在沟通中，教育者与受教育者不再是简单的灌输与接受、说服与被说服的关系，而是相互启发、相互影响的平等主体关系。平等原则首先要求教育者在进行沟通时，要尊重受教育者，不能以社会要求的名义迫使受教育者接受某种观点，或产生某种行为，而要就同一问题，共同分析、共同讨论、共同研究，达成共识。其次，要充分发挥受教育者的主观能动性，达到自我教育的目的。沟通不仅仅是教育者认识、教育、引导受教育者的过程，更是受教育者能动地自我学习、自我内化和自我提高的过程。沟通的主要目的并不在于使受教育者形成外在行为规范所要求的态度和习惯，而是要在交流、对话、讨论的过程中，使受教育者在理解社会要求的同时，也了解自己的内心世界，明确自己的行为方向，从而自觉地根据社会要求调整已有的思想观念、政治观点和道德规范。只有这样，沟通所传递的信息才能成为对其有价值的信息。反之，如果受教育者始终处于被动和服从的地位，那么，他们的知、情、意、行就会受到不同程度的抑制，其思想就会处于消极封闭的状态，甚至会产生逆反心理。因此，在信仰教育的沟通中，要充分尊重受教育者，将受教育者看作是追求着自己目的的、具体的、现实的、能动的人，充分发挥受教育者的主观能动性，这就是有效情感沟通的内在要求。

第二，情感沟通需要尊重差异。尊重差异，是指教育者对不同的，甚至对立的思想认识，不是一开始就否定，而是在沟通中帮助受教育者进行多方位的分析，肯定正确之处、完善不足之处、纠正不当之处。在信仰教育的沟通中，受教育者反映出来的思想观念、政治观点等可能与社会要求相一致，但有程度上的差别，也可能不一致，甚至是对立的。由于人们在知识结构、文化水平、人生经历、家庭背景、年龄等方面的差别，对同一问题有不同看法是难免的，沟通的根本目的是使受教育者在主动思考、自觉接受的基础上提高思想认识，在面对错综复杂的思想观念、政治观点时保持清醒的认识，能够独立地做出正确的判断和选择。因此，信仰教育的沟通，不是简单地追求一致，而是在承认

---

① 阮新邦，林瑞. 解读《沟通行动论》[M]. 上海：上海人民出版社，2003：48.

差异前提之下进行的双向交流。尊重差异，首先要正视差异。从人的思想的形成、发展规律来看，差异是绝对的，一致是相对的，这正是信仰教育存在的主要原因。正是因为存在差异，人们的思想才能异彩纷呈，才能不断发展。因此，教育者要勇于承认差异，敢于接受差异，正确对待差异。其次，对思想、认识、道德状况处于不同层次的受教育者，要做到情感上同等对待，尊重受教育者的人格，不能歧视"后进者"或"觉悟不高者"。再次，在沟通方式上区别对待，对不同类型、不同层次的受教育者采取不同的教育方法，以增强针对性、提高沟通效果。最后，避免直接指责。"与人善言，暖若锦帛；与人恶言，深于矛戟。"（《荀子·荣辱》）每个人都有一种防止自我价值遭到否定的自我支持倾向，人们对威胁和否定自我价值的人或事，通常有着强烈的排斥情绪。因此，当受教育者的认识存在明显错误时，教育者先不要去责备他，而应该鼓励其继续发表意见，然后，通过分析其传递的信息，并站在受教育者的立场和角度委婉地提出建议。

马克思主义信仰教育在使用情感沟通法时要把握尺度，积极沟通，引导受教育者，激发出受教育者阳光而不幼稚、积极而不狂热、深厚而不偏执的马克思主义信仰情感和意志。

（三）心理疏导法——人文关怀

心理疏导法既属于心理学的一种应用性方法，同时也属于信仰教育过程中的一般方法。信仰教育中心理疏导法具体表现为满足人的心理与精神需求，以及注重人文关怀的特点，掌握人的思想发展规律，着重引导人树立科学的信仰，为解决人的思想矛盾问题提供有力支撑。

1. 心理疏导法的基本含义

心理疏导方法是指针对人们心理和思想上的各种问题而进行疏通和引导的方法。"在信仰教育话语体系中，心理疏导既是对医学、心理学领域的心理疏导、心理咨询、心理治疗等概念的借鉴和运用，同时也是对医学、心理学意义的心理咨询、心理治疗等概念的超越和发展。也就是说，信仰教育中的心理疏导内涵既包含心理咨询、心理治疗等方面的内容，但也不局限于其所包含的领域，而是从更为广阔的视域来对人们心理、思想等问题进行疏通引导。"① 因

---

① 余双好. 从说理教育到心理疏导——思想政治教育方法的发展. ［J］. 思想政治教育研究，2011（07）：89 - 96.

此，心理疏导可以看成是一种信仰教育方法的发展，把心理疏导看成是一种通过疏导心理层面的问题来起到沟通引导作用的一种教育方法，但并不排斥心理咨询或心理治疗方法在心理疏导中的运用。在信仰教育的过程中，心理疏导的疏通与引导互为表里，疏通的目在是贯彻正确的引导，即引导的先决条件在于疏通，引导是疏通的最终要求，倘若只疏通不施加引导，对错误思想与言论放任自流，会对心理造成更大创伤。

2. 信仰教育中心理疏导法的基本要求

受教育者面向的社会发展是多方位、多层次和多角度的，人的全面发展要求促进了人的主体性发展，其不断显现出创造性与个性化的色彩，刺激了人的情感、观念及欲望等非理性的因素，人由此产生新的精神需求，需要心理疏导。快节奏生活与利益复杂化的社会关系，容易引起人的心理波动、苦闷情绪与思想困惑，随之产生的心理障碍甚至是心理疾病需要心理疏导。这就迫切要求教育者结合实际情况对受教育者在个人发展过程中所产生的不同思想或问题进行"人文关怀"的心理疏导。

第一，通过对话与交流深入受教育者的内心。首先，对话交流可以促成教育者与受教育者之间的理解，平等的对话交流让受教育者能够敞开心扉表达自己的观点与想法，而教育者在倾听的过程"身临其境""感同身受"，寻找恰当的切入点进行心理疏导；其次，教育者能透过对话交流了解受教育者的真正需求，并根据受教育者的思想与行为进行反思，接受其思想引导，从而实现对受教育者的思想与心理的重构，达到心理疏导的目的；再次，交往是信仰教育理念下的角色，同时也是交往关系中的社会角色和人际角色。这种体验是以实现理性情感调控与健康完美的人格引导，最终形成和谐的交往关系为目的的一种疏导方法。通过身临其境感受其复杂的情感思想，尊重其认知人格与所处的环境，并根据受教育者的思想困扰与心理问题的实际情况，设计"角色"与"脚本"，在人际交往活动中实现心理疏导。

第二，启发与引导受教育者的积极心理。启发与引导主要是强调发挥受教育者的主动性与能动性，激发受教育者自我思考与调节的积极性，从而带动受教育者自觉地接受疏导的自觉性。启发与引导在信仰教育心理疏导法中就是带动受教育者自觉主动接受心理疏导，教导受教育者学会运用正确的理论独立思考问题，学会分析与解决问题，且给予受教育者更多的空间。该疏导方式可运用正面说服，如摆事实、讲道理进行信息传递与情感感染，也可用运用典型教育，如激励受教育者自觉向榜样学习并激发自身潜能。首先，启发是人文关怀心理疏导的内在要求。心理疏导不仅仅是双方的思想交流，更是情感的沟通交流以及相互尊重的过程，不仅要做到疏导人、鼓舞人、鞭策人，最重要还是要关心人、体贴人、爱护人，把心理疏导工作真正做到人的心里去。因此，搭建一个有效沟通、立体动态和双向互动的平台，可以逐步拉近双方的心理距离。其次，引导是人文关怀心理疏导的外在体现。教育者要利用疏导环境与氛围，准确把握受教育者心理症结之处，通过情景模拟与自主感受，引发其产生感情共鸣，使受教育者在现实之中找到集体感，满足其情感与归属需要，从而自发引起深刻而丰富的情绪体验，将最初的配合疏导状态转化为自觉的潜在行为，最终在潜移默化之中接受人文关怀的心理疏导。这样，教育者可以引导受教育者感悟马克思主义信仰，把马克思主义信仰外化为行为习惯。要达到这样效果的关键是教育者自身应有专业的应用马克思主义理论的能力。一方面，引导受教育者在中国特色社会主义实践中加深对马克思主义理论知识的理解和掌握，体会马克思主义的精髓，认识、领悟马克思主义信仰的价值，当受教育者认为马克思主义经受住了社会实践的检验，马克思主义信仰也就可能得到受教育者的认可，这就达到了自我教育的目的。另一方面，引导、帮助受教育者提高用马克思主义的立场、态度、观点和方法解决实际问题的能力，使其感到马克思主义的有用之用和无用之用，发自内心地喜欢用马克思主义的立场、态度、观点和方法去分析、解决实际问题。当受教育者不仅掌握马克思主义信仰的原则和价值观，而且通过实践活动使内在信仰外化为了行为、形成相应的行为习惯时，这就达到了我们的信仰教育目的。

（四）熏陶体验法——潜移默化

美的事物、美的情境可使人赏心悦目、身心愉快，并使人自觉按照国家和社会的要求约束自己的言行，易于接受正确的信仰教育。相反，肮脏的生存环境、粗鄙的文化氛围、单调的生活方式则容易使受教育者懒散、放纵并排斥各种教育。熏陶体验法，即有意识地在社会上设置优美的生活环境和优雅的文化氛围，巧妙地借助语言、文学、体育、艺术等手段优化社会环境，比如，草地、鲜花、墙报、信息墙等，以激起受教育者对美的情感体验，陶冶受教育者的情操。有意识地在社会上开展丰富多彩的文艺群体活动，重视舆论导向，借助新闻媒体、网络平台、报纸杂志等手段，倡导优良的社会风气，让受教育者自我感受和领悟"学什么"和"怎么办"，在不知不觉的氛围中达到"润物细无声"

的功效。

1. 熏陶体验法的基本含义

熏陶体验法直观来看，包含两个层次，即熏陶和体验。熏陶指教育者按照预定的教育内容和目标，通过设定的实践和环境去感染和陶冶受教育者，使他们产生身临其境的感觉，从而自觉主动地参与到体验式信仰教育中去，增强受教育者的内心意义体验与情感倾向和意志力度，使外在的教育要求内化为受教育者主体的内在情感需求，内在情感需求必定会进一步强化他们践行信仰的意志力。体验是指教育者在教育过程中，立足于受教育者的经验基础，以引导实践活动的方式，启发和引导受教育者的思维活动，激发受教育者勇于实践及体验的积极性，深化马克思主义信仰的体验，促进信仰教育的发展。熏陶和体验统一于信仰教育的过程中，设计科学的情境从外部陶冶受教育者，体验性教育从内部浸染受教育者。换言之，熏陶体验法是从情境和情感两方面考虑，着力培养受教育者的信仰情感、信仰意志，关键是情境熏陶，精髓是潜移默化。

熏陶体验法就是着力培养受教育者的信仰情感、信仰意志的一种方法，就是想办法让马克思主义信仰进入受教育者的情感层面，想办法帮助受教育者把对于马克思主义信仰的情感变成稳定的内在心理结构，从而起到推动信仰认知向信仰意志、信仰行为转化的作用。尤其，当前信仰教育主要集中于理论宣讲而忽视了受教育者的内心感受，受教育者也经常会因为觉得教育者津津乐道的大道理与自己的感情无关甚至不胜其烦，在这种状况下，注重内心感受的熏陶体验法的应用就更为有必要。

2. 信仰教育中熏陶体验法的基本要求

人总是处于社会环境之中，受教育者的思想必然受到外界因素的影响，环境的变化必然引起受教育者思想的变化。这就要求教育者把教育工作的重心放在熏陶体验上，想方设法引导受教育者自己去感受、去感悟，千万不能喧宾夺主，关键在于教育者启发、引导受教育者去自我体验、自我教育。

第一，熏陶体验法从情境设计上考虑，要求科学的情境设计。马克思说过，人创造环境，环境也创造人，"环境的改变和人的活动或自我改变的一致，只能被看作是并合理地理解为革命的实践。"① 马克思主义信仰建设的环境，是指影响受教育者信仰形成和发展的一切外部因素的总和。虽然生活世界是信仰形成

---

① 马克思恩格斯选集：第 1 卷 [M]．北京：人民出版社，2012：134.

和确立的现实土壤，但信仰教育语境下的生活世界不应只是放任自流的日常生活状态，而应该是把超验融入经验即"体验"，把应然融入实然的既包括生活常态，但又超越生活常态的生活世界。这种生活世界的组成部分有两类，一类是马克思主义信仰教育内教育情境营造的世界，一类是马克思主义信仰教育外教育情境营造的世界，这个世界在与马克思主义主旋律一致的前提下，更要注意创设营造丰富多彩的满足受教育者特有的精神、心理需求的学校、家庭、单位、社会人文生活情境。熏陶体验法就是通过情境设计，化抽象为具体，化结论为过程，化理论为情意，激发受教育者的信仰情感需求，让他们从心底感受到自身的信仰需要，深切地意识到马克思主义信仰对于人生的必要性，真挚地树立起追求共产主义美好理想的信念。

教育者倾注着真善美的人文关怀和据此创设的人文情境在此尤为重要。马克思主义信仰既是现实的又是超越的，教育者可以"把受教育者学习、工作和生活中接触到的具有浓厚人文气氛的社会环境、社会设施、自然景象、自然资源等当作体验式信仰教育教材"①，引导他们在学校生活、单位生活、家庭生活、社交生活和广阔的大自然等实际领域进行积极的体验，使他们在现实情境中通过想象、创造、感受、思考等环节，深化对人格、情感、人际关系等的感悟和理解，从而使心灵实现新的升华，以促进自我社会化的进程。教育者可选适合的生活热点事例及经典榜样事例来感化受教育者。效果的好坏关键在选材是否适当。选材一定要既符合教育内容又能勾起受教育者的心理需要，还可以对现实有所触动，这样的情景再现才能使受教育者在身临其境下感悟榜样的力量、感悟典型的价值。另外，美育也是一种行之有效的情境设计载体。比如，把美的图画、美的音乐、美的文字等美的元素加到受教育者可触及的各个环节里，将抽象化为具体，将结论化为过程，将理论化为情意。受教育者在这样的生活世界里接受的是潜移默化的改变，他们所掌握的马克思主义理论可以顺利转化为其从事实践的知识储备，其理想信仰在生活实践中被反复确认体现，在切身的体验中意识到马克思主义信仰与其他信仰诸如宗教、器本、物本、世俗化、功利化、宿命论等多种信仰与价值取向的根本性差异，在社会生活阅历和日常生活体验中，相信并选择马克思主义信仰。信仰教育必须能够让信仰对象在日常现实生活中深入地体验到马克思主义的真、善、美的教化，它是充满情

---

① 苏令银. 主体间性视域的思想政治教育主客体关系研究［D］. 上海：华东师范大学，2013.

感的教育，而不仅仅是传播马克思主义理论的科学知识体系，它授人以真理，启迪受教育者的思想和智慧，培养受教育者主动分辨是非、抵御不良倾向和思潮的能力；信仰教育更要通过熏陶体验，走进受教育者的内心和灵魂。

第二，熏陶体验法是从情感体验上考虑，要求发展信仰的体验式教育。自由是信仰的本质特征，强烈的个体意识和精神意识存在于信仰选择和信仰确立的每个过程，只有在发挥个体自由选择的基础上才有可能进行信仰教育。信仰不是也不可能被强迫，信仰其实是被感染的，而交往是彼此感染的必要前提。交往是人的社会性需求，为满足受教育者社会性交往的需求，教育者首先要充分发挥受教育者的主体性，提高受教育者的积极性，鼓励受教育者主动参与教育活动，使受教育者在生动的交往互动过程中，自由选择、自由组合、自我探索，进行自我角色的信仰情感体验，感受参与其中的真实性、快乐性，从中获得真实情感。在丰富多样的信仰教育情境活动中体验信仰情感，相互感染，体验共同的爱、共同的恨。情感的两个关键点是"爱"和"憎"，正如孔子所言"知之者不如好之者，好之者不如乐之者"（《论语·雍也》）。喜爱的情感越强烈，树立起来的信仰就会越牢固。同理，物极必反，对反面的憎也会强化对正面的爱。共鸣会使心灵欢愉和兴奋，教育者与受教育者彼此获得"社会性支持"，这强化了对马克思主义信仰的真实情感。

走进情境、体验生活，受教育者有了主体的情感体验，他们的信仰意识不再是苍白的、空洞的。依靠不断重复完成的情境行为给他们带来的正义感、崇高感，引起他们的热情，使他们的信仰需要得到满足，使信仰认识潜移默化地转化为信仰信念。这既是熏陶体验法的精髓，也是体验式信仰教育的最基本途径。

第六章　新时代马克思主义信仰教育的环境探析

从整体来看，不论是从世界还是中国的现实情况，信仰发展的趋势必将是多元化的，这是全球化的一个成果，也是世界各民族文化相互影响融合的结果，更是各国人民精神需求不断提高、生活丰富多彩的结果。建设中国特色社会主义现代化事业和实现中华民族的伟大复兴，就要正视这种思潮的发展规律，接受信仰的多元存在，并努力使马克思主义信仰处于主体地位，构建一元多样的信仰体系。而想要实现这个目标需要社会合力的发挥，尤其是马克思主义理论工作者要不断努力，一方面要用客观理性的眼光对待人民群众的信仰现状，另一方面更要深知自身担负的责任和使命，宣传马克思主义信仰，使其能够帮助人民树立正确的价值观、世界观和人生观，实现自己的梦想和中国梦。

一、中国特色社会主义进入了新时代

党的十九大报告指出："经过长期努力，中国特色社会主义进入了新时代，这是我国发展新的历史定位。"中国特色社会主义发展进入了一个崭新的阶段，中华民族伟大复兴的目标比任何时期更接近，所以加强意识形态建设刻不容缓。需理清中国的现实情况，加强马克思主义信仰教育，提高人民对马克思主义的认同度，坚定为社会主义早日实现而奋斗的理想信念。马克思主义信仰教育的成功与否，直接影响着中国特色社会主义现代化建设的成败，影响着中国的社会主义何去何从，直接关系着能否实现全面建设小康社会的奋斗目标。随着全球化的进一步发展，国内外发生了翻天覆地的变化，我们必须科学理性地对待在马克思主义信仰教育中所存在的各种环境因素，对于一些不利方面，我们要沉着冷静地分析，化劣势为优势，努力增强马克思主义信仰建设的成效。

（一）社会主要矛盾发生变化

习近平总书记在党的十九大报告中指出："我国社会主要矛盾已经转化为人民日益增长的美好生活需要和不平衡不充分的发展之间的矛盾。"这一论断，是对中国当前实际情况的科学把握，更对我国发展指明了方向。中国特色社会主义新时代的任何策略，都要以实事求是为基础，具体问题具体分析，不能忽视、超越这个论断思考问题。新时代下的马克思主义信仰教育，也须基于新矛盾上进行。只有准确认识新矛盾，才能更好地进行马克思主义信仰教育。坚信马克思主义信仰，坚持用马克思主义的观点来看待和处理事情是解决社会主要矛盾的重要途径。

1. 社会主要矛盾的发展变化

科学准确判断中国的社会主要矛盾，直接关系着一切理念政策的顺利实施，是进行马克思主义信仰教育的现实依据。我国对于社会主要矛盾的把握经历了一个曲折的过程，必须从中吸取经验教训。1956 年，党的八大第一次提出了关于新中国社会主要矛盾的论述："我们国内的主要矛盾，已经是人民对于建立先进的工业国的要求同落后的农业国的现实之间的矛盾，已经是人民对于经济文化迅速发展的需要同当前经济文化不能满足人民需要的状况之间的矛盾。"但是由于历史和现实因素以及错误指导思想的影响，在这之后并没有坚持这个科学判断，使得国家和人民的利益遭受损失，人民对马克思主义的信仰也被消解。直至 1978 年，十一届三中全会才开始理性对待中共八大关于社会主要矛盾的论述。1981 年，党的十一届六中全会《关于建国以来党的若干历史问题的决议》重新对社会主要矛盾进行了阐释："社会主义改造基本完成以后，我国所要解决的主要矛盾，是人民日益增长的物质文化需要同落后的社会生产之间的矛盾。"这一表述对比党的八大的提法有两点变化：一是不再从国家发展层面讲"建立先进的工业国的要求同落后的农业国的现实之间的矛盾"；二是把"人民对于经济文化迅速发展的需要同当前经济文化不能满足人民需要之间的矛盾"，改成"人民日益增长的物质文化需要同落后的社会生产之间的矛盾"。这两点不同的表述，既是基于党的八大关于社会主要矛盾的论述，又是对当时中国的实际情况的深刻把握，使得中国社会主要矛盾的判断更科学、理性。随着中国的综合国力不断增强，人民的生活水平不断提高，关于中国社会主要矛盾的描述发生了变化，党的十六大开始，除了重申中国社会主要矛盾整体上"没有变""依然是"之外，还要特别强调中国在社会主义现代化建设的过程中出现了新的气象和面貌。这种变化是由于中国的生产力不断提高引起的，党的十六大提出我国"总体上实现了由温饱到小康的历史性跨越"，"已经进入全面建设小康社会"的发展阶段。党的十九大报告提出，中国的社会主要矛盾变为人民日益增长的美好生活需要和不平衡不充分的发展之间的矛盾。与之前的描述，最鲜明的变化是把"需要"和"生产"的矛盾，改为"需要"和"发展"的矛盾。这种变化反映出中国的社会主义事业建设取得了很大的成效，中华民族在不断崛起，同时也需要更有力的措施去解决这种矛盾。①

2. 深入理解把握新矛盾

进入新时代，中国的社会主义矛盾发生变化，这是当前对中国国情最新最准确的把握。深入理解中国的社会新矛盾，能够为相关的理论和实践工作提供依据。第一，关于"人民日益增长的美好生活需要"，可以从两个方面来理解。其一，人民需要的内涵大大扩展。随着时代的发展，中国人民的需求发生了显著变化。不只是在物质与精神方面有了更高的需要，而且公民的权利意识大幅度提高，追求自由全面发展的意愿越来越强烈，在政治、经济、文化、生态等方面的要求越来越高。中国人民的需要呈现出多领域、全方位的态势，不再局限于物质、文化领域，这与当前我们所倡导的"五位一体建设"相吻合。其二，人民需要的层次大大提升。随着中国的生产力提高，人民越来越富裕，开始追求更高的生活质量，希望能生活得有尊严、有幸福感。这两个特点构成了当代中国人民的需求特点，这也是一个时代的客观反映。第二，关于"不平衡不充分的发展"，也需进行细致的理解。所谓发展不平衡，首先，从整体上看地域发展，东部地区与中西部相比较，发展速度较快，而农村相较于城市，发展较为滞后，中国的发展水平呈现出区域不平衡现象。其次，从各领域的发展现状讲，有的行业的发展水平可以达到世界水平甚至处于领跑地位，但同时有的行业仍处于被动局面，比较落后。在这种复杂的生产不平衡布局下，相应地出现了产品与服务分配不平衡问题，有的过剩，有的不能满足需求尤其是在人民就业、教育、医疗、居住、养老等民生方面形势不容乐观，精神文明建设和生态环境保护也需要做出进一步努力。最后从中国经过努力所取得的发展成果分配上看，行业之间存在收入不平衡现象，例如，当前不同行业之间的收入分配不合理，贫富差距较大，中等收入人数较少，贫困人数依然较多。所谓发展不充分，主

---

① 刘星亮. 习近平以人民为中心的发展思想研究［D］. 南宁：广西大学，2019.

要表现在创造能力方面，当前的社会创造能力需进一步激励与提高，中国整体的经济水平需要进一步增强。当前我国发展方式处于转变时期，但转变刚刚开始，存在不足，从某个意义上讲存在波动大与不持续的现象。我国实行改革开放以来，经济突飞猛进，已成为世界第二大经济体，早已摆脱了落后的生产局面。但是这并不代表我国已处于世界领先地位，在一些精端、高科技领域，我们与西方的发达国家相比有很大的差距。同时这种差距也体现在社会供给方面，无法满足需求。总之，发展不平衡、不充分这一客观因素是新时代的突出特征之一，阻碍着人民对幸福美好生活的追求。① 同时，对于新矛盾我们还要认识到一点，物质文化是一种具体的需求，往往能够看得见、摸得着，但"美好的生活"，除了包含物质和文化，更多的是一些主观意识方面的获得与感受，民众会从自身出发来判断是否是"美好的生活"，就会出现千差万别的理解。所以，满足人民日益增长的美好生活的需要，不仅是党和国家的奋斗目标，而且反映了民众的一种价值判断。而在当下，让民众明白什么是"美好生活"比急于去获得自己所谓的"美好生活"更重要。解决新矛盾，是一个系统的、需要全方位努力把握的工程，所需的时间也会较长，挑战会越来越多，需要运用马克思主义理论做指导，坚定理想信念，不忘初心，及时做出合理的价值判断。

3. 新矛盾与马克思主义信仰教育的关系

我国对社会主要矛盾的判定经历了一个长期探索与把握的过程。在解决旧矛盾和定位新矛盾的过程中，都离不开马克思主义的指导。马克思主义始终贯穿于矛盾的产生、发现与解决的过程之中，坚定马克思主义信仰是科学把握新矛盾、解决新矛盾的当务之急。通过上述对"人民增长的需要""不平衡""不充分"的分析，明白新矛盾与马克思主义信仰教育有着紧密的联系。新矛盾下的马克思主义信仰教育是必须进行的，也是可以进行并产生积极效果的。党的十八大以来，习近平总书记多次强调马克思主义信仰的重要性，是历史和现实给我们的启示，并将其比作共产党人精神上的"钙"和思想的"总开关"，多手段地去宣传马克思主义信仰教育，积极探索适合中国国情的教育原则和方法，寻求巩固建党初心、坚定政治灵魂、筑牢精神支撑的现实方式。

新矛盾下进行马克思主义信仰教育的必要性。当前，中国社会思潮多元化，一些人往往以利益作为标准进行信仰选择，信什么能获利就信什么，最终导致

---

① 刘星亮. 习近平以人民为中心的发展思想研究［D］. 南宁：广西大学，2019.

信仰混乱、不坚定，迷失了自己，而对于马克思主义信仰越来越流于形式化、表面化。任何事物的发展都需要经历一个曲折的过程，不是一蹴而就的，同样马克思主义、共产主义的信仰形成也是要经过种种曲折的。正是这种曲折使得马克思主义扎根于人民心中，不会随着时间的推移而消减，验证马克思主义是经过检验的真理，曲折越多，人民对马克思主义的信仰越牢固。当前，中国处于转型期，为解决新矛盾就必须进行马克思主义信仰教育，让民众树立正确的奋斗观和人生观。在新的历史条件下，加强马克思主义的信仰建设研究，不仅是一项具有政治意义的现实难题，也是一项必要的学术探索课题。

新矛盾下进行马克思主义信仰教育的可行性。首先，历史经验告诉我们，马克思主义是经得住实践检验的，是能够指导中国人民过上美好生活的。毛泽东同志指出："我们的党从它一开始，就是一个以马克思列宁主义的理论为基础的党，这是因为这个主义是全世界无产阶级的最正确最革命的科学思想的结晶。"① 邓小平同志说过："我坚信，世界上赞成马克思主义的人会多起来的，因为马克思主义是科学。它运用历史唯物主义揭示了人类社会发展的规律。"② 在中国共产党的带领下，中国已经发生了翻天覆地的变化，中国的经济、文化人民的思想素质已经得到了提高，中国人民越来越认同马克思主义，马克思主义也越来越成为中国文化的一部分。马克思主义深入广大人民群众的日常生活，人民乐于接受马克思主义，这是马克思主义信仰教育的一个成果，也为新矛盾下继续马克思主义信仰教育提供了可行性。

（二）发展阶段达到新高度

世间万物都处在不断的变化发展过程中，这是马克思主义的基本原理之一。中国共产党密切关注中国的发展实际情况，本着具体问题具体分析的原则，科学地从全局出发制定政策，这种工作方法使得我们民族能够不断进步发展。党的十八大以来，以习近平同志为核心的党中央站在历史的高度，总结新中国社会主义建设的经验教训，运用全球的眼光审时度势，理性把握国内外的形势，以维护人民的利益为根本出发点，科学地对中国的发展进行了新的概况与判断，认为党的十八大以来中国的发展阶段达到了新的高度，"党和国家事业发生历史性变革，我国发展站到了新的历史起点上，中国特色社会主义进入了新的发展

---

① 毛泽东选集：第 3 卷 ［M］. 北京：人民出版社，1991：1093.
② 邓小平文选：第 2 卷 ［M］. 北京：人民出版社，1993：382.

阶段"。中国发展到新的高度彰显了坚持马克思主义的正确性，新的阶段、新的高度要继续坚持以马克思主义为指导，坚定马克思主义信仰在使中国能够持续发展方面起着不可替代的作用。

1. 理解发展阶段达到新的高度

理解发展阶段达到新的高度，也就意味着充分理解更高的发展目标出现了新的挑战和问题。相应地要求要有完整的、系统的理论知识去把握和引导，不断提高分析和解决问题的能力，而这些只有马克思主义理论能够做到。坚持马克思主义，就是对新的发展高度的肯定；坚持马克思主义就是一种自信。可以从三个方面对"发展阶段新的高度"进行认识和理解，首先，从中华民族不断伟大复兴的角度。中国共产党成立自以来，就致力于为中华民族和人民不断富强、幸福而奋斗。尤其是中华人民共和国成立之后，中国共产党带领中国人民建设自己的家园，实现由新民主主义向社会主义过渡，直至今天进入新时代。这个过程也是中华民族不断富强、独立、自主的过程，中华民族可以骄傲地屹立在世界各民族之中。其次，从世界国家形态的角度讲，马克思认为，资本主义必然灭亡，社会主义必然胜利。中国坚持走社会主义道路，进行改革开放，经过中国人民的不懈努力，中国的社会主义事业越来越有效力和前途，向世界证明了社会主义的正确性、共产主义的可实现性，为世界的社会主义发展做出了榜样和贡献。最后，从人类不断追求自由全面发展的角度讲，中华人民共和国成立以来，中国人民的权利意识越来越高，为追求美好幸福的生活而不懈奋斗，中国人民享受到的发展福利也越来越多。在社会主义现代化建设中，中国人的现代化水平也得到提高，中国人民更加自信和有活力，这些发展成果为世界各国提供了经验。

2. 发展阶段新的高度要求马克思主义的理论创新

发展阶段达到新的高度，必然要用新的理论去解释与引导。马克思主义理论是科学的、不断与时俱进的，中国离不开马克思主义的指导。中国共产党从成立之日起就非常重视理论建设，任何事情做到有理有据，不断促进马克思主义的中国化、大众化。中国发展达到新的高度，机会和挑战并存，新的问题也会出现。党的十八大以来，习近平总书记不断进行实践和理论的新探索，创新社会治理，形成了许多新的理论。为了巩固发展成果继续奋进，习近平总书记带领全党相应地提出全面改革开放、全面依法治国、全面建成小康社会、全面改革开放的四个全面战略布局，致力于实现中华民族的伟大复兴。这些要求和理论创新，给中国共产党和中华民族的前进指明了方向，甚至可以说起到了力挽狂澜的作用，解决了一些重大的发展战略问题，包括中国共产党的建设、改革开放、生态问题等。习近平总书记关于治国理政的重要系列讲话，科学系统地概括了中国的实际情况和未来要走的路，是与马克思主义一脉相承的，是马克思主义中国化最新成果，是结合中国实际的理论创新，具有全球视野；是在突破思维局限的基础上，树立长远的利益观，冷静科学地分析国家在发展过程中的问题，做出的创新理论总结。坚持习近平新时代中国特色社会主义思想就是坚持马克思主义，信仰马克思主义就要拥护习近平新时代中国特色社会主义思想。

3. 发展达到新的高度必须进行马克思主义信仰教育

发展达到新的高度是中国共产党运用马克思主义理论带领人民共同奋斗的结果，想巩固成果和继续发展必须进行马克思主义信仰教育，这是发展达到新的高度的必然要求。新的高度带来新的挑战，要求我们必须进行马克思主义信仰教育；理论创新必须是在信仰马克思主义的基础之上的，进行马克思主义信仰教育是当务之急。

党和政府历来十分重视意识形态的建设，特别是加强对马克思主义的认知统一，这是由中国发展需要决定的。而加强马克思主义信仰教育是其中的重中之重，不能放松对马克思主义的学习，促进马克思主义的大众化与通俗易懂，促进马克思主义在人民群众的日常生活中扎根，增强广大人民群众建设中华民族的信心。深化人民群众对马克思主义的认同，使其与中华传统文化相结合，凝聚民族力量，建立新的道德标准，强调主旋律意识与主阵地意识。在社会、校园中增强社会主义主流舆论的引导力、掌控力、公信力、感染力、传播力和影响力，使得社会主义核心价值观在大学生的心里生根发芽，营造健康的校园文化。真正做到"以科学的理论武装人，以正确的舆论引导人，以高尚的精神塑造人，以优秀的作品鼓舞人"。

从人类的发展角度看，发展阶段达到新的高度促进了中国人民的自由全面发展。而在这种情况下进行马克思主义信仰教育需要解决一个问题，即一个人如何进行信仰选择和确立。一个人的信仰的确立是一个复杂的过程，是经过比较选择的，使用外力强迫的信仰不是真正的信仰。尤其是当前，中国发展达到新的高度意味着与世界的联系越来越紧密，中国社会思潮多元化，各种思想影响着广大人民群众，力图引导民众朝自己主导的方向去发展。而民众会有不同的选择，在这个过程中往往会容易误导，只有经过实践检验的和深思熟虑后的信仰才是真正的信仰。马克思主义信仰不是宗教信仰，不能只是会背几段马克思主义原话，不能盲目和机械地去灌输马克思主义。认识来源于实践，马克思主义信仰教育须在具体的实践中进行引导，不断开拓挖掘马克思主义的新价值与内涵。加强马克思信仰教育除要学会借鉴其他先进思想的科学之处，还要不断进行创新，确保每个人都能形成自己的马克思主义观。加强马克思主义信仰教育要充分理解运用社会中的道德观、价值观等观念，构建一个层次分明的马克思主义信仰体系。

（三）发展环境发生重大变化

我国发展面临着复杂的矛盾和挑战，国内外发展环境变化较快，各种因素相互影响阻碍着经济的发展。首先，从国际上看，信息化进一步发展，利益重新分配，各种力量在不断地调整重组，比以前要更加复杂。国际金融危机深层次影响在相当长的时期依然存在，新的增长动力还没有形成，全球经济贸易增长乏力，保护主义抬头，前期经济政策后遗症不断显露。国际交流体系与秩序并没有什么实质上的变化，霸权主义和强权政治依然存在并产生巨大影响。国际竞争越来越激烈，一些西方国家为维护其霸主地位，恶意干预别的国家主权安全，使得国际政治不太稳定。虽然世界整体和平，但是局部战争时有发生，恐怖主义依然存在，在一些重大自然灾害面前人类仍然束手无策，这些都制约着经济的发展。再者，从我国改革开放之日起，西方国家从未停止过对我国经济的围攻堵截，贸易摩擦经常发生，外部环境多变。其次，从国内经济发展看，经济发展不充分、不平衡、不协调的现象出现。企业创新能力不足，核心技术仍然受制于人，人口资源减少，贫困人口较多等现象存在。政治法制建设有待加强，一些领导干部专业素养不够，无法指引地方经济合理发展。这些都制约着中国经济的健康发展，影响着马克思主义的中国化以及在广大人民群众中的传播，甚至在一定程度上误导人民的价值判断，降低了人民对马克思主义的认同。

1. 经济变化与马克思主义信仰教育

改革开放初期，国内外的实际情况使得中国的马克思主义信仰出现危机。党的十八大以来执政环境继续发生深刻变化，尤其是金融危机之后，中国的综合国力逐步增强，物质生产呈现强劲的发展势头，而意识形态话语权没有得到相应的提升。社会转型期，市场经济持续发展和国内改革全面深化，物质利益交错，社会阶层复杂，文化思潮多元，尤其是意识形态领域的斗争，给中国进行社会主义现代建设造成不利。在社会价值领域，存在推崇工具理性和功利价值、忽视价值理性的倾向，反映在党内就表现为一些党员脱离人民群众，忘记为人民服务的初衷，把享乐放在第一位，导致理想信念的失落、信仰的动摇。从世界角度看，各国之间的经济联系越来越紧密，世界经济在调整中曲折复苏，经济全球化的迅猛发展一方面促进世界经济的快速复苏和发展，但同时又增加了发展的不确定性因素，这带来全球性的生态环境问题、世界经济发展不平衡、金融危机扩大经济风险等。从中国国情讲，中国经济进入新常态，进入速度换挡、结构调整、动力转换的历史性节点，经济建设取得较大成就，但阻碍生产力发展的体制性、机制性、结构性问题依然存在，缓解人口压力增大，经济运行潜在风险增多，存在"中等收入陷阱"风险，资源环境约束趋紧等依然存在。经济结构的改变也带动了社会结构发生重大变化。

我国发展也有许多优势和机遇，从经济发展上看，国内国际都存在促使中国经济增长的积极有利的因素。先从国际上看，当今时代的主题仍然是和平与发展，经济区域化与全球化进一步加深，国与国之间的利益交汇点越来越多，第三世界国家的综合实力不断提升，世界各种力量趋于平衡，国际组织发挥的作用越来越强，促使世界不断朝着和平的方向发展。这种环境对我国进行和平稳定发展起到了一个保障作用。除此之外，世界经济总体上在不断复苏，即将迎来又一轮的技术革新，我国可以发挥中国特色社会主义的优势，合理调配国内市场，充分利用国外市场进行资源配置，维护中国经济发展的稳定性。再从国内经济环境看，虽然经济增长的速度有所减缓，但是我国经济总体上仍然保持着健康发展的局面，仍具有廉价的劳动力、市场潜力巨大、自然资源丰富等基本优势。尤其是在党的十八大以后，绿色经济、创新型国家等成为发展目标，发展方式朝着可持续、更合理的方向转变，人民的素质得到提高，发展的福利得到共享，这些都将为我国的经济发展提供动力。而这些也是进行马克思主义信仰教育的优势，经济基础决定上层建筑，经济发展面临转型，马克思主义信仰教育也要不断创新，顺应时代发展，才能为经济发展提供理论支撑。改革进入深水区，须运用马克思主义信仰的力量去破解难题，马克思主义将会在实践中得到发展而不是在书本上，以此破除马克思主义当前存在的信仰问题。马克思主义理论工作者应努力发挥社会主义核心价值观的作用，用社会主义核心价值观引领社会思潮的发展，保障社会风气正向发展。要包容差异，更要找到击退错误思想的路径，最大效力发挥马克思主义信仰在中华民族复兴中的优势，努力建立一个一元多样的社会信仰机制。在舆论和意识形态领域，运用积极向上的思想和错误的思想做斗争，进行理性的辨别和批判，做到不破不立。

2. 中国特色社会主义政治建设与马克思主义信仰建设

根据马克思主义基本原理，经济基础决定上层建筑。中国经济越来越离不开世界经济的发展，世界的发展也离不开中国。思考当下马克思主义信仰教育问题，必然全面分析国内外两个大的经济环境背景。在这之中，既有积极因素也有消极因素，需要深刻认识和认真处理。培养和增强人民群众的责任和义务意识、能力意识、忧患意识，充分利用有利因素，正视不利因素，因时因地因势进行马克思主义信仰教育。

君主专制在中国存在了几千年，如今仍有人打着弘扬传统文化的幌子，散播错误思想，阻碍马克思主义信仰的建设。几千年的古代中国，儒家思想在承担治国功能的同时，也作为人们的精神信仰而存在。儒家思想的信仰方式独具特色，它具有宗教信仰的色彩，需要进行祭天、祭神和祭祖等活动。由于儒家思想对人们日常生活的高度渗透性，使得它在中国历史上长期作为占主导地位的信仰而存在。与之相适应的信仰方式也一直遗留至今。但是，马克思主义信仰是科学的信仰，高于中国传统信仰，需要用全新的思维去认知马克思主义。在全新的信仰方式出现之前，一些人自觉或不自觉地将传统的信仰方式用于马克思主义信仰中，出现了一些偏颇，比如，将马克思主义信仰等同于宗教信仰，将马克思主义理解为虚幻的存在，不能与实际生活相联系，甚至将某个人或者某个集体看成马克思主义信仰的权威。这些问题导致人民群众无法真正实现马克思主义信仰，也就无法运用其解决实际问题，导致马克思主义信仰不能稳定和持续地扎根在广大人民群众之中。

从国内政治环境看，改革开放全面持续深化，带来利益格局的新调整，思想意识领域多元多样多变，对中国共产党的信仰建设提出新的要求。从当前的内部环境看，党建设新的伟大工程在发展中面临新的挑战和危险，四大考验和四种危险加剧了中国共产党信仰建设的难度。国情和党情的复杂变化影响着马克思主义信仰的建设。中国共产党根据时代变迁，逐渐提高对社会转型期信仰建设的必要性和紧迫性的认识，增强信仰意识，增进信仰自觉，巩固信仰地位。特别是党的十八大以来，习近平总书记提出要全面从严治党等一系列措施，使得中国的政治环境与发展前途无限光明。简化行政手续，真正做到为人民服务，使得人民更加相信党和政府，更加拥护马克思主义，爱国情绪日益高涨，中华民族的自信心得到提高，展现出社会主义制度的优越性。

马克思主义自从被广大劳动人民接受后，指导中国人民取得了一个又一个的胜利。信仰马克思主义，是中国共产党的命脉，是中国共产党应对挑战的后备力量和精神支柱，是新时代党的建设的首要问题。政治建设就是马克思主义建设，必须学懂马克思主义，始终信仰马克思主义。当今中国的政治建设有以下两个特点。第一，中国的政治建设始终以实现共产主义为目标，致力于马克思主义的中国化，坚持走中国特色社会主义道路。政治建设在中华民族伟大复兴中起着举足轻重的作用，以四项基本原则为基础，以政治建设来带动中国的经济、文化、生态等的建设，使得马克思主义贯彻于国家建设的方方面面。中国共产党十分重视政治建设，并且能够把握中国的政治发展，不使中国的政治远离中国人民，抛弃马克思的指导。另外，中国共产党从中国的实际出发，关注世界的发展变化，顺应时代发展，进行制度创新，使得马克思主义与时俱进，这种做法使得中国的政治建设永葆先进性，又具有鲜明的民族特色。第二，中国的政治建设始终是在中国共产党的领导下进行的，这使得中国政治始终在马克思主义的指导下发展。当今世界各国，政党在国家政治发展中，发挥着越来越重要的作用。中国共产党代表着中国人民，是人民和国家的连接点，是得到中国人民支持和拥护的，经过宪法授权的，在中国国家事务和中国人民的实际生活中发挥着不可替代的作用。中国共产党经受住了历史的考验，以马克思主义理论为建党思想，一心一意为中国人民的根本利益和中华民族的伟大复兴而奋斗，有着崇高的理想支撑和严格的纪律管控。人民当家做主、为人民服务是中国共产党的初心和宗旨，坚持中国特色社会主义道路是为了让中国人民过上更幸福的生活。中国的发展和中华民族的伟大复兴离不开中国共产党的领导，这也是党的历史使命。只有中国共产党才能领导中国的政治建设，发挥马克思主义理论的优势。马克思主义信仰反映着民众的信念政治方向和对社会主义建设的积极性，是中国社会主义政治建设的灵魂思想，是中华民族复兴的精神保障，这一点是毋庸置疑的。

二、坚持马克思主义在意识形态领域指导地位的根本制度

党的十九届四中全会审议通过的《中共中央关于坚持和完善中国特色社会主义制度、推进国家治理体系和治理能力现代化若干重大问题的决定》提出

"坚持马克思主义在意识形态领域指导地位的根本制度"。这是我们党第一次把马克思主义在意识形态领域的指导地位上升为一项根本制度，客观反映了马克思主义传入中国后发挥的伟大历史作用，用制度形态确立了马克思主义指导思想在中国特色社会主义制度中的地位，这是具有重大意义的。

（一）构筑坚持马克思主义在意识形态领域指导地位之根本制度

按照"为什么""是什么""怎么样""怎么办"和"怎么保障"的逻辑展开，构筑"坚持马克思主义在意识形态领域指导地位之根本制度"研究的完整逻辑架构。围绕上述五大问题，以坚持马克思主义在意识形态领域指导地位之根本制度的基本理论问题、坚持马克思主义在意识形态领域指导地位的历史经验与现实挑战、健全用习近平新时代中国特色社会主义思想武装全党的常态长效机制、完善优化意识形态工作责任制等为研究对象和主要内容。

1. 为什么要坚持马克思主义在意识形态领域指导地位的根本制度

中国共产党历来重视文化建设，从最初毛泽东同志提出在繁荣文艺、发展学术方面实行"百花齐放、百家争鸣"方针，到中国特色社会主义事业经济、政治、文化"三位一体"总体布局和"三个代表"重要思想的提出，再到党的十七届六中全会"建设社会主义文化强国的目标"的确立，以及党的十八大以来，面对百年未有之大变局，以习近平同志为核心的党中央紧紧围绕坚定文化自信、建设社会主义文化强国这一重大问题，以高度的文化自信、文化自觉与文化担当，激发全民族文化创新创造活力，铸造中国精神、满足精神需求、促进文明互鉴，丰富和发展中国特色社会主义文化，党始终围绕着"坚持和完善中国特色社会主义制度、推进国家治理体系和治理能力现代化"的目标努力推动社会主义文化建设。为什么党在提出"坚持和完善繁荣发展社会主义先进文化的制度"的时候特别强调"坚持马克思主义在意识形态领域指导地位的根本制度"？其提出背景是什么？提出坚持马克思主义在意识形态领域指导地位的根本制度对于坚持和完善繁荣发展社会主义先进文化制度、坚持和完善中国特色社会主义制度、推进国家治理体系和治理能力现代化有何重大意义？

2. 坚持马克思主义在意识形态领域指导地位之根本制度的核心要义是什么

马克思主义在意识形态领域的指导地位指的是牢牢把握马克思主义在意识形态领域的领导权、管理权和话语权。党的十九届四中全会强调："突出坚持和完善支撑中国特色社会主义制度的根本制度、基本制度、重要制度，着力固根基、扬优势、补短板、强弱项，构建系统完备、科学规范、运行有效的制度体系。"根本制度与重要制度和基本制度共同构成中国特色社会主义制度体系不可或缺的有机组成部分,是对中华人民共和国成立以来我国制度建设的经验总结。马克思主义在意识形态领域指导地位这一根本制度,在我们国家制度架构中属于总的指导思想,对所有制度都发挥着思想引领作用。那么"马克思主义在意识形态领域指导地位的根本制度"如何理解?其核心要义何在?

3. 坚持马克思主义在意识形态领域指导地位之根本制度的现实状况怎么样

根本制度是中国共产党领导人民在马克思主义指导下,总结新民主主义政权建设经验的基础上,通过中华人民共和国成立和社会主义制度确立这两个重要节点基本建成的,后来在社会主义建设和改革实践中,不断得到完善和巩固。坚持马克思主义在意识形态领域指导地位的根本制度既要立足国际视野,也要把握中国国情。在国际上,既有中国共产党成功破除西方国家"西化""分化"的有益经验,也有长期困于"中国威胁论""中国责任论"的深刻教训。中华人民共和国成立以来,在完善和巩固中国特色社会主义制度、推进国家治理体系和治理能力现代化进程中,既有弥足珍贵的经验教训,也面临严峻的现实挑战。那么,坚持马克思主义在意识形态领域指导地位之根本制度的现实状况如何?又应吸取我国特色社会主义制度建设中的哪些基本经验,面临哪些新的时代挑战?坚持马克思主义在意识形态领域指导地位之根本制度建设应坚持什么样的总体方针、总体原则,应抓住什么"关键点"?

4. 如何采取切实有效的措施推进习近平新时代中国特色社会主义思想武装全党的常态长效机制建设

"计熟事定,举必有功。"在实现"两个一百年"奋斗目标,进而实现中华民族伟大复兴中国梦的进程中,坚持马克思主义在意识形态领域指导地位的根本制度应采取切实有效的措施,推进习近平新时代中国特色社会主义思想武装全党的常态长效机制建设,措施必须周详、对策必须得当。这涉及四个方面的问题:从理论评价看,习近平新时代中国特色社会主义思想的原创性贡献是什么?从价值定位看,健全用习近平新时代中国特色社会主义思想武装全党的常态长效机制建设的必要性和重要性是什么?从原则要求看,健全用习近平新时代中国特色社会主义思想武装全党的常态长效机制建设的根本原则和具体要求有哪些?从具体措施看,健全用习近平新时代中国特色社会主义思想武装全党的常态长效机制,具体包括哪些常态长效机制?

5. 如何完善优化意识形态工作责任制，以坚持马克思主义在意识形态领域指导地位的根本制度

坚持马克思主义在意识形态领域指导地位的根本制度，必须以牢牢掌握领导权、管理权、话语权为尺度，以主导权为标准，以人民的认同性为归宿，遵循马克思主义在意识形态领域领导地位之根本制度的历史逻辑、理论逻辑与实践逻辑，以完善优化意识形态工作责任制为抓手，进而呈现新时代马克思主义意识形态建设所具有的品质，彰显马克思主义在意识形态领域指导地位的根本制度的良好效应。那么，完善优化意识形态工作责任制，要进一步回答如下问题：为什么要完善优化意识形态工作责任制，即其重要性如何体现？当前落实意识形态工作责任制的主要制约因素有哪些？面对以上主要制约因素该采取什么措施，即完善优化意识形态工作责任制的基本路径是什么？

（二）当前意识形态的发展与变化

进入 21 世纪以来，全球化逐渐朝着一体化的方向发展，但是并未形成，仍处于这一阶段之中。全球化的影响不仅体现在经济、政治上，还体现在思想文化上。各国的文化呈现多样化状态，文化是一个极其复杂的概念，迄今为止关于"文化"的定义超过两百多个，包含价值观、道德理念、意识形态等。这些体现在人们的日常生活中，久而久之形成了民众的信仰。处于世界各种文化相互影响的全球化中，文化之间的借鉴和碰撞越来越明显，由此产生了一系列的文化安全问题。加强马克思主义的话语权建设，维护马克思主义在意识形态建设中的主体地位是当务之急。

1. 马克思主义的主体地位受到威胁

在国际上，一些别有用心的西方资本主义国家对中国实行和平演变政策，企图改变中国人的价值观，这使得马克思主义在中国受到挑战。特别是以美国为代表企图分裂、西化社会主义国家的阵营，通过对其他国家价值观输出来达到目的，这是文化战争。在经济全球化过程中，一些西方发达国家凭借经济技术优势，通过网络、电视、电影等，把对象锁定为尚未有判断能力的青少年群体，给青少年灌输错误的价值观和生活理念。使得现在一些青少年抛弃中国优秀传统文化，盲目崇洋，以娱乐、享乐为主，如形成不切实际的消费观，比物质档次、穿名牌。导致党内一些党员干部无视组织纪律，脱离人民群众，追求利益和个人享乐，不能在人民群众中发挥先进表率作用，认为马克思主义可有可无，甚至觉得马克思主义是不正确的，贪污腐败，利用权职满足个人私欲。

部分民众比较茫然，没有信仰或者多重信仰，信仰功利性较强，盲目追求西方的生活观念和社会制度。这些问题反映出在一定程度上我国马克思主义信仰出现危机，当下的马克思主义信仰教育仍有不足和缺点。随着世界各国之间联系紧密，中国积极参与世界和平发展建设，但西方资本主义国家却凭借自身的一些优势掌握发展的较大主动权，针对中国崛起和中国式奇迹，继续加紧意识形态领域的斗争，提出"中国威胁论"，并肆意污蔑马克思主义。如何有效规避"修昔底德陷阱"的污名，是摆在中国共产党和中国人民面前的现实问题。此外，从国际视野上看，我们党进行马克思主义信仰建设，能够有效抵御西方和平演变阴谋对我国思想领域的干扰和破坏，维护我国意识形态安全。前面说的资本主义自由思潮实际是国际性思潮在国内的映射和回声，在整体呼应了西方的和平演变策略，一些西方资本主义国家以此为手段进行和平演变。而且，一些西方发达国家不断丑化中国，乐于宣传中国的负面新闻，手段多样不断翻新。比如，经常利用"人权""宗教"对中国说三道四，企图干涉中国内政，玩双重标准利用互联网进行意识形态战争。通过丑化中国领导人等方式，动摇中国人的社会主义意识形态。这是一场没有硝烟的战争。这些和平演变的对象不仅只是在国家层面，更是渗透到了人民群众的日常生活中去，企图通过改变人民的生活观念和思维方式达到否定中国社会主义的目的，他们还把演变的重点放在中国的青少年身上，妄图培养亲近西方的一代，实现颜色革命。认清西方和平演变阴谋的实质，通过在人民群众特别是青少年中进行持续不断的马克思主义信仰教育，坚定对中国共产党的信心，抵御错误的意识形态，牢固坚守信仰的底线。

在国内，中国的改革开放进入深水区，新的社会阶层出现，思想观念也在发生变革，致使社会思潮复杂存在，其中既有好的也有坏的，一般群众难以区分，这种现象影响着社会主义核心价值观的传播与发展。封建思想借助中华优秀传统文化的吸引力又重新出现，西方一些落后、极端思想借助互联网传入中国，荼毒广大青少年，使其价值观判断出现错误，追求错误的价值观。但是也有积极的一面，思潮的多样化日益凸显了社会主义核心价值观在综合国力竞争中的重要性。人类文化本就具有地域性的特征，在独立发展的过程中保留了各自特色，使人类文化价值观呈现多元化发展趋势。在开放的发展环境中，文化的多样化需要受到尊重，使各国在发展中呈现出相应的价值自信和文化自信。基于科技的突飞猛进，各种思想文化的交流与交融日趋频繁，而西方主导文化话语权，使全球文化趋同化，但中国的儒学文化价值观散发的深厚魅力被广泛认同。① 在西方经济发展停滞、社会问题迭出的情况下，一些儒学文化圈国家实现经济飞跃，世界开始欣赏中国优秀传统文化，开始接受和认同部分儒家文化和价值观念。站在国内的角度看，在意识形态领域的全球背景下，东欧剧变和苏联解体之后，中国成为最大最有潜力的社会主义国家，这也使得中国成为西方资本主义国家进行意识形态斗争的首先之地。以美国为代表的西方资本主义国家从未间断对中国输入价值观，企图瓦解中华民族的战斗力和凝聚力，妄想消极马克思主义在中国的主体地位，对中国共产党政权虎视眈眈，破坏中国的社会主义建设。我国社会思潮多元化发展，进行马克思主义信仰教育一刻也不能懈怠。从现实看，我国是历史上受过两千多年封建统治的国家，封建思想根深蒂固，但传统文化中也有合理的成分。而资本主义仍处在不断发展状态，社会主义的优势并没有全部展示出来甚至受到质疑，这使得一些错误的社会思潮得以生存和发展，影响我国的意识形态安全。因此必须加强马克思主义信仰教育，使广大人民群众坚定共产主义信心，发挥中华民族的优良传统，开创美好生活，用马克思主义信仰回击各种落后、反动思潮，建设安全的意识形态环境。

2. 文化渗透威胁意识形态安全

意识形态作为文化的一部分，直接影响国家文化安全。所谓意识形态安全，是"指作为一种占主导地位的国家意识形态、价值观念等免于内部或外部敌对力量的侵蚀、破坏和扭曲，从而确保其享有高度一致的合法性认同，正常发挥维护政治统治、整合社会意识和引导社会思潮功能的持续发展的稳定状态"②。马克思主义保障和指引我国的社会主义现代化建设，在众多的社会思潮中处于主体地位，是经过人民选择的意识形态。作为上层建筑的意识形态必须扎根于人民群众之中，否则就会消逝，苏联解体的一个重要原因就是意识形态信仰的崩塌。西方文化大量涌入，那些试图西化、分化中国的国家和其他敌对势力外，就是在这个时候增加了对我们的文化渗透，对国家的社会信仰体系造成了巨大的影响。其目的是颠覆中国的民主政权，消解马克思主义在中国的力量。那些诽谤或煽动、捏造的虚假性、敏感性的内容，那些恶意歪曲历史、丑化领导人

---

① 刘星亮. 习近平以人民为中心的发展思想研究 ［D］. 南宁：广西大学，2019.
② 廖胜利. 新时期社会主义意识形态建设基本经验研究 ［D］. 武汉：华中师范大学，2008：162.

的部分媒体和平台，在意识形态上误导了很多人。西方宗教渗透在最近几年甚至更直接、更广泛和逐步开放，广播电视网络和其他媒体是他们可以利用的手段，凭借这些手段，他们大力渗透西方的意识形态，企图影响广大青年党员干部的理想信念。以宗教活动为媒介渗透的对象，专注于年轻人，努力影响下一代的精神信仰。在学术界、教育界，在一些大是大非的问题上也有部分人是思想混乱的，他们宣扬资产阶级自由化思想，反对社会主义的旗帜，用着西方的社会思潮，借着改革的口号，否定社会主义现代化建设，企图否定马克思主义信仰教育，稀释马克思主义理论，认为马克思学说是过时的理论和历史虚无主义，这给文化领域带来了许多噪声，使社会信仰系统变得更复杂。

维护当代中国的意识形态安全就是维护中华民族的安全，直接讲就是要保证马克思主义必须在人民群众中有威信。目前从我国的意识形态建设看，不断加强马克思主义信仰教育建设，不断消解非马克思主义和反马克思主义的影响力，进而保证我国的意识形态正向发展。随时关注中国的社会思潮变化，把不利于人民利益的思潮扼杀在摇篮中。一些反马和非马克思主义思潮都是资本主义腐朽、落后的思想，它们共同的特征就是恶意诋毁中国共产党领袖，否定中国的丰功伟绩，危害人民的利益，阻碍社会主义现代化建设。除了民主社会主义思潮、历史虚无主义思潮和新自由主义思潮等，还有企图复辟封建主义的思潮，这种思潮鼓吹如儒家的一些落后思想的思潮，企图重新用儒学治理中国。事物发展是曲折前进的，毛泽东思想、中国特色社会主义思想是时代和人民的选择，封建主义已经是过去式，不再作为治国思想，资本主义也将过渡到社会主义。人类的发展共同指向是共产主义，这是人类发展的规律，违背社会发展规律，最终是要被时代和人民抛弃的。

3. 马克思主义信仰的现实挑战

马克思主义是与时俱进的学说，世界各国的后继者创造性地运用和发展了这一学说，积极地同本国的实际相结合，产生出马克思主义信仰的"'德国形态''苏俄—苏联形态'和'中国形态'"①。这三种基本模式都是工人阶级政党将马克思主义信仰同本国的具体国情相结合的产物，都是一种历史的客观存在，有其产生、发展和灭亡的过程及规律，受到来自外部和内部的主客观因素的影响。当下的中国形态的马克思主义信仰遭受着来自经济、政治、文化、社

---

① 谷生然. 马克思主义信仰论：和谐社会视域中的社会信仰研究 [M]. 北京：人民出版社，2015：237.

会、生态领域的现实危机和困境。中国经济社会关系的变迁对中国形态的马克思主义信仰产生了重要影响。大一定程度上，资本竞争的逐步加剧、贫富差距的日益加大、城乡二元结构的愈加严重、社会中的不稳定因素的不断积累使得经济竞争的弱势群体看不到生活发展的方向，现实问题得不到解决进而出现信仰的迷茫。

党群、军民、政群关系的局部出现紧张局面。政府与人民群众的关系、党群关系、军民关系也备受"塔西佗陷阱"学说的考验。政治领域中的最大困境在于，一些党政机关领导干部失去了为人民服务的马克思主义信仰，不再能体会与具有"甘为孺子牛"的人民公仆情怀与精神，反而把人民赋予的权力当作是自己的所有物，当作自己敛财晋升的工具，当作压迫人民群众的武器。一些部门有效监督机制的缺失、缺位，一些监督机构的不作为、慢作为，官员选聘制度的一些弊端，奖惩制度的不完善，一些党政干部的素养低下等直接造成了党群、军民、政群关系紧张。民乃国本，人民群众对公权力的不信任可能造成的直接后果是非常严重的。为此，党的十八大以来，党和国家出重拳"打老虎，拍苍蝇"，高压反腐"只有进行时，没有过去时"，巡视制度不断扩大辐射面，选人用人制度不断革新，奖惩制度不断完善，群众路线教育得到广泛开展，人民群众的满意度增加，国家的和谐稳定得到了基本保障。

现代科学技术发展激发社会矛盾。随着现代科学技术的发展，特别是进入互联网时代，人与人之间的信息交流更加便利，各种信息良莠不齐，既为人民素质提升提供了条件，也为不良社会思潮的蔓延、个人不良情绪的发泄提供了便利。同时，科技越是发达，人与人就越是疏离，越愿意囿于自己的个人空间，便会越来越冷漠。各种社会矛盾一旦有所交集，便集体指向主导的马克思主义信仰，而这时反马克思主义信仰便群拥而上力图通过变革马克思主义信仰来实现社会制度的根本变革。以苏为鉴，"苏联形态"的马克思主义信仰便是在人们的思想领域被西方价值观成功盘踞之后跌下了神坛，失去了自己的主导地位，连带苏联模式的社会主义制度也遭到毁灭性的打击。因此，通过认识继而与反马克思主义信仰进行论战是维护"中国形态"的马克思主义信仰的有效手段，是当下党和国家高度重视的一项事业。

第七章　新时代马克思主义信仰教育的实践

从马克思主义信仰教育的内容来看，其存在着诸多的误区和断裂，从而导致马克思主义信仰教育步履艰难。针对马克思主义信仰教育中存在的诸多问题，有的学者已从原则上明确地指出，在马克思主义信仰教育中，必须首先分清科学共产主义信仰与空想共产主义信仰、共产主义信仰与宗教信仰、共产主义信仰与其他世俗信仰、共产主义信仰与个人崇拜之间的本质差异①，其目的在于确立马克思主义信仰之科学性。并在此基础上，要求我们在马克思主义信仰教育之中，努力实现共产主义信仰与马克思主义理论之间的有机结合，只有这样才能真正体现出马克思主义信仰的理论性与科学性。

一、新时代马克思主义信仰教育的现实困境

当今进行马克思主义信仰教育所遭遇的最大问题，乃是时代语境的历史性变迁，这使得马克思主义信仰教育置于比以往任何时候都更为纷繁复杂的生活语境和理论、价值及文化语境之中，无疑给马克思主义信仰教育带来了前所未有的新挑战。以下以高校大学生、党员干部及新生代农民三个社会群体为例，具体深入分析新时代马克思主义信仰教育的困境。

（一）大学生群体

高校大学生是中国特色社会主义事业的建设者和接班人，大学阶段是确保大学生群体进行马克思主义信仰教育、加强马克思主义的自觉认同感的重要时期。在多元化的社会思潮中，难免有各种诱惑动摇大学生的理想信念，因此，坚定马克思主义信仰，有助于大学生战胜信仰困境，克服错误思想，抵制西方

---

① 刘建军. 划清四个界限　正确把握共产主义信仰 [J]. 高校理论战线，1995（09）：25－28.

各种不良思潮的渗透，坚定不移地走中国特色社会主义道路，最终担负起实现中华民族伟大复兴的历史使命。

1. 高校大学生的时代境遇

党的十九大报告中曾指出："中国梦是历史的、现实的，也是未来的；是我们这一代的，更是青年一代的。中华民族伟大复兴的中国梦终将在一代代青年的接力奋斗中变为现实。"少年兴则国兴，少年强者国强。作为最具活力与朝气的青年人，是祖国前进发展的最大动力。当代青少年信仰什么主义，坚定什么立场，影响着祖国未来前进的动力和方向。在经济、文化等各领域全球化的当下，多元文化不断地冲击着青少年的认知，或陈腐或极端的思想渐生苗头，国外的"和平演变"虎视眈眈。在这种情况下，对于青少年如何看待马克思主义，青少年如何理解马克思主义，青少年是否仍坚持信仰马克思主义等问题必须予以高度关注。当代青少年应当坚定马克思主义信仰，敢于同错误的思想观念做斗争，敢于表明自己的立场，动员社会各阶层人民共同信仰马克思主义，共同坚定正确的政治立场，并在斗争与动员中坚定理想信念，不断提升自我，进一步将马克思主义理念坚持到底。为达到这一目的，应当认清现状，看清困境，分析困境，寻求解决途径。在青少年坚定自我信念、坚定马克思主义、弘扬马克思主义精神的同时，社会各界共同努力为其披荆斩棘，扫清障碍，共同为实现共产主义远大理想和中国特色社会主义共同理想而奋斗。

高校大学生作为当代青少年群体中的中坚力量，在引领青少年群体坚定信念、争做时代先锋的同时，自身也面临着种种思想上的困境，也曾有过彷徨迷茫的人生低迷时刻，也曾面临着就业时理论与实际如何相接的痛苦茫然。诚然，高校大学生是敌对势力想要侵蚀的主要对象，是多元文化重点冲击对象，面临着许多从前所未有的困境。但是历史洪流滚滚向前，高校大学生是推动时代发展的中流砥柱，有自己独立的思维方式习惯，应当认清时代课题，承担起责任，担当起使命，信仰马克思主义，传播马克思主义，践行马克思主义，迎难而上，引领青少年做时代的先锋，为马克思主义的传播、为祖国的发展贡献力量。

在高校大学生为理想为祖国而奋勇向前的同时，仍需弄清当前高校大学生所面临的信仰困境主要有哪几个方面，具体是什么，造成信仰困境的原因有哪些，除了高校大学生本身须坚定马克思主义信仰之外是否有其他因素在困扰侵蚀着高校大学生的信仰，这些因素是什么，如何应对。只有解决这些问题，高校大学生才可以在提升发展马克思主义信仰的道路上无后顾之忧，一往无前。

2. 调查研究

为正确认识到当代高校大学生所面临的困境，收集以下数据进行分析。

（1）关于高校大学生本身的马克思主义信仰情况

①大学生对马克思主义的了解情况

对于"是否了解真正的马克思主义"这一问题，有85%的大学生认为"了解"，13%的大学生认为"不太了解"，2%的大学生认为"不了解"。（图7－1）

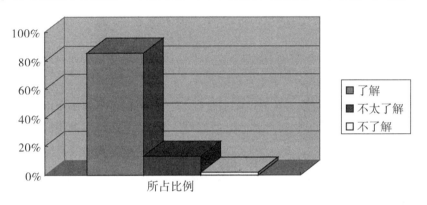

图7－1　大学生对马克思主义的了解情况

②大学生对马克思主义科学性的看法

对于马克思主义科学性的看法，46%的大学生认为马克思主义科学性主要体现"马克思主义揭示了历史发展规律"，42%的大学生认为"马克思主义体现了科学真理性和人民利益价值性"，7%的大学生认为"马克思主义体现人的超越性，彰显了人的自由主体性"，5%的大学生认为"马克思主义把人对终极关怀的渴望从虚幻的宗教信仰中解放出来"。（图7－2）

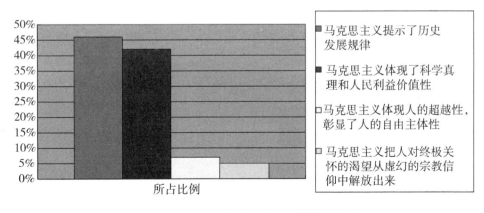

图7－2　大学生对马克思主义科学性的看法

③大学生对"马克思主义信仰"一词的看法

对于"马克思主义信仰"一词的看法问题，52%的大学生对"马克思主义信仰"的第一感觉是"人人都需要"，有36%的大学生认为是"一种科学"，选择"宗教""神秘感""不清楚"的大学生分别占3%、4%、3%，选择"与我无关""其他"的大学生各占"1%"。（图7-3）

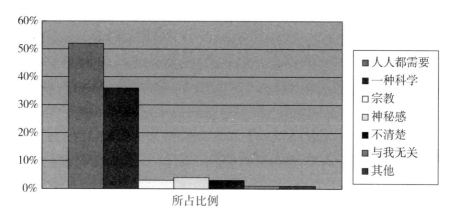

图7-3　大学生对"马克思主义信仰"一词的看法

④大学生对树立马克思主义信仰作用的看法

对于大学生树立马克思主义信仰对自身成长的帮助情况，有70%的大学生认为"帮助很大"，18%的大学生认为"有些帮助"，11%的大学生认为"一般"，仅有1%的大学生认为"没有帮助"。（图7-4）

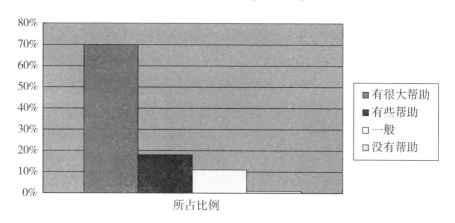

图7-4　大学生对马克思主义信仰作用的看法

由以上问题及数据可以看出，大部分大学生对马克思主义有一定的了解，认可马克思主义信仰并接受马克思主义信仰。大学生对于马克思主义科学性的理解虽各有不同，但基本上绝大多数大学生都对其持有积极向上的观点。由此可见，即便仍有小部分大学生对马克思主义信仰抱有"与我无关"的态度，但基本上大部分学生都坚定地信仰马克思主义。这不仅说明了高校大学生自身思想境界的提升，也表明了高校思想政治教育所获得的成功。

（2）影响大学生马克思主义教育信仰的主要因素

①影响马克思主义信仰教育的主要因素

"马克思主义理论魅力不足或理解不了"的占64.1%；"无法实践或缺乏亲身感受马克思主义信仰存在"的占52.9%；"思政课教师对马克思主义解读世俗化，从而影响学生对马克思主义本质理解"的占44.9%；"部分领导干部即马克思主义信仰者的不当言论和行为对学生的影响"的占43.1%；"媒体营利性地宣传一些世俗化内容而淡化马克思主义"的占32.6%；"专业课老师的言论导致学生重视专业课学习，而轻视政治理论课学习"的占20.3%。（图7-5）

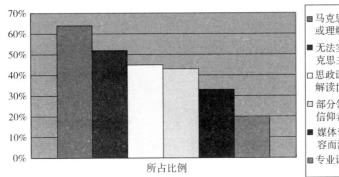

图7-5　影响马克思主义信仰的主要因素（多项排序）

②对大学生马克思主义信仰形成冲击的影响因素

"文化渗透影响大学生价值判断"的占89.9%，"通过思想渗透，宣扬'非马''反马'思潮影响大学生政治信仰"的占84.4%，"国外的理论渗透，也就是以美国为主导的西方国家对我国进行'西化''分化'"的占70.7%，"宗教渗透，特别是外来宗教的传播和一些新形态的迷信"占58.0%。（图7-6）

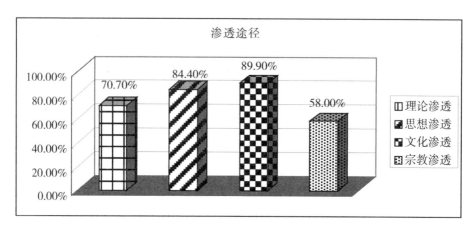

图7-6 对大学生马克思主义形成冲击的影响因素（多项排序）

③对意识形态竞争的看法

有29.7%的大学生认为"很危险，应当警惕"，有12%的大学生认为"不必担心"，有34.8%的大学生认为"可以进行比较选择"，有18.1%的大学生认为这不一定是"坏事"，还有5.4%的大学生"说不清"。（图7-7）

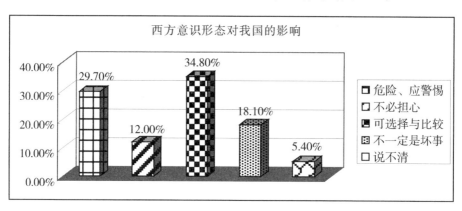

图7-7 对意识形态竞争的看法

④大学生对接受马克思主义教育方式的看法

喜欢"专家授课"方式的大学生占35%，喜欢"阅读书籍、报刊、图册等"方式的大学生占28%，喜欢"浏览微信公众号、微博客户端等平台发布信息"方式的大学生占18%，喜欢"开展先进事迹报告会"方式的大学生占9%，喜欢"观看电影、演出等"方式的大学生占10%。（图7-8）

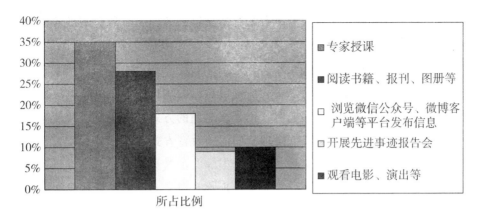

图 7－8　大学生对接受马克思主义教育方式的看法

以上问题及数据说明大学生对于马克思主义理论本质还未能完全接受和理解，高校思想政治教育体系以及教授队伍和质量仍需提升，国外的文化输出对于国内大学生的政治信仰确实产生了一定的影响，并且仅仅只有不到三分之一的大学生对意识形态之间的竞争有所重视，科技的进步使大学生对于学习了解马克思主义知识的形式多样化也产生了期待而不是只限于书本和课堂。由此说明虽然当下有多种因素影响大学生去了解、接受、信仰马克思主义，且大学生对于政治问题的敏锐度仍有缺失，但大学生普遍仍希望可以得到全面多样的有关马克思主义理论知识的教育，仍愿坚守马克思主义信仰。

3. 高校大学生马克思主义信仰教育困境

根据对以上数据的总体分析，可以清楚地认识到虽然高校大学生对于马克思主义持有积极向上的态度，但校内教育制度、社会整体环境以及国外敌对势力等因素使高校大学生在树立马克思主义信仰时陷入了困境。

（1）校内教育制度

首先，教师队伍人员配备不足，仍有部分高校思想政治理论课教师人数仍未达到教育部的配置要求。教师一人身兼数课，每日疲于上课，不仅无法保证每节课的教学质量，也没有充分的时间休息调整状态，充实自身知识储备和提升授课能力。并且教师本身还需以研究成果论职称，将有限的精力投入到学术研究之中。致使老师分身乏术，难以保证授课质量。

其次，作为思想政治理论课教师，其自身应当具备较高水平的理论素养。然而，部分教师对于马克思主义理解不足，无法给予学生正确清晰的引导，无法将理论知识通俗化、具象化、简单化，导致学生对于马克思主义中相对深奥的观点内容难以理解。久而久之，学生对马克思主义理论的知识的热忱便难以维系。

再次，灌输式的教育方式使学生只能被动接受知识，对知识死记硬背，无法真正理解马克思主义理论精髓，无法形成自己的理论观点，也就无法将知识与实际相结合。在面临实际问题时，仍是以之前的方式解决问题，致使思想政治教育失去意义。并且，传统单向理论灌输的教育方式并不符合素质教育的教育观，没有达到"以学生为主体，教师为引导"的效果，再加上马克思主义思想部分理论比较深奥，教师没能深入浅出地将其奥义准确地传达给学生，从而导致学生对马克思主义理论只知其一不知其二，对马克思主义理论本质的认知仍是一知半解。

最后，当学生认为传统灌输式教学方式陈旧，知识晦涩难懂，教师没有做到精力完全专注于课堂时，使很容易对课堂产生消极抵触心理，得过且过，不愿真正融入课堂，甚至对课程内容产生偏见，再加上大学生正处于青春期，情绪较为不稳定，容易被人煽动利用，当教育工作无法正常进行时，不法分子容易乘虚而入，教师又忙于课程和学术研究，难以及时发现问题给予指引，就极有可能致使学生对于马克思主义信仰产生动摇，甚至轻信敌对势力的谣言。

（2）高校大学生自身因素

首先，学生处于大学阶段已经有了独立的意识，希望可以早日实现自身价值，获得经济上的独立和解放，不愿再受到家庭和学校的帮助以及束缚，渴望尽早进入社会一展抱负。如果此时对于马克思主义思想的宣传教育方式不正确，极有可能引起学生强烈的排斥。

其次，处于这一阶段之中，功利主义和个人主义常常在学生中泛滥。部分学生不仅只想接受所谓有助于未来发展的教育，还急功近利要求速成，且经常夸大个人的能力，认为自身无所不能，进而缺乏团队合作精神，不愿接受马克思主义思想的教导。

最后，处于这一阶段的学生已经初步形成了个人的主体意识。当有人提出不同于自身想法的观点时常常采取不合作的态度，不会轻易改变看法，但也少有学生为此去以实际行动实践认证，常常对于问题冷处理，即表面认同，内心毫无波澜，使思想政治教育无处着手。

（3）社会整体环境

首先，社会整体环境对于学科产生的偏见根深蒂固，难以在一时之间清除。

由于工具性学科对于社会发展、国力提升带来的好处是显而易见的，而思政等课程是对于人的思想观念的指引，见效慢且成果难以凸显，致使社会常常对于思想政治教育学科存有偏见。近期在党的引导下加大了对于思政等学科的重视，党的十九届四中全会决定提出："深入实施马克思主义理论研究和建设工程，把坚持以马克思主义为指导全面落实到思想理论建设、哲学社会科学研究、教育教学各方面。加强和改进学校思想政治教育，建立全员、全程、全方位育人体制机制。"虽如此，社会对思政等学科的固有印象短期仍难以彻底扭转，仍有部分地方和高校未能严格按照中央精神落实政策，且没有在高校课程考评体系上凸显思想政治理论课程的地位，依旧重点发展工具性学科。长此以往，不仅使政府失去公信力，还可能使思政教师经历从"不被重视"到"即将被重视"再到"情况毫无改变"的心理路程，从而失去信心，对于思政教学热情减少，消极应对。

其次，改革开放在使国家强盛发展的同时，也使功利主义、拜金主义悄悄流入国内，并在极短的时间内蔓延开来。在整个社会风气发生变更时，本就处于急于证明自己、得到他人尊敬和认可阶段的大学生们极易被这种社会风气所感染，导致过度专注自身学科的专业课程，甚至是其他可以快速挣钱的通道，认为思想政治教育学科是毫无用处的。忽略了对于自身思想政治的建设，忽视了马克思主义思想对于人性的引领，进而扭曲了自身的世界观、人生观和价值观。

再次，网络的发展使学生可以自主获得知识，但也有一定弊端。今日不同于从前，中国科技的高速发展使电脑走入千家万户成为现实，手机、电脑不再是难以触及的奢侈品。并且5G技术的发展也从另一方面验证了网络科技的飞速前进。人们无须对流量的使用斤斤计较，仅仅一顿饭钱就可以使人们畅享网络的便利。由此，当大学生遇到不明晰的概念或现实问题可以及时地在网上寻求答案，而不是仅仅只能求助于教师。但也引发了一些问题，人们无法保证网络上收集的知识是正确的。大多数情况下，网络上的留言、回复也只是其他人的个人观点，在难以确保正确的同时甚至难以确保这种个人观点存在正确的价值取向。

最后，在政治、经济、文化全球化的趋势下，各种思想和文化在相互激荡与博弈中冲击着大学生的思想。大学生们开始思考到底什么才是最适合中国的发展道路、坚持马克思主义思想到底对不对等问题。从一方面来讲，高校大学生逐渐提升对社会现象的自主关注意识有利于社会的进一步发展，他们对他国文化的取长补短以及吸收中华民族优秀传统文化的精髓为社会发展注入了活力，其灵活变通的思辨能力可以加速社会问题的解决，同时也是社会进步的动力所在。但网络文化和社会盛行的思想没有经过严格的管理和筛选，加之大学生对于马克思主义思想的了解不足，其思想难免变得凌乱化和碎片化，以至于可能得出错误的答案。比如，党的十九届四中全会决定中就曾明确指出："坚持马克思主义在意识形态领域指导地位的根本制度。"说明这不是一道选择题，身为当代大学生，应当坚持马克思主义在意识形态领域指导地位的根本制度，应当明确对于党的领导、对于大是大非问题上应当坚定信仰，毫不动摇。

（4）教育媒介

对于新媒体的产生和使用应当从两方面来看：

①新媒体的运用与普及为高校马克思主义信仰教育的发展带来新契机

首先，受教育者可以及时获取信息。如微信的使用，教育者可以使用微信建群，在微信群中传送必要的文件、课件来使受教育者及时复习、预习。教育者也可以通过微信群来布置和验收作业，提高工作效率。当学生有不懂的问题需要询问教师时，教师也可以在群里统一回复或单独回复，大大节约了时间成本。并且，高校可以研发专门进行思想政治教育、传播马克思主义精神的 App或公众号，如"学习强国"和"广西青年圈"。这样做有助于受教育者在课下进行相关学习，提升知识容量和思想境界。

其次，便于采集受教育者信息。手机网络和 QQ 等软件的研发使通信更为便利。通过网络，受教育者的信息可以随时随地被收集到，这既有利于教育者和受教育者的交流探讨，使教育者可以时时刻刻对受教育者的思想进行引导，也使对于受教育者的思想方面的研究更为便捷，如只需在班群中发送调查问卷的链接，教育者就可以得到整个班级的思维动态，而无需占用课堂时间发放纸质问卷。

最后，主张个性发展、倡导自由平等的新媒体的发展使受教育者有了更为广阔的天地，QQ 的匿名功能、微信的无法查看信息和读取时间功能等都使受教育者无须瞬间给予答复，可以在网络上进行思考后畅所欲言。当受教育者面对难言之隐但又急需解答时，网络也成了可以消除顾虑搜索答案的地方。快速的匿名的方式不仅为受教育者带来便利，也使教育者可以实时得到受教育者的评论、反馈，从而制定更为合适的教育方案。

②新媒体的产生为受教育者带来困境

网络传播的广泛性、匿名性等使网络也成为社会不法分子的聚集地。如对QQ群的滥用、浏览网页时自动弹出的广告等，都在侵扰着生活于象牙塔之中的大学生。高校大学生本身对于危机意识的缺乏使他们十分容易放松警惕，被不法分子传输一些不良思想，甚至是反社会的思想。并且，网络的高速发展使距离不再成为问题，国与国之间的屏障就此打破。由此，网络成为各国舆论的聚集地。国外的敌对势力也借此散布各种歪曲的价值观和思想来侵蚀大学生的思想。除此之外，国外的敌对势力还通过新媒体败坏我国形象，以此打压中国。如在各种奢侈品的广告中让中国人扮丑、编造中国的负面新闻等。

（5）教育环境：国际国内环境新变化的双重性挑战

①国际环境新变化的挑战

我国综合国力大幅度提升，目前已成为世界第二大经济体，被推向国际舞台中央。一方面，引起国际社会对我国发展道路和发展模式的广泛关注，我国所承载的国际期待、国际责任有所加重；在苏联解体后，大部分的社会主义国家纷纷对于是否坚持社会主义道路产生了怀疑，但中国在这种危急时刻，仍坚定不移地坚信马克思主义，走中国特色社会主义道路。如今获取成就，使中国强盛的同时，也以自身经历证实了社会主义道路不仅可以走，还能走得好，并在建设自身的同时也将承载着更深厚的国际责任。另一方面，西方敌对势力不甘心看到中国发展强大，不愿看到中国的发展模式对西方模式构成威胁。他们想方设法地企图让中国衰落，曾经，西方的敌对势力就曾宣扬"中国崩溃说""中国威胁论"等，但至今我国仍发展得越来越兴盛。如今，他们仍旧想利用舆论来打压中国、击垮中国。西方敌对势力还将目标转移到大学生的身上，利用所谓"人权""民主""网络自由"的幌子，加大对高校的渗透力度，企图推销西方政治思想和价值观念，从而达到"和平演变"的图谋。当中国青年一代都无法坚定地信仰马克思主义，转投他人怀抱，西方敌对势力的目的就达到了。所以，如何抵制西方敌对势力对于中国大学生思想的侵蚀，是当下面临的困境之一。

②国内环境新变化的挑战

从国内看，即使我国的建设已经得到了一定的成绩，但我国仍处于社会主义初级阶段，正处于全面建设小康社会的关键期、深化改革开放的攻坚期、社会矛盾的凸显期，各种社会问题、热点问题仍时有发生。这些都可能会使大学生的思想信念产生动摇。大学生还不具备深度探索问题的能力，一边倒的网络舆论，片面报道的社会新闻，周围同学的一致意见都会时刻地影响着大学生自身的观点。并且，最为严重的是个别高校教师散布错误政治观点，否定社会主义制度、否定改革开放、否定历史事实的言论。这对于对教师赋予极大信任的学生而言将产生难以估量的影响。大学生年轻气盛，容易冲动行事，若凡事仅凭一腔热血，十分容易成为其他敌对势力手中的枪，将枪口指向国家和自己。并且，青少年是祖国的未来，只有青少年坚定马克思主义信仰，国家才有未来可言。除了思想上的冲击，切实关乎大学生自身的现实问题也尤为重要。高校毕业生就业难问题仍旧存在，主要原因在于：其一，随着科技进步，对于高素质高科技人才缺口增大，新旧产业的调整对其他专业产生了影响。其二，人口数量的增加，科技对于劳动力的顶替，使岗位出现僧多粥少的局面。其三，部分学生只专注于学习理论知识，对于之后的就业单位环境、人际交往无法适应。其四，有些学生只懂理论，无法将理论与实际相结合，实际工作中无法用专业知识解决现实问题。其五，高校大学生眼高手低，不愿前往基层工作等。这些因素都影响着大学生的就业问题。处于长期失业或即将失业的高校大学生，难免会有情绪波动。如何在这一时期保持对马克思主义的信仰是当前的困境之一。

（二）党员干部群体

党的信仰是一脉相传，生生不息的。自马克思主义传入中国，马克思主义所遭遇的质疑和困境也随之而来。但无论是怎样艰难困苦的环境，党员对于马克思主义的坚定信仰从未产生动摇。从第一位党员的牺牲到如今千千万万人举起手来为入党宣誓，党员干部从未屈服于时代为信仰所造就的困境。而今也是如此，只要找出问题症结所在，分析问题，解决问题，党员干部的信仰将在时代的信仰困境中磨砺出更耀眼的光芒。

1. 党员干部的时代境遇

党的十八大曾提到："对马克思主义的信仰，对社会主义和共产主义的信念，是共产党人的政治灵魂，是共产党人经受住任何考验的精神支柱。"党的十九大也曾提到："共产主义远大理想和中国特色社会主义共同理想，是中国共产党人的精神支柱和政治灵魂，也是保持党的团结统一的思想基础。"自改革开放以来，对外开放和信息全球化对党员造成的文化冲击、市场经济快速发展造成的党员干部对于经济发展的过度关注都在不同层次上影响着党员干部对于马克思主义信仰的坚守。

在自身发展中，党员干部的理想信念是否坚定决定着其是否能够存留于党员队伍之中。《中国共产党教育管理工作条例》中第六章第三十一条规定：（一）理想信念缺失，政治立场动摇，已经丧失党员条件的，予以除名；（二）信仰宗教，经党组织帮助教育仍没有转变的，劝其退党，劝而不退的予以除名；（三）因思想蜕化提出退党，经教育后仍然坚持退党的，予以除名。在社会生活中，党员干部是党员和人民群众学习的榜样。党员干部的价值观、党员干部对于马克思主义信仰的坚守直接影响着党员和人民群众的观念取向，是人民观念于时代洪流中的方向标。当党员干部的政治信念产生偏失，不仅会使人民群众的信念开始动摇，也会使政府的公信力下降，使人民群众对于政府的依赖感消失；在社会建设中，党员干部的精神信仰决定着上层建筑为人民服务的有效性。首先，当党员干部精神信仰不在，一切以自身利益为准则，陷入"拜金主义""个人主义"的旋涡，就难以抑制腐败现象的产生，从而对党和人民的利益造成极大的损害。其次，当党员干部思想信念产生偏差，开始迷信宗教，不愿以正确途径去归因解决问题，履行职务，不仅会难以真正解决问题，降低政府的行事效率，还会造成冤假错案的产生。最后，当党员产生一定程度的思维惰性，无视人民的意愿，凡事墨守成规、逃避责任，毫无疑问，这将对于社会的建设、国家的发展造成阻碍。由此可知，党员干部对于马克思主义的信仰的坚定程度，对于自身发展，对于人民大众，对于社会建设都将产生着不可忽视的影响。信仰是党员干部的灵魂，只有坚守心中的信仰，才能确定脚下的道路，才能怀揣人民的期待，才能克服前进路上的种种困难与诱惑，才能脚踏实地地干出一番无愧于自己、无愧于人民、无愧于国家和党的事业。

2. 调查研究

为正确认识到党员干部马克思主义信仰所面临的困境，收集以下数据进行分析。

（1）党员干部对马克思主义信仰了解概况

①党员干部对"马克思主义信仰"的认识情况

97.64%的被调查者表示"了解马克思主义"，1.91%的被调查者表示"不太了解马克思主义"，只有0.14%的被调查者表示"不了解马克思主义"，数据说明绝大多数党员干部对于马克思主义有一定的了解。（图7-9）

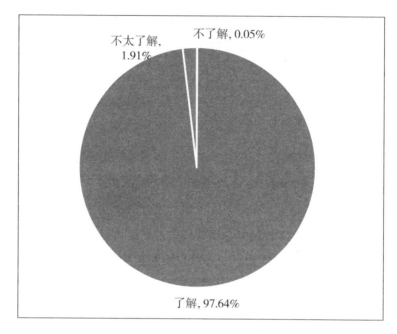

图7-9　党员干部对"马克思主义信仰"的了解情况

②对党员干部树立马克思主义信仰的主要作用看法

73.85%的党员干部认为树立马克思主义信仰的主要作用是"运用马克思主义的方法来指导工作",68.45%认为是"把握人生定向、塑造理想人格",46.75%认为是"精神统摄、价值评价、社会控制等功能",1%认为"没有任何作用"。数据说明大部分的党员干部认同并且接纳马克思主义信仰。(图7-10)

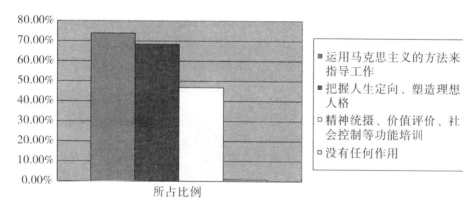

图7-10　对党员干部树立马克思主义信仰的主要作用看法

③对意识形态竞争的看法

94.7%的党员干部认为"很危险,应当警惕",有3.8%的党员干部认为"可以进行比较选择",0.1%的党员干部认为"这不一定是坏事",1.7%的党员干部"说不清"。数据说明绝大多数党员干部有对党和国家意识形态的正确认识并有对意识形态竞争的警觉意识。(图7-11)

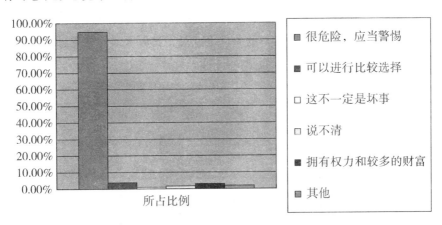

图 7-11 对意识形态竞争的看法

④对马克思主义信仰教育的建议和期望

84.26%的党员干部希望"深入政治理论学习",75.98%认为"发挥有坚定马克思主义信仰的党员干部的积极影响",84.24%希望"参加理论培训",79.25%认为"开展集体学习讨论"。(图7-12)数据说明党员干部接纳马克思主义并希望在可以进一步深入理解的同时,以对马克思主义的信仰来提升自身的工作效率。其中最受青睐的是对政治理论的深入学习。

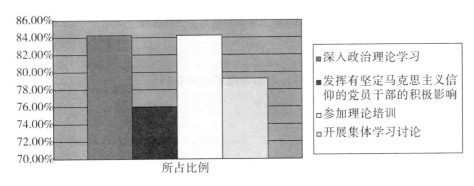

图 7-12 对马克思主义信仰教育的建议和期望

（2）影响党员干部马克思主义信仰的因素

①党员干部接受马克思主义信仰教育的方式

在"如果有机会接受马克思主义信仰教育，您比较喜欢那种教育方式"的调查中，61.84%的党员干部选"专家授课"，56.34%选"开展先进事迹报告会"，54.45%的党员干部选"浏览微信公众号、微博客户端等微平台发布信息"，23.87%"观看电影、演出等"，39.08%选择"阅读相关书籍、报刊、图册等"。由此可知，在可随意选择的条件下，对于党员干部的马克思主义信仰而言，专家授课对其影响最大。（如图7-13）

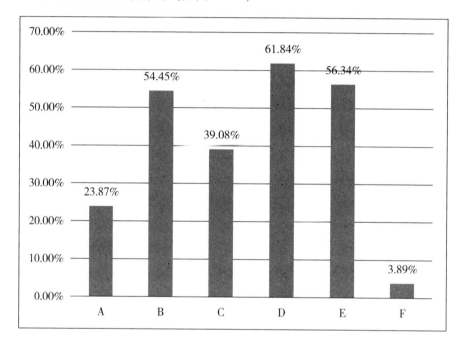

图7-13　党员干部对教育方式的选择

A. 观看电影、演出等

B. 浏览微信公众号、微博客户端等微平台发布信息

C. 阅读相关书籍、报刊、图册等

D. 专家授课

E. 开展先进事迹报告会

F. 其他

②党员干部获取信息的渠道

76.98%的党员干部选择"报纸传媒"，75.41%的党员干部选择"电视媒

体"，65.74%的党员干部选择"与人当面交谈"，52.43%的党员干部选择"手机微信微博"，12.54%的党员干部选择"贴吧论坛"，8.67%的党员干部选择"广播"，4.75%的党员干部选择"其他"。数据说明，在已有的条件下，对于党员干部的马克思主义信仰而言，报纸传媒对其影响最大。（图7-14）

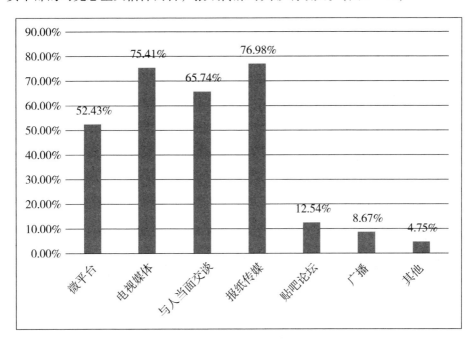

图7-14 党员干部获取信息的渠道

③业余时间，一周内阅读、研究和撰写马克思主义有关文献资料的情况

42.15%的党员干部在一周内阅读、研究和撰写马克思主义有关文献资料的时间是"每天超过两小时"，30.02%"每天不足两小时"，21.24%"每天不足1小时"，6.59%的选择"很少"。数据表明，尽管阅读书目所用时间不一，绝大多数党员干部都能做到每天阅读相关文献资料。由此，文献资料是影响党员干部马克思主义信仰的因素之一。（图7-15）

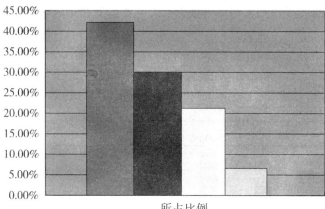

所占比例

图 7 - 15　业余时间，一周内阅读、研究和撰写马克思主义有关文献资料的情况

④党员干部对人生幸福的认识

89.86%选择"获得社会的认可"，88.9%选择"为崇高的理想而奋斗"，71.5%选择"从事自己喜爱的职业"，34.56%选择"有知心朋友"，32%的党员干部选择"有温暖的家"，10.07%的选择"拥有权力、较多的钱"。数据说明，钱财和权利仍是影响党员干部信仰的因素之一，但绝大多数党员干部有坚定的理想信念，希望可以通过坚守岗位而获得社会的认可并为崇高的理想而奋斗（图 7 - 16）

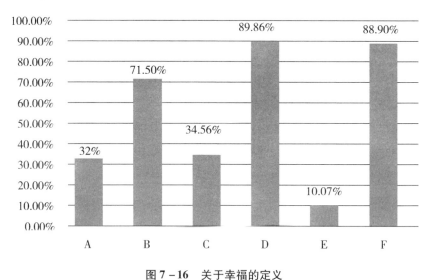

图 7 - 16　关于幸福的定义

　　A. 有温暖的家　　　　　　B. 从事自己喜爱的职业

　　C. 有知心朋友　　　　　　D. 获得社会的认可

　　E. 拥有权力、较多的钱　　F. 为崇高的理想而奋斗

　　从以上问题及研究数据可以看出，大多数党员干部对于马克思主义的认识是有一定基础的，并且愿意对马克思主义信仰进行更加深入学习和研究。但这其中仍存在着一些问题。部分党员干部对于马克思主义的理解仅仅浮于表面，无法将理论与实际相联系；有意识地进行马克思主义信仰的学习，但在意识形态问题、权利金钱与理想孰轻孰重等问题上仍存有疑虑；有计划进行马克思主义理论学习，但学习形式留存于微信推送、贴吧解说等无法保证信息全面正确的方式，且无法保证有效的学习时间，使学习成为一种形式过程，无法从其中真正得到知识。所谓党员干部的理想信念，就是应当毫不犹豫地坚信马克思主义，坚信中国特色社会主义，坚信以习近平同志为核心的党中央。习近平总书记曾强调："理想信念动摇是最危险的动摇，理想信念滑坡是最危险的滑坡①。"对于部分党员干部所出现的思想上的动摇，如果不加以查明原因及时纠正，党员干部就容易陷入思想上的迷茫，甚至误入歧途，造成违法乱纪、危害人民的严重后果。

　　3. 党员干部马克思主义信仰教育困境

　　对以上数据进行总体分析，可以看出，虽然大多数党员干部有意识地去了解并坚定自身的马克思主义信仰，并且对于党员干部所进行的马克思主义信仰教育已经形成体系，但不得不注意的是改革开放产生的影响、高科技的发展、国外敌对势力对国内有意传播的不良思想等已经悄然影响了小部分的党员干部的马克思主义信仰。

　　（1）改革开放以来市场经济的功利性

　　40 年来，改革开放在我国取得了伟大的成就。习近平在庆祝改革开放 40 周年大会上说："改革开放是我们党的一次伟大觉醒，正是这个伟大觉醒孕育了我们党从理论到实践的伟大创造。改革开放是中国人民和中华民族发展史上一次伟大革命，正是这个伟大革命推动了中国特色社会主义事业的伟大飞跃！"但同样不可否认的是，改革开放为我国经济注入活力的同时，市场经济的功利性等负面影响也随之而来，个人主义和拜金主义开始不断地侵蚀部分党员干部的政

---

① 关于新形势下党内政治生活的若干准则［EB/OL］. 新华网，2016 – 11 – 02.

治信仰。市场经济的交换原则和价值观念使部分党员干部对于金钱的概念开始产生扭曲，甚至认为金钱的力量要大于集体的利益。改革开放后政策对于经济的倾斜、政绩对于经济的重视使部分党员干部对于金钱开始有了与之前不同的定义，金钱在这部分党员干部眼中不仅拥有着金钱本身的力量，还意味着政绩的突出和权利的提升。另外，经济的发展离不开企业的生产，而随着改革开放的一步步推进，国有企业的发展也进入了腾飞的阶段。那么，在国有企业中起到导向指引作用的党建组织的信仰坚定就显得尤为重要。然而，在将重心放在经济发展的同时，为将日常生产放于第一位，一些党建党组的工作渐渐趋于淡化、边缘化，对于党员干部的马克思主义信仰的教育也日渐松懈。致使唯"物"主义倾向愈加严重，价值观念愈加"物化"。除此之外，由市场经济的功利之风所带来的贪污腐败的加剧同样也影响着一些党员干部的政治理想的确立。对于贪污腐败的党员如果不及时发现并加以惩处，并对思想加以正确的引导，其他党员干部就会很容易产生思想的动摇，或跟风或迫于上级施压，逐渐陷入贪污腐败的泥沼之中。

（2）党员干部自身思想、能力的不成熟

由于马克思主义理论所蕴含的哲理和意蕴深远，一些党员干部由于理论基础不扎实，难以对马克思主义理论理解透彻，对马克思主义理论的认知仍浮于表面。再加上部分党员干部本身的意志力和价值取向仍需历练，部分青年党员干部自身人生阅历不足以将理论充分与实际相结合等，这些都导致了在对外开放的条件下，大量多元的思想涌入我国时，部分党员干部对如拜金主义和个人主义等不良思想有意无意地产生轻信、偏信的情况。致使他们在处理个人与集体的关系、金钱与权力的关系发生偏倚，过分追逐金钱和权力，淡忘党的爱国情怀和艰苦奋斗的优秀品质，淡忘为人民服务才是其本职工作，乃至失去对马克思主义的信仰。

（3）马克思主义信仰的教育力度不足

首先，马克思主义信仰在不同的时代应有不同的内涵，应随时代的迁移而做到实时推陈出新，需将符合时代要求的新理论新思想与现实相结合，紧跟时代步伐增强马克思主义信仰的针对性和可操作性。从革命时期开始，毛泽东思想便不断地指引着党员推翻封建主义，推翻帝国主义，使人民当家做主；在社会主义现代化建设时期，邓小平理论继承和发扬了马克思列宁主义和毛泽东思想，指引党员和人民进行改革开放等一系列的政策实施；随后的"三个代表"

重要思想和科学发展观的先后确立，为党和人民指引了前进的方向，也使得马克思列宁主义在中国化的过程中逐渐系统化；习近平新时代中国特色社会主义理论的确立，是马克思主义中国化的最新成果，不仅进一步使马克思主义中国化进程得以完善，同时顺应时代环境的变化，为党员干部奠定理想信念的理论基础，为党员干部指明信仰方向，为党员干部明确历史使命。但仅仅有充分的理论知识是不够的，还需将理论与实际联系起来。一些地区和部门的党的思想教育罔顾时代的发展，仍继续机械地套用一些所谓的马克思主义语言，对马克思主义进行断章取义的教育，不仅枯燥无味还脱离实际，在一定程度上误导党员干部，使马克思主义信仰教育难以为继。

其次，不可否认，有些马克思主义理论的内容对于部分党员来讲过于深奥晦涩，要求所有党员干部通读所有的马克思主义原著并不现实。思想政治理论教育在注重理论引导的同时，还应注重将理论与当下或经典的政治热点时事相结合，提升思政教育的趣味性。如此，可以使学习马克思主义理论、培养马克思主义信仰从任务变为兴趣，也可以使党员干部切实感受到在现实案例中是如何运用马克思主义理论来处理事务，如何在各种思想潮流的冲击下运用马克思主义理论来捍卫身为党员干部的立场，如何在与同事共同处理突发事务时运用马克思主义理论来及时调整心态，摆正位置，做到与同事协同合作，共同高效快速地解决问题。并且，在思政教育中融入时政案例还可以使党员干部实时关注时事，思维跟上时代变化，逐渐适应时代语境的变迁，以崭新的眼光看待新问题。如果只一味强调理论的崇高性，而忽略其与现实的联系，那么理论永远只是空中楼阁，既起不到指引的作用，也难以使党员干部信服。

最后，党员干部的思政教育也应注重因材施教。在大众意识中，党员干部通常是已经成熟的个体，已经有了自我控制和自我辨识的能力，由此对于党员干部的思想政治教育课程设置上并不如高校思政课教育划分细致严谨。但实际上，党员干部也有不同的人生经历、不同的价值观念、不同的人际环境。党员干部也是互不相同的个体，同样需要针对独特的个体实施不同的教育方式，以达到坚定其政治信仰的目的。空洞空泛的固化模式、千篇一律的思想政治教育方式实际上是难以引起各个党员干部的共鸣的，没有情感上的认同也就无法建立坚定的信仰。并且，一旦作为成人的党员干部在潜移默化下形成错误的观念，相比青年人是更难以纠正的。因为成年人往往更相信自己的经历所得来的经验，这样的错误观念往往更加根深蒂固且具有潜藏性，难以及时发现及时引导。所以，党员干部的思想政治教育也应加大力度，拓展深度，摆脱僵硬固化的大众化教学，关注个体的思政教育，使每一位党员干部都能坚定信仰，爱党信党。

（4）宗教和迷信在党员干部中的传播

首先，在科技发展迅速的时代，对外开放在输出自身文明的同时，也使形色各异的思想也不断地涌入国内。这些思想不断冲击着党员干部的信仰，动摇着党员干部的意志。当然，国外的思想有其可取之处，不应对其一味地持以否定的态度。然而在分辨这些思想的同时，党员干部应当铭记自己的身份，坚定自己的意志，坚定马克思主义信仰，坚定党的领导。境外敌对势力常常借以高科技的发展，相隔千里也以各种现代化的方式在国内传播不良思想，意图腐蚀党员的信念。如境外敌对势力对于宗教的传播。境外敌对势力对国内宣扬其宗教的乐善好施、来世好报，有意识地传播其教宗教义，逐渐改变党员干部的观念，使党员干部的价值观念、人生信仰发生改变，难以公正客观地处理日常事务和工作。更有甚者，使党员干部从无神论者转变为其宗教的信徒，并以此对我国的党员干部加以精神控制，使党员干部成为他国敌对势力的一分子，对我国党和人民造成难以估量的损失。

其次，科技的发展不仅为境外敌对势力提供了便利的条件，也使封建迷信找到了得以喘息的空间。在社会转型的初期，根深蒂固的封建迷信思想就顽固地存留于世。转世轮回、鬼怪巫术的迷信思想在党的努力下渐渐消散，但新兴科技的出现，为人们带来便利的同时也使封建迷信以另一种形式死灰复燃。如网络星座、电脑算命等形式的网络迷信开始盛行，甚至连国外的迷信方式如塔罗牌、水晶占卜等也开始传入国内并在国内盛行。这些迷信的行为因为科技而笼罩上了"理性"的光辉，因为新潮而披上了"神秘"的外衣。不同于传统形式的迷信思想使党员干部放松戒备，一些党员怀揣着只是试试的态度和想要合群的想法在其中越陷越深。但其实无论形式发生怎样的变化，迷信就是迷信。新时代的党员干部正处于一个高速发展、文化经济全球化的时代，不可避免地会遇到各种各样披着鲜艳外衣的陷阱。这时就要求党员干部应当有明辨是非的能力、看破千种变化的火眼金睛。党员干部是党的支柱，是人们的榜样，是社会风向的指引。坚定理想信念，坚定马克思主义信仰，为人们思潮领航是党员干部不可推卸的责任。

（三）新生代农民工群体

新生代农民工是工人阶级中的主力军，是乡村与城市的连接者，是社会群体的重要组成部分,为乡村与城市的协同发展、为国家经济的飞速发展贡献了巨大的力量。因此,了解新生代农民工的马克思主义信仰程度,发现其马克思主义信仰面临的困境,加强其马克思主义信仰建设,引导其使用马克思主义理论来解决问题,有利于社会的稳定和国家的繁荣发展。

1. 新生代农民工的时代境遇

农民工一词在中国由来已久,自改革开放以来,城乡劳动力的迁移随着经济的飞速发展而浮出水面。在计划经济时期,农民不被允许离开农村发展非农产业,而改革后的市场经济则不再对此有所束缚。因此,在计划经济向市场经济发展的过程中,农民工这一群体就产生了。农民工之所以称为农民工,是因为以工人的形式在外务工的过程中,其农民的身份并未发生改变。这样特殊的身份使农民工陷入一种尴尬的境地:在乡村他们不完全属于农民的群体,在城市他们也不完全属于工人的群体,这使得农民工在进城打工时有时没有坚实的规章制度为其合法权益提供保障。通常农民工在城市内所做的工作是大多数城市内原居民不愿从事的工作,并且在日常工作时农民工需付出更多的劳动却得不到与城市内原居民相同的报酬;由于缺乏法律知识和法律意识造成了农民工无法维权问题;由于长期在外打拼造成了留守儿童问题、空巢老人问题;城内居民对于农民工的不尊重不理解造成了对农民工的轻视问题,这些都使农民工难以融入城市。尤其是更为核心的户籍问题,使得社会保障问题和农民工子女的教育问题共同构成了捆绑在农民工身上的无形枷锁,使其无法融入社会的同时对于未来的发展道路也产生了迷茫,深感负担。在切身相关的问题没有解决的情况下,对农民工的马克思主义信仰教育毫无疑问陷入了困境。

然而,随着时代的发展,农民工的问题更加复杂化。比起第一代和第二代农民工,"80后""90后"的农民工,也就是通常被称为是新生代的农民工面临着更多的生存问题,也面临着更多马克思主义信仰上的培育问题。比起第一代、第二代农民工,新生代农民工处于一个科技高速发展的时代,他们所面临的就业岗位不再仅仅对体力和时间做出要求,还有一定的技术上的要求。产业结构从低端向中高端的转变,使得农民工也需要顺应转变提升自身技能水平。另外,比起单纯在工厂做工,新生代农民工更倾向于较为灵活且更为高薪的职业,比如,近年来新兴的快递、外卖等行业。但新兴行业的"新"字决定了其在制度上的不完善,外卖、快递等行业的服务时间、工作量等问题成为新的社会热点话题。更为重要的是,比起第一代、第二代农民工而言,新时代农民工更加希望留在城市发展，希望成为城市的一分子，而不是像第一代、第二代农民那样，在城市挣钱，在农村养家，乡村是其最终的归宿。新生代的农民工奋力拼搏，其最终目的是在城市安身立命，是更加广阔的发展空间。由此，户籍等问题就更为尖锐了，当下何去何从，未来如何发展，生存和情感上的问题不断动摇着新生代农民工的马克思主义信仰，造成了农民工马克思主义信仰教育上前所未有的困境。

由国家统计局《2017 年农民工监测调查报告》可知，2017 年农民工总量达到 28652 万人，1980 年及以后出生的新生代农民工逐渐成为农民工主体，占全国农民工总量的 50.5%，比上年提高 0.8 个百分点；由《2018 年农民工监测调查报告》可知，2018 年农民工总量达到 28836 万人，其中 1980 年及以后出生的新生代农民工占全国农民工总量的 51.5%，比上一年提高 1.0 个百分点。由数据可知，虽然农民工总人数的增幅减小，但基数极大且仍处于增长的势态，并且，在农民工整个群体中，新生代农民工逐渐成为农民工群体中的主体。新生代农民工作为我国未来经济发展的主要推动者，无论从数量上还是从性质上来讲其政治信仰都对整个国家、整个社会的凝聚力产生深远的影响。因此，了解新生代农民工的马克思主义思想教育所面临的困境，灵活运用马克思主义理论方法解决困境，无论是对于新生代农民工的未来境遇还是对于国家的安定和发展都具有重要的意义。

2. 调查研究

为了准确了解新生代农民工马克思主义信仰的困境，收集以下数据进行分析。

（1）新生代农民工的马克思主义信仰现状

①新生代农民工对"马克思主义信仰"的认识情况

17.64% 的新生代农民工表示对马克思主义"了解"，62.72% 的新生代农民工表示"不太了解"，20.14% 的新生代农民工表示"不了解"（图 7 - 17）。

对"马克思主义信仰"一词的认识上，52.27% 的新生代农民工认为"人人都需要"，25% 的新生代农民工认为马克思主义信仰"是一种科学"，20.45% 的新生代农民工选择"不清楚"。（图 7 - 18）

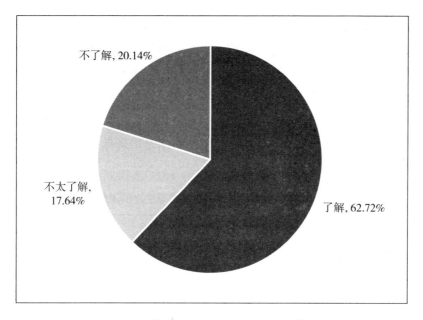

图 7 - 17 新生代农民工对马克思主义信仰的了解情况

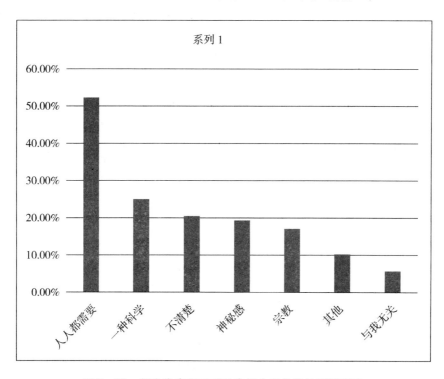

图 7 - 18 新生代农民工对马克思主义信仰的了解程度

②新生代农民工学历水平与对马克思主义了解程度交叉分析

第一，对马克思主义的了解状况中的学历分布：

选择"了解"马克思主义的，55.26% 为本科以上，20.56% 为大专毕业，13.90% 为高中毕业，9.72% 为中专或技校毕业，18.54% 为初中毕业。11.11% 为小学毕业，0% 为小学未毕业。（表7-1）

选择"不太了解"和"不了解"随着学历水平的降低也随之升高，呈波动上升趋势。

表7-1 不同学历水平的新生代农民工对马克思主义的了解程度交叉列联表

学历水平	马克思主义	了解	不太了解	不了解	总计
小学未毕业	小计	0	7	12	19
	行百分比	0%	36.84%	63.15%	100%
小学毕业	小计	4	17	15	36
	行百分比	11.11%	47.22%	41.66%	100%
初中毕业	小计	28	79	44	151
	行百分比	18.54%	52.31%	29.31%	100%
中专或技校毕业	小计	7	56	9	72
	行百分比	9.72%	77.77%	12.50%	100%
高中毕业	小计	31	165	27	223
	行百分比	13.90%	73.99%	12.10%	100%
大专毕业	小计	29	84	28	141
	行百分比	20.56%	59.57%	19.85%	100%
本科及以上	小计	21	13	2	38
	行百分比	55.26%	34.21%	5.26%	100%
总计	小计	120	421	137	680
	行百分比	17.64%	61.91%	20.14%	100%

卡方统计检验量：$\chi^2(12, N = 680) = 105.205 >> \chi^2_{0.1}(12) = 3.36$

第二，对于马克思主义对自身是否有帮助的新生代农民工调查中的学历分布：

认为很有帮助：31.57% 本科及以上的新生代农民工，13.90% 高中毕业的新生代农民工，13.90%初中毕业的新生代农民工，9.92%大专毕业的新生代农民工，5.55%中专或技校毕业的新生代农民工。（表7-2）

表7-2 不同学历水平新生代农民工对马克思主义信仰的重要性的认识交叉列联表

马克思主义信仰 / 学历水平	很有帮助要	有些帮助	一般	没有帮助	总计
小学未毕业	0	8	11	0	19
	0%	42.10%	57.89%	0%	100%
小学毕业	0	5	13	8	36
	0%	13.88%	36.11%	22.22%	100%
初中毕业	21	49	42	39	151
	13.90	32.45%	27.81%	25.82%	100%
中专或技校毕业	4	31	33	6	72
	5.55%	43.05%	45.83%	8.33%	100%
高中毕业	31	128	38	26	223
	13.90%	57.39%	17.04%	11.65%	100%
大专毕业	14	55	50	22	141
	9.92%	39.00%	35.46%	15.60%	100%
本科及以上	12	15	7	4	38
	31.57%	39.47%	18.42%	10.52%	100%
总计	82	291	194	105	680
	12.05%	42.79%	28.52%	15.44%	100%

卡方统计检验量：$\chi^2(18, N = 680) = 92.786 > > \chi^2_{0.1}(18) = 2.32$

第三，对"马克思主义信仰"认识的新生代农民工调查中的学历分布：

认为"人人都需要"：20%小学未毕业的新生代农民工，30.57%小学毕业的新生代农民工，33.33%初中毕业的新生代农民工，37.78%中专或技校毕业的新生代农民工，60%高中毕业的新生代农民工，51.22%大专毕业的新生代农民工。

认为马克思主义信仰与宗教有关：40.29%小学未毕业的新生代农民工，25.57%小学毕业的新生代农民工，23.81%初中毕业的新生代农民工，11.78%中专或技校毕业的新生代农民工，14.29%高中毕业的新生代农民工，14.36%

大专毕业的新生代农民工。(如图7-19)

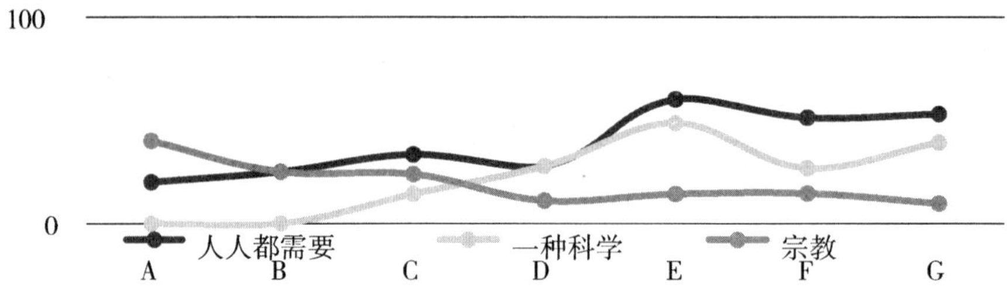

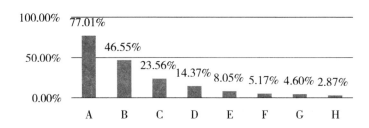

图7-19 不同学历水平的新生代农民工对马克思主义信仰的认识程度

A. 小学未毕业   B. 小学毕业

C. 初中毕业   D. 中专或技校毕业

E. 高中毕业   F. 大专毕业

G. 本科及以上

③新生代农民工对党组织、工会组织的信任度情况

在"生活中遇到困难时会找谁帮忙"调查中:77.01%的新生代农民工选择"自己解决",46.55%的新生代农民工选择"老乡或同事",14.37%的新生代农民工选择当地政府或街道等组织机构,23.56%的新生代农民工选择"(其他)亲友",8.05%的新生代农民工选择"老板",4.6%的新生代农民工选择"党组织",5.17%的新生代农民工选择"工会组织",2.87%的新生代农民工选择"团组织"。(图7-20)

图7-20 新生代农民工生活中遇到困难时会找谁帮忙

A. 自己解决   B. 老乡或同事

C. (其他)亲友   D. 当地政府或街道等组织机构

E. 老板   F. 工会组织

G. 党组织   H. 团组织

（2）影响新生代农民工马克思主义信仰的因素

①新生代农民工压力来源

在"您在工作生活期间最大的压力来自哪里"的调查中，65.14%的新生代农民工选择"经济压力"，44%的新生代农民工选择"发展前途"，38.86%的新生代农民工选择"工作压力"，还有部分新生代农民工在"人际交往""身体健康问题""家庭问题""情感问题"等方面都存在一定的压力（图7-21）。

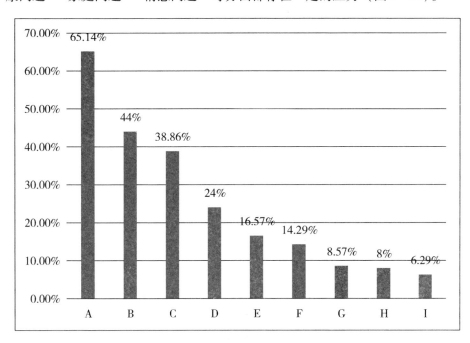

图7-21 新生代农民工压力来源情况

A. 经济压力   B. 发展前途

C. 工作压力   D. 人际交往带来的压力

E. 家庭问题   F. 身体健康问题

G. 对周围环境不适应   H. 情感问题

I. 其他

②新生代农民工职业规划情况

在"您对未来的职业规划是否明确"的调查中，53.29%的新生代农民工认为"说不准"，14.12%的新生代农民工认为"做一天算一天，走一步算一步"，7.06%的新生代农民工认为"没有想过"，25.53%的新生代农民工认为"十分

明确"。(图 7 - 22)

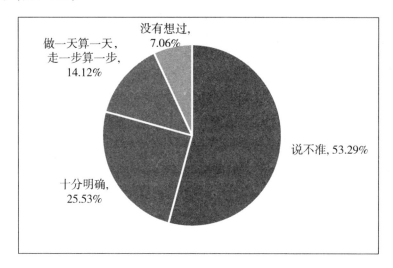

图 7 - 22　新生代农民工对职业的规划

③新生代农民工对城市生活的态度

在"您对目前的城市生活持什么态度"的调查中，42.73%的新生代农民工认为"一般"，42.16%的新生代农民工认为"比较喜欢"，"不太喜欢"和"很不喜欢"占的比例比较小。(图 7 - 23)

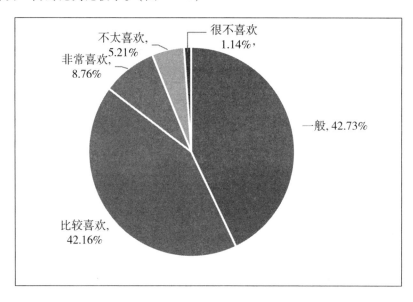

图 7 - 23　新生代农民工对城市生活的态度

④新生代农民工获取信息的渠道

在"您一般通过什么渠道获取信息"的调查中,74.14%的新生代农民工选择"手机微信微博",51.72%的新生代农民工选择"电视媒体",32.18%的新生代农民工选择"与人当面交谈",23.56%的新生代农民工选择"报纸传媒",16.92%的新生代农民工选择"贴吧论坛",10.92%的新生代农民工选择"广播",6.9%的新生代农民工选择"其他"。(图7-24)

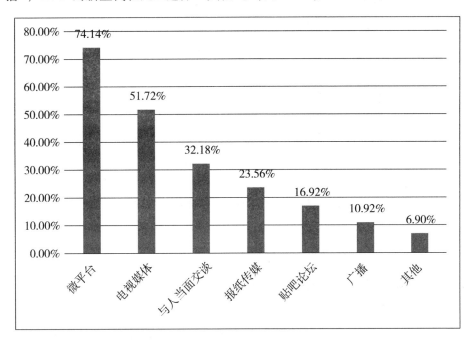

图7-24　新生代农民工获取信息的渠道

⑤新生代农民工接受马克思主义信仰教育的方式

在"如果有机会接受马克思主义信仰教育,您比较喜欢那种教育方式"的调查中,55.75%的新生代农民工选"观看电影、演出等",40.23%的新生代农民工选"浏览微信公众号、微博客户端等微平台发布的信息",39.08%选择"阅读相关书籍、报刊、图册等",接下来依次是"专家授课""开展先进事迹报告会""其他"。(图7-25)

A. 观看电影、演出

B. 浏览微信公众号、微博客户端等微平台发布的信息

C. 阅读相关书籍、报刊、图册

D. 专家授课

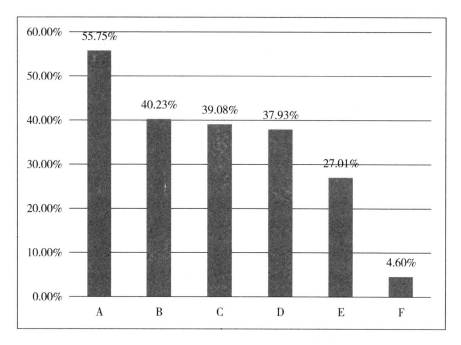

图7-25　新生代农民工对教育方式的选择

E. 开展先进事迹报告会

F. 其他

⑥用工单位对新生代农民工的培训内容

在"您参加过的用工单位员工培训内容"的调查中，64.71%的新生代农民工选择"职业技能"，21.18%的新生代农民工选择"法制教育"占，34.12%的新生代农民工选择"职业素养"，11.76%的新生代农民工选择"思想政治教育"，7.06%的新生代农民工选择"其他"。（图7-26）

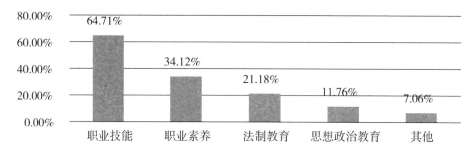

图7-26　员工培训主要内容

根据以上数据可以看出，新生代农民工的马克思主义信仰在当前的现状并不理想，只有部分的新生代农民工认为自己了解马克思主义，认为人人需要马克思主义信仰，并认为马克思主义信仰对于自身是有切实帮助的。当遇到问题时，新生代农民工大多并不会求助于党组织、工会组织。对此由数据分析可知，影响新生代农民工马克思主义信仰的因素有自身工作生活上的压力、工作岗位对于马克思主义信仰教育的忽视、来自网络的碎片化的信息等。这些因素逐渐减弱了马克思主义信仰在新生代农民工心中的地位，甚至使新生代农民工对马克思主义信仰产生误解。但即使新生代农民工马克思主义信仰面临着如此的困境，绝大多数新生代农民工对于马克思主义信仰仍持有认同的态度，并且随着新生代农民工群体中大多数成员学历的提升，马克思主义对其而言的"神秘感"逐渐消失，为这一群体对于马克思主义的理解和进一步树立马克思主义信仰提供了条件。

3. 新生代农民工马克思主义信仰教育困境

分析以上数据，可以看出即便马克思主义得到了大多数新生代农民工的认同，但仍有许多因素在影响着其在新生代农民工群体中的进一步发展，新生代农民工的马克思主义信仰的教育仍存在困境亟须解决。

（1）新生代农民工自身问题

新生代农民工自身意识不到马克思主义信仰的重要性，相比马克思主义教育，他们更注重实用技能的提升。随着产业结构从低端向中高端的转变，技能提升成为新生代农民工想要在城镇中寻觅到理想岗位的必要条件。这也使得原本在知识技能上稍显欠缺的农民工产生焦虑感，为尽快赶上时代的步伐，提升自身人力资本成为新生代农民工最为在意的问题，而不得已缩短了接受马克思主义信仰教育的时间。

自卑与自信并存，心理问题难以调节。相比于第一代、第二代农民工以及在乡村居住的居民而言，新生代农民工大都经受过良好的教育，有一定的知识储备，使其对于未来充满自信。但相比城镇居民，新生代农民工的学历普遍并不足以与城镇居民竞争，并且城镇居民所拥有的户籍、福利、社会保障、精神财富等都远胜于新生代农民工。这时新生代农民工在两种心理状态的碰撞下既不融于乡村，又不融于城镇，处于社会的边缘地带。

富有朝气但无处排解烦闷。新生代农民工大都是"80后""90后"，年轻蓬勃的朝气使其活力无限，但繁重的工作、生活的压力以及长期处于社会边缘的状态都使新生代农民工难以寻找到属于自己的社交圈，从而极易产生极端的思想。

法律意识薄弱，缺乏坚定的理想信念。新生代农民工尽管在法律意识上要胜于前代农民工，但在签订合同等问题上仍缺少保证自己合法权益的意识，并且农民工法律意识的欠缺容易致使其在与他人发生纠纷时采用暴力的方式解决问题。另外，在面对社会上存在的实用主义、功利主义等思想时抵抗力不足，往往使新生代农民工只注重眼前的利益而没有对自身的发展进行长期的规划。

既想在城镇中安身立命，有时又缺乏责任意识。第一、二代农民工进城打工，积累资金，最后回归农村发展。但新生代农民工并非如此，相较于回归乡村，他们更希望在城市中发挥更大的价值，寻求更好的发展平台。与此同时，在需要尽义务和责任时，一些新生代农民工又将自身与城市分离开来。再加上城市居民对于农民工的不尊重、不理解，导致新生代农民工更加不愿主动承担义务和责任。

（2）马克思主义信仰教育问题

马克思主义理论木身具有理论抽象、逻辑性强等特点，新生代农民工难以理解其内涵。想要新生代农民工真正读懂并运用马克思主义理论，就需要对马克思主义信仰教育方式进行改进，使用更为通俗易懂、贴近实际的方式来进行讲解。尽量使其与新生代农民工的生活相联系，并对新生代农民工的生活方式、生存环境、生活状态进行考察，使对马克思主义的讲解可以与新时代农民工的实际生活接轨，并循序渐进，逐步引发新生代农民工的学习兴趣。

新生代农民工流动性大，没有长期固定的工作时间和场所。新生代农民工通常对于新兴事物充满好奇心和探索的欲望，常常难以在一个工作岗位上长期发展，并且大多数岗位并没有为新时代农民工设置发展的空间，所以"跳槽"成了新时代农民工的生活常态。这使得马克思主义信仰教育的工作难以连贯性地开展，从而降低了教育工作的效力。

一些党政部门对于新生代农民工群体的重视不足。一些党政部门对于新生代农民工的教育没有设置预防机制，总是在问题出现后再制定政策。并且，对于新生代农民工的政策的建立大多侧重于其物质生活而忽略了其精神生活。最后，农民工的党建工作尚显薄弱。因为农民工的流动性强，难以集中管理；国家尚未出台有关农民工党建的系统的制度体系；部分农民工党员并没有党员意识，难以履行党员义务。

用工单位对于新生代农民工群体的重视不足。首先，对于用工单位而言，新生代农民工是流动的，即使对于仍在职的这一批农民工进行了马克思主义信仰教育，在下一次用工之际，难以保全还是原班人马，得不偿失。其次，对于用工单位而言，最为重要的是农民工拥有纯熟的技能，所以技能的训练才是员工培训的重点内容。最后，用工单位的党团会组织应当积极活跃起来，主动与新时代农民工沟通，实时关心监测其思想状态，及时将农民工所遇到的问题同上级汇报。

教育方式单一老旧。在科技蓬勃发展的时期，对于新时代农民工的马克思主义信仰教育方式也应随时代的潮流而更进。比如，微信推送、下载"学习强国"App 等方式都是对其及时进行教育的方式。正确利用微平台不仅可以增强农民工的政治参与，同时也对农民工的权益进行了保障，并且也兼顾到了农民工对于碎片化时间的利用。

（3）社会环境问题

制度问题。新生代农民工与城市产生隔阂无法真正融入的一个重要原因就是制度问题。新生代农民工想要真正成为城市居民的一员，就必须解决户籍问题。近年来，我国各地区相继开始招收人才，实现免费落户的政策。但即便新生代农民工的总体学历较之从前有所上升，其中具有大学本科学历的农民工仍占少数，大部分农民工难以达到标准。其户籍、社会福利、子女教育等问题仍旧存在。

传统观念问题。相较于城市，乡村对于接受过系统教育的新生代农民工的需求更大。如果新生代农民工有意向回归乡村发展家乡，这对于乡村振兴将起到巨大的促进作用。但传统的思想观念认为农村青年应当努力读书，考出乡村，进城拼搏，事业有成，荣归故里，认为一毕业就回乡村发展的青年人是得过且过、没有志向的软弱的人。长期处于这种思想观念灌输下的新生代农民工逐渐形成城市优于乡村的观念，对城市的盲目认可使其无法接受回乡发展的道路。

科技发展带来的多元思想对新生代农民工的冲击。信息时代的来临极大丰富了新生代农民工的业余生活，不仅使新生代农民工可以快速地接收各种政治信息、社会新闻，也逐渐提升了农民工政治参与的意识。网上评论的匿名功能、网络查询的快捷方便使得一个全新的世界向新时代农民工展开。新时代农民工的政治参与态度从原本的"多一事不如少一事"逐渐向自主发声过渡。农民工政治参与度逐渐提升，国家社会更为民主化，但一方面，网络信息的真实性难以保障，更有人假借微信推送、公众号等途径为博眼球而刻意宣扬夸大甚至制造假新闻以增加点击率。新生代农民工多青春年少，缺乏社会经验，难以在众说纷纭的层层假象下挖掘事实，一些新生代农民工轻易为其发声以致事态进一步恶化，谣言进一步扩散。另一方面，网络使世界各国联系更加密切，这使得国外敌对势力有了可乘之机，借以向国内宣扬不良的人生观价值观如拜金主义、享乐主义。虽然新生代农民工与第一、二代农民工相比较而言接受过较为高等的教育，但其平均受教育水平难以保证新生代农民工可以坚定马克思主义信仰，不受国内外敌对势力的蒙蔽，甚至做出有损国家利益的行为。

无论是在我国古代还是在我国经受他国蹂躏、为人民解放而战的抗日战争时期，农民这一群体从来都是革命事业的中坚力量。尤其是抗日战争时期，无数的农民、工人坚定马克思主义信仰，坚定理想信念，为中华民族的解放而不畏牺牲，奋勇向前。如今，在党和政府的领导下，新生代农民工一样可以传承先辈的爱国精神，坚定信仰，为祖国的繁荣复兴贡献力量。

二、新时代马克思主义信仰教育实践路径

新时代背景下，我国马克思主义信仰教育面临新问题、新挑战和新困境。如何实现马克思主义信仰教育的持续推进，引导教育对象树立坚定的理想信念，自觉抵御境外敌对势力的意识形态渗透，在实践中将马克思主义信仰内化于心、外化于行，实现"真知""真学""真信""真用"，是当前亟须解决的战略问题。

（一）高校大学生群体的教育路径

青年学生作为社会主义建设的后备力量，肩负着实现伟大复兴中国梦的重要责任，青年学生的思想、信仰状况直接影响着国家意识形态建设的成效。党和国家领导人在不同场合、不同时间都突出强调对青年学生开展马克思主义信仰教育的战略意义。1985 年 3 月 7 日，邓小平同志在全国科学技术工作会议闭幕会上做《一掌理想二掌纪律才能团结起来》讲话，指出"要特别教育我们的下一代下两代，一定要树立共产主义的远大理想"①。2001 年 5 月 15 日，江泽民同志在纪念中国共青团成立八十周年大会上进一步强调，"党的事业离不开青年，青年的成长更离不开党"②。胡锦涛同志强调，"各级学校和共青团组织要

---

① 中共中央文献研究室. 十二大以来重要文献选编：中册 ［M］. 北京：人民出版社，1986：659.
② 中共中央文献研究室编. 十五大以来重要文献选编：下册 ［M］. 北京：人民出版社，2003：2389.

加强对青年特别是青年学生的思想政治工作"①。习近平总书记也十分重视青年学生的教育工作，他曾说，"青年的价值取向决定了未来整个社会的价值取向……人生的扣子从一开始就要扣好"②，"中华民族伟大复兴终将在广大青年的接力奋斗中变为现实"③。

1. 强化"三认同"构建价值共识④

伴随互联网技术的飞速发展，社会热点呈现出网络化与信息化、碎片化与快餐化、娱乐化与眼球化等发展态势，直接影响高校信仰教育的及时性、针对性和时效性，无形之中加剧了新时期大学生思想政治教育的难度。习近平总书记指出："历史和现实都告诉我们，青年一代有理想、有担当，国家就有前途，民族就有希望，实现我们的发展目标就有源源不断的强大力量。中国梦是历史的、现实的，也是未来的；是国家的、民族的，也是每一个中国人的；是我们的，更是青年一代的。中华民族伟大复兴终将在广大青年的接力奋斗中变为现实。"⑤ 准确把握社会热点对当代青年大学生政治信仰变化的影响，不断增强信仰教育的成效，使大学生自觉自愿将既定政治形态价值内化于心，进而奉为个体言行实践的精神支撑，这对青年的健康成长和国家政治安定都具有十分重要的意义。

第一，提高教育的科学性，提升大学生的理论认同。社会热点对大学生政治信仰确立的影响客观存在，我们无法回避。塑造青年大学生的政治信仰，就是要不断提升其对特定政治社会形态的认知程度和认同度，实现其对该政治系统合法性的信奉和对政治指导理论的坚信，以此来影响和指导其政治行为。恩格斯曾说："我们的理论不是教条，而是对包含着一连串互相衔接的阶段的发展过程的阐明"⑥ 只有理性看待社会热点的消极影响，通过深入挖掘其影响产生的原因，寻找解决问题的突破口，从而对症下药，将影响程度降至最低才是正

---

① 胡锦涛文选. 第1卷 [M]. 北京：人民出版社，2016：42.

② 习近平. 青年要自觉践行社会主义核心价值观 在北京大学师生座谈会上的讲话 [M]. 北京：人民出版社，2014：09.

③ 中共中央文献研究室. 十八大以来重要文献选编：上册 [M]. 北京：中央文献出版社，2014：277.

④ 徐秦法，磨桂芳. 论社会热点在大学生政治信仰塑造中的价值 [J]. 继续教育研究，2016（10）：109 - 112.

⑤ 中共中央文献研究室. 十八大以来重要文献选编：上册 [M]. 北京：中央文献出版社，2014：277.

⑥ 马克思恩格斯选集：第4卷 [M]. 北京：人民出版社，2012：74.

确的应对举措。首先，提升运用马克思主义基本原理解释社会热点的能力，增强论证的说理性，以理服人。高校可以利用多方途径进行社会热点教育，通过深入分析，挖掘其实质和内涵，引导大学生理性认识和分析社会热点，有助于他们思想观念的成熟和发展，避免过激言论和行为的产生，也有利于促进思想政治教育理论与现实的有机结合，提高思想政治教育的实效性。其次，不断补充和丰富马克思主义信仰教育的教学内容。科学选取大学生集中关注的社会热点，主动将之引入课堂教学，增强马克思主义信仰教育的现实性和时代感，为教育提供鲜活的素材，丰富教育的内容。将社会热点巧妙融入马克思主义信仰教育中，不仅能使教学知识更加饱满，亦能激发学生学习热情。同时，对大学生进行社会热点教育，能促使他们主动去认识社会，去分析和了解社会主义国情，从而理解和支持党中央的大政方针政策。最后，积极改进和创新教育的方式方法。在我国传统的师生关系中，教师是处在绝对优势地位的，学生对老师怀有无限崇拜之情，将老师的话视为真理。随着社会的进步，现代师生关系虽然有所改善，但教师的优势地位依然比较明显。这样的师生关系，在一定程度上造成了个别教师忽视对自身理论水平的提高。高校应摒弃以教师为主的传统教育方式，尊重学生的主体性，重视师生互动环节，以共同探讨社会热点为契机，倾听学生心声，了解学生的现实诉求和思想动向。同时，根据不同的教学目标和要求，积极采用专题式讲授和个案式分析相结合的教学形式，也可利用微信、微博、微电影等新媒体手段进行教学。

大学生只有对真理触类旁通，对政治制度、政治目标或理想的认知从感性层面过渡到知性层面再上升到本质层面，把主观政治形态和所持有的态度、信念，转化成自身的政治追求和精神支撑，才能经受住各种风浪的考验；才能借助于马克思主义这个政治上的"望远镜"和"显微镜"来深化对党执政、对社会主义建设、对人类社会发展的认识；才能站得高、看得远，行动符合事物发展变化的客观规律；才能掌握和运用马克思主义科学理论，从而具有战略思维、创新思维、辩证思维的能力。

第二，营造良好教育环境，提升大学生的情感认同。理论认同的深化是情感认同，情感认同又是实践认同的基础。情感是人们对外界和内心世界的体验和反应，是人的心理过程不可或缺的重要环节。爱国情感是爱国主义的起点和基础，列宁同志指出："没有'人的情感'，就从来没有也不可能有人对于真理的追求。"① 爱国情感是一种理性要求，是凝聚民族力量，推动民族、国家、社会向前发展的精神动力，表现为对国家和民族前途命运的高度责任感和奉献精神。情感是动力，理性是方向。大学生只有在释放爱国情感的同时把握住行动的方向，实现爱国情感与理性爱国的有机统一，才能推动社会进步、维护社会和谐稳定大局。只有在情感上接受马克思主义，大学生才有可能进一步将之运用于指导实践，也才可能在实践中真切感受其科学性。良好的校园文化氛围可以陶冶学生的性情，感染学生的情绪。高校作为马克思主义信仰教育的主阵地，应致力于营造良好教育环境，充分发挥文化育人和典型感化的作用，不断增强大学生的情感认同。一要积极推动学校、家庭和社会协同教育模式的形成。大学生马克思主义信仰教育是一项系统的教育工程，仅凭高校的力量是远远不够的，需要融入家庭、社会的力量。高校要积极促成三方的交流与合作，通过发挥三者的合力，引导社会舆论的健康走向，营造良好社会环境，使大学生感受到社会主义和谐的大氛围。二要努力营造良好的校园文化环境。高校可以针对大学生关注的社会热点，建立专门的解析宣传板报、书刊、网络浏览页面、微信阅读窗口等，通过线上线下的主题文化专栏建设，让大学生轻松了解社会热点问题的来龙去脉，消除他们的困惑和疑虑，增强他们对社会发展前景的信心。此外，也可以将社会热点融入大学生的校园文化活动中，积极组织开展有教育意义的主题文化活动，让大学生在轻松的环境氛围中增强对马克思主义的接受度和认同度。

融入爱国情感是塑造当代青年政治信仰的基础。青年大学生只有饱含对祖国的深切情感，才能不断激发他们的爱国志向和爱国行动，才会信服并敬仰社会主义中国的政治体系及理论学说，进而将之奉为自己的精神追求和实践准则。

第三，注重实践育人，提升大学生的实践认同。实践认同是理论认同和情感认同的进一步深化，是在这两者基础上的外在表现。实践认同不仅是社会共同体成员对一定信仰和情感的共有和分享，更是共同体成员发自内心的自觉实践行为，它是凝聚社会共同体的精神力量。一种价值体系只有普遍获得社会成员的认同，才能转化为个体的自觉实践。马克思主义信仰教育的目标就在于使大学生真正理解和认同马克思主义的立场、观点和方法，并将之贯彻到社会实践中。一要将教学实践活动落到实处。高校应努力为大学生争取和提供实践锻炼的平台，把马克思主义信仰和社会制度教育融入到他们的社会实践活动中，

---

① 列宁全集：第 25 卷 [M]．北京：人民出版社，2017：117．

并抓住有利时机开展特色鲜明的主题实践活动，使大学生切身感受到马克思主义的先进性、社会主义制度的优越性，利用社会热点及时对大学生进行引导，帮助他们理顺情绪、消除困惑。二要注意对大学生进行实践引导。"立足学生全面发展，努力构建全员全过程全方位育人格局，形成教书育人、实践育人、科研育人、管理育人、服务育人长效机制，增强学生社会责任感、创新精神和实践能力"[①]，在实践教学过程中，着重培养大学生运用马克思主义立场、观点、方法分析和解决问题的能力，使他们能理性应对花样社会热点，体会到马克思主义理论在指导实践中的强大作用。在实用主义盛行的今天，大学生看不到所学知识在现实中的转化，自然提不起求知欲。因而，高校应加强实践育人环节，为大学生提供更多的社会实践机会，不断提升他们对个体政治的实践认同。可以通过校园网论坛、微信公众平台等媒介途径，实时追踪大学生对社会热点的评论，了解分析大学生的真实想法，以便从中知晓大学生的兴趣点和关注点。三要经常组织大学生进行社会热点主题讨论或辩论。高校通过网络和课堂收集学生意见，教师围绕学生意见筛选社会热点，最终选定一个热点作为讨论或辩论的主题。之后，组织学生就确定的主题进行前期的资料收集，再以讨论或辩论的形式召开以学生为主体的社会热点专题研讨会。在此期间，教师可结合实际对该热点进行详细分析和解说，以引导学生深入思考。也可以将社会热点教育融进党、团活动中，使形式更加自由，气氛更加活跃，主题选取更加灵活，进而加深学生对政治的认同。

实践证明，只有在理论上保持清醒和成熟，才能真正做到政治上的坚定和实践上的自觉。青年大学生如果没有坚定的政治信仰，就失去了理想信念和思想基础，就失去了价值追求和实践的动力，就会在各种意识形态理念面前摇摆不定，丧失鉴别和批判的能力，进而成为各种唯心主义错误思潮和资产阶级价值观的思想俘虏。只有充分利用马克思主义的理论优势去统领大学生的思想意识形态，才能增强他们对社会主义政治制度的认同感，坚定他们走中国特色社会主义道路的信心；才能使其面对任何风险不惧，不被任何干扰所惑，进一步坚定理想信念，增强为党和人民事业不懈奋斗的自觉性和坚定性。

2. 用好"第五媒介"铸造知行合一

"第五媒体"是以手机为视听终端、手机上网为平台的个性化即时信息传播

① 中共中央办公厅、国务院办公厅印发《关于进一步加强和改进新形势下高校宣传思想工作的意见》［EB/OL］．中国共产党新闻网，2015－01－19．

载体，它是以分众为传播目标，以定向为传播目的，以即时为传播效果，以互动为传播应用的大众传播媒介，也叫手机媒体或移动网络媒体。它作为一种新的媒体形态是网络化、数字化技术发展的衍生物，也使人类正式步入"传统媒体＋网络＋移动"的媒体大融合的时代。"第五媒体"在很大程度上改变了人类信息的传播方式，它在给人们提供巨大便利的同时也深刻影响着大众尤其是大学生的思想观念和行为选择。新形势下，如何突破传统方式对当代大学生进行核心价值观的培育是高校教育工作者共同面对的问题。而"第五媒体"的产生和发展对当代青年大学生价值取向的影响重大，也为我们培育青年的价值取向提供了一个契机。

第一，加强主流价值观的引导，构建价值的共识。"第五媒体"势不可当的发展趋势，给大学生核心价值观的培育工作带来机遇与挑战。高校教育工作者应顺势而为，充分认识并利用"第五媒体"的优势，坚持向广大青年学生宣扬社会主义核心价值观，使核心价值观逐渐渗透进他们学习、生活、工作的方方面面，进而影响他们的价值选择并最终于无形之中成为青年大学生的价值取向。社会主义核心价值观不是深奥晦涩的理论，它是生动的生活智慧和治国哲理，它渗透在社会的肌理之中，至微至显。要让社会主义核心价值观内化为当代大学生的精神追求，外化为他们的自觉行动。社会主流价值观承载着一个国家、民族的精神追求，体现着一个社会评判是非曲直的价值标准。只有发挥主流价值观的引导作用，才能促成健康的、积极向上的个体价值观的形成。一定时期的媒体总要表现出一定的时代主题，一个社会总要有主流价值观来汇聚民族力量，凝聚社会共识。个人价值与社会价值的统一，能够促成价值共识的形成从而推动社会稳定有序发展。以社会主义核心价值引导大学生确立马克思主义信仰和中国特色社会主义的共同理想，是大学生成长成才的内在要求，也是维护国家意识形态安全的重要保障。当代一些大学生中存在着"正性价值体系"疲软、"负性价值体系"凸显的不良倾向，在很大程度上是由于思想文化领域存在多元价值观造成的。要遏制这一不良现象的蔓延，必须巩固主流价值观的主导地位，不断扩大其社会影响力，在当前就是要大力弘扬社会主义核心价值观，维护其意识形态高地的地位。为此，应积极强化社会热点难点问题的正面引导，在尊重差异中扩大社会认同，在包容多样中形成思想共识。在以"第五媒体"快速发展为标志的网络传媒时代背景下，应该充分利用网络媒体的优势，加强核心价值观在网上的传播。总之，要不遗余力地抓住一切有利条件宣扬社会主义核心价值观，让核心价值观看得见、摸得着。

第二，加大管理与监督，铸造知行合一的思想意念。"第五媒体"既有其好的一面，必然也会存在其不好的一面，我们无须刻意回避其消极影响而夸大其积极意义，客观面对即可。当然，我们很有必要审视其负面影响，以此警醒青年大学生在使用手机媒体时务必保持理性自觉。对于"第五媒体"给大学生带来的不良影响，我们也不是只能静观其变、毫无可为。消极方面毕竟只是"第五媒体"这一矛盾统一体中的次要方面，可以人为地创造一些有利条件，使其向着好的一面转化，化不利为有利。"手机媒体"的虚拟性和匿名性表面上使人们享有了"网络民主"，实际上它同时也催生了暴力、迷信、色情等不良信息，这些不良信息对大学生的"污染"很多并非是他们所愿，这在一定程度上破坏了"网络民主"。要保障事实上的"网络民主"，给当代大学生营造一个良好的"第五媒体"环境，使他们避免不良网络信息的侵袭，健全的相关法律规章体系是根本保证。为此，在现有法律条款下，还需要制定关于信息和网络的基本法，包括监管网络系统、规范信息服务、规范电子商务、保护知识产权等内容。鉴于青年学生是网络群体的主力，十分有必要制定一部专门保护青少年免受网络信息毒害的保护法。同时，进一步推行"网络实名制"，因为实名制对企图通过网络从事不法、不道德活动的任何组织、个人都是一种威慑。营造"网络民主"的法治环境，有利于大学生免受"伪网络民主"的侵害。因此，必须积极构建全面、完整的信息网络法律法规监督体系，用制度保障"第五媒体"的正确价值导向，保证大学生正确个人价值观的形成与发展。没有统一的精神"内核"，就难形成强大的发展"合力"。形势越复杂、社会越多元、观念越多变，就越需要一种精神力量来统领、来凝聚，越需要寻找到人们认识的"最大公约数"，这一"最大公约数"于我国来说便是社会主义核心价值观。大学生社会主义核心价值观的确立是一个相互作用的过程，他们会根据自己的价值取向对社会思潮进行选择性接受，反过来社会思潮也影响着大学生的世界观、人生观、价值观这个"总开关"。这要求我们加大对"第五媒体"的管理与监督，用以制度为核心价值观的宣传扫清障碍，保证社会主义核心价值观的价值引领作用，要让核心价值观立得住、叫得响。

第三，增加媒介素养教育，寻找思想共鸣处的交汇点。随着信息社会的到来，包括互联网、手机等在内的新媒介技术的发展与应用，媒介不可避免地影响着人们的生活、学习和工作。媒介的使用，给人们带来极大便利，然而事物都具有两面性，它也带来了诸多负面影响。青年大学生是"第五媒体"的最大客户群之一，他们心智还不够成熟，对各种信息的辨别能力不高，容易受形形色色的网络不良信息牵绊而无法自拔。媒介素养教育旨在提升大学生的信息鉴别能力，它是一种从培养被动防御媒介不良影响到主动变媒介为我所用的能力教育。在当代，对青年大学生进行媒介素养教育是十分迫切和必要的。媒介素养教育应该进入高校规范化教育课程体系，抑或在有关学科中增加媒介素养教育的内容，使之成为大学生通识教育的组成部分。高校媒介素养教育应重在培养大学生适应新媒介特点的自主处理信息能力；教会大学生从外界信息载体中高效提取自己所需的有用信息；提高他们使用新媒介信息工具的能力，使之能够对获得的信息进行整理、鉴别、筛选、重组，从而提高信息使用价值；培养大学生运用新媒介及时解决实际问题的能力以及自主创新能力。当然，仅是学校重视并增加媒介素养教育是不够的，社会也要出力为大学生媒介素养教育营造良好环境，大学生自身也要提高媒介素养的自我教育意识。三管齐下，当代大学生才能更好地抵制"第五媒体"不良因素的影响，也才能更有效利用"第五媒体"帮助他们自身成长和进步。在重视媒介素养教育的同时，高校教育工作者也要深入研究新形势下理想信念教育面临的一系列新问题，正确对待社会主义发展进程中出现的曲折和失误，利用"第五媒体"的优势引导和帮助青年大学生树立正确的价值观念，用马克思列宁主义、毛泽东思想，特别是中国特色社会主义理论来释疑解惑，使青年人拥有科学的信仰和追求。社会主义核心价值观不但能够充当大学生利益的"代言人"、思想的"解惑人"，还能满足当代大学生的现实诉求，契合当代大学生的心理需要。青年大学生应该从现在做起、从自己做起，把社会主义核心价值观作为自己的基本遵循，并身体力行大力将其推广到全社会中去。

3. 用社会主义核心价值观引领树立科学信仰

习近平指出："构建具有强大感召力的核心价值观，关系社会和谐稳定，关系国家长治久安。"① 社会主义核心价值观浓缩了整个社会理想，是当代中华民族政治观念的精髓和标杆，培育必须重视和发挥政治自觉的独特优势和作用。"历史和现实都告诉我们，青年一代有理想、有担当，国家就有前途，民族就有

---

① 习近平. 习近平谈治国理政［M］. 北京：外文出版社，2014：163.

希望。"① 马克思主义信仰作为一种社会意识、一种精神，对社会存在有着反作用，是构建社会主义和谐社会的需要。以信仰的方式解决社会政治中出现的问题，在政治行为之前，就把其追求和期望的"效果"以信仰的方式融于政治活动的"动机"之中。

当前的政治危机本质上是政治信仰的危机，即马克思主义信仰的危机。其规律是："正性价值体系"越疲弱无力，"负性价值体系"越狂飙突进。改革开放和市场经济体制的确立，加剧了文化间的激荡，深刻冲击着当代大学生的文化心理和信仰选择，一些非主流的拜金主义、享乐主义、极端个人主义思想乘虚而入，各种意识形态交织，冲击着社会的主流信仰，大学生的政治观念更加多元化、多样化，发挥社会主义核心价值观在政治方面的引领作用，来改善和提升社会政治状况，就需要"坚持以理想信念为核心，抓住世界观、人生观、价值观这个总开关，在全社会牢固树立中国特色社会主义共同理想，着力铸牢人们的精神支柱"②，构建当代大学生的马克思主义信仰。社会主义市场经济把人的问题和人的价值放在核心位置，自觉理顺了人与社会的关系，有意识地去培植具有独立人格和自由而全面发展的人，但当代部分大学生人生追求目标的变化也要引起我们的重视。一是经济转型带来的利益重组所产生的文化变迁，对一些青年人的价值观念形成了冲击，使部分大学生在追求上茫然失措，悲观消极。少部分大学生的世界观、人生观、价值观面临巨大的嬗变和碰撞，在坚守传统文化与时代文化精神上不知所措。加之，竞争带来的风险、贫富差距的存在、经济与道德之间的矛盾日趋尖锐，出现了"事业上竞争不过官二代、感情上竞争不过富二代"的极端消极想法，从而思想上迷茫、心理上失衡。二是社会转型中力量变迁导致的思维方式的变化，把人的认知能力和交往方式推向一个新的领域，使部分大学生政治取向功利化。特别是改革开放以后，为了实现经济社会发展目标，在社会主义市场经济体制的建立过程中，党和政府的工作重心转向了经济领域，与此同时，人们也把主要的精力投入了经济领域，政治热情进一步降温，加之社会上各种思潮的影响与新产生的意识形态交织在一起，部分大学生在政治追求上产生了困惑。三是经济全球化使我国意识形态领

---

① 中共中央文献研究室. 十八大以来重要文献选编：上册［M］. 北京：中央文献出版社，2014：277.

② 中共中央文献研究室. 十八大以来重要文献选编：上册［M］. 北京：中央文献出版社，2014：579.

域，呈现出主导性与多样性相统一的发展局面。各种冲击社会传统及现有规范的新思想、新观念和新行为不断产生，对马克思主义在意识形态领域的主导地位产生了新的影响，导致意识形态的体制性基础安排中，价值理性和工具理性进一步失衡，造成少部分大学生马克思主义信仰和追求缺失。尤其是资本主义与社会主义在互动交流中，资本主义意识形态借助互联网等各种途径进行多元化价值观的渗透，西方意识形态和文化思潮不断涌入，在一定程度上误导了大学生的价值取向。同时高校在思想政治理论课教学中偏重言辞，缺少实践模范，从而导致少数大学生失去了政治参考的标准。

政治规范是社会主义核心价值观培育的根本保障，中共中央办公厅印发的《关于培育和践行社会主义核心价值观的意见》中要求："把社会主义核心价值观纳入国民教育总体规划，贯穿于基础教育、高等教育、职业技术教育、成人教育各领域。"也就是说培养政治情感是大学生政治行为实践的前提和基础，要依据大学生主体性人格生成规律来塑造其健康人格体系，树立政治的权威、提高失政行为的成本并加强主流意识宣传。从价值观念层面进行定位，认真考虑当代大学生的信仰取向，用信仰驱动和引导大学生的思想，以社会主义核心价值观约束大学生的行为。

一是在理论方面要利用价值观内在的主动性"软约束"作用。通过传播主流价值理念，增强大学生的认同感，以科学的态度，摒弃已被实践检验证明不符合当代社会发展的政治观念，并在实践中重新构造更加符合社会发展实际、能够适应当代社会发展的政治理念，适应社会发展进步的需要。同时利用社会主义核心价值观确立社会化、制度化的政治奖惩制度，向社会传送清晰的信号，使大学生有明确的价值判断和行为标准。以当代大学生道德信仰确立为线索，坚持以理想信念为核心，铸牢当代大学生的精神支柱，来提升当代大学生政治素养。对于违背社会主义核心价值观的行为要进行制度化的谴责和纠错，甚至惩罚，对于符合社会主义核心价值观的行为要进行奖励、宣扬。并通过弘扬马克思主义伦理思想，在日常治理中鲜明彰显社会主流价值，使正确行为得到鼓励、错误行为受到谴责，发挥"正能量"，为大学生马克思主义信仰构建营造和谐的社会环境。在加强社会主义思想道德建设同时，推进科技文化发展和思想观念创新，强化文化和教育作为手段解决当代大学生马克思主义信仰问题，以此来引导当代大学生正确认识和处理传承弘扬中华民族优秀传统文化和现代文化的关系，以社会主义核心价值观为导向，用健康的文化为大学生马克思主信仰的形成提供支撑，来进一步推动我国政治建设的进程及高校马克思主义信仰教育的创新。

二是在实际方面要发挥价值观外在的强制性"硬约束"作用。以加强社会主义市场经济的政治规范建设为中心，强化社会主义政治的凝聚功能并改善社会主义政治的教育方式。推动高校相关的教学与研究工作，探求培养大学生马克思主义信仰教育的新方法和新路径，建立相应的教育机制与模式。通过显性课程与隐性课程、正面灌输与侧面渗透的方式，寻找大学生的政治情感、政治道价激励和践行方式，完善马克思主义信仰教育内容。进一步完善激励机制和政治行为的奖惩评价制度，褒奖善行义举，实现社会治理效能与政治提升相互促进。加强对外来文化分析、鉴别，并针对大学生的认知能力，以客观、理性的态度开展马克思主义信仰教育。从具体的马克思主义信仰问题切入，有针对性地对当代大学生的马克思主义信仰进行塑造。同时改进我国高校马克思主义信仰教育的方式，跳出了传统习惯的桎梏，以新的角度审视、寻找大学生思想政治教育工作跨越式发展的动力源泉，引导当代大学生树立马克思主义信仰。进一步探求新形势下培养大学生马克思主义信仰的新方法、新路径，提高大学生马克思主义信仰教育实效性，并在一定程度上消解市场经济和社会转型对大学生群体马克思主义信仰产生的影响。

习近平总书记指出："人类社会发展的历史表明，对一个民族、一个国家来说，最持久、最深层的力量是全社会共同认可的核心价值观。"① 社会行为规范是随社会历史条件变化的，是社会活动的准则，是满足个体物质与精神需要的标准，需要不断地创新，从理念上进行引导。深入研究新形势下大学生道德方面遇到的新问题，从时代发展的视角审视，正确对待社会主义发展进程中出现的曲折和问题，引导和帮助大学生树立马克思主义信仰，用马列主义、毛泽东思想，特别中国特色社会主义理论来释疑解惑，以社会主义核心价值来引领，使当代大学生树立马克思主义信仰。②

（二）党员干部群体的教育路径

马克思主义信仰教育就是以马克思主义信仰为精神和内容，通过对马克思主义的理论、观点、方法的学习，确立马克思主义价值观和立场，从而甄别不同类

---

① 习近平．习近平谈治国理政［M］．北京：外文出版社，2014：168.
② 徐秦法，磨桂芳．论社会热点在大学生政治信仰塑造中的价值［J］．继续教育研究，2016（10）：109－112.

型的信仰特质、差异，塑造对于共产主义信仰的信念与信心，并通过对各种信仰体系的比较，凸显马克思主义的客观性和真理性，进而突出马克思主义信仰的理论与现实价值取向。新形势下，教育引导党员干部以马克思主义指引方向，时刻把理想信念作为共产党人精神上的"钙"，用坚定理想信念炼就"金刚不坏之身"，"姓马"是前提，"信马"是基础，"用马"是关键。党员干部只有深刻领悟马克思主义内涵和方法，运用到中国现代化建设中，才能使马克思主义发挥出巨大作用。要使党员干部从"姓马"到"信马""用马"，加强马克思主义信仰教育是其应有之义。只有"把学习掌握马克思主义理论作为看家本领，深入学习马克思列宁主义、毛泽东思想，深入学习邓小平理论、'三个代表'重要思想、科学发展观，深入学习十八大以来党的理论创新成果，不断领悟，不断参透，做到学有所得、思有所悟，注重解决好世界观、人生观、价值观这个'总开关'问题，真正做到对马克思主义虔诚而执着、至信而深厚"①，才能使马克思主义在党员干部中内化于心、外化于行，才能不断提高党员干部科学执政的水平，在纷纭复杂的新时代下永葆党的先进性与纯洁性，才能使其拥有共同的信念，将全国人民的力量凝聚在一起，使其团结一心，共同推进中国梦的实现。②

1. "姓马"是前提：以马克思主义指引方向

党员干部要时刻牢记自己"姓马"，就需要通过不断学习，来增强对"姓马"的归属感和自豪感。"忽视了马克思主义所指引的方向，学习就容易陷入盲目状态甚至误入歧途，就容易在错综复杂的形势中无所适从"③，甚至表面对马克思主义说得头头是道，实际上却是"不信科学信迷信，不信马列信鬼神"。

第一，学习党章党规，增强底线意识。底线是党员干部做人做事的警戒线，不可踩、更不可越。习近平总书记在对"两学一做"学习教育的重要指示中强调，要"把做人做事的底线划出来"，并明确要求党员干部要坚守"四条底线"，即法律底线、纪律底线、政策底线、道德底线。"党章就是党的根本大法，是全党必须遵循的总规矩"④，是党员的第一行为准则。党章规定了党员的权利

---

① 中共中央文献研究. 十八大以来重要文献选编：中册 [M]. 北京：中央文献出版社，2016：241.

② 徐秦法，刘畅. 从"姓马"到"信马""用马"——论新时代下党员干部马克思主义信仰教育 [J]. 广西社会科学，2018（08）：21-25.

③ 习近平在中央党校建设校80周年庆祝大会暨2013年春季学期开学典礼上的讲话 [N]. 人民日报，2013-03-03（01）

④ 习近平. 认真学习党章　严格遵守党章 [N]. 人民日报，2012-11-20.

和义务，它就像一把戒尺，使党员干部时刻规范着自身的行为。因此，党员干部只有时刻将党章党规牢记于心，才能树立"四条底线"意识。新形势下，要强化党员干部的底线意识，就"要把学习党章作为必修课，自觉遵守党章、贯彻党规、维护党章，做认真学习党章、严格遵守党章的模范"①。

党章党规是对党员干部最基本的要求和准则，规定了什么事能做，什么事坚决不能做。严守党章党规，就是要求党员干部时刻以党章党规来规范自身行为，无论何等职位，都不能逾越这条最基本的底线。近年来，一些党的高级领导干部，本可以为人民谋求更多的利益，而位高权重却忘记初心，忘记最初的誓言，跨越"雷区"，触碰"红线"，最后落入罪恶的深渊。还有部分党员干部没有认真学习党章党规，做出一些违纪的行为还浑然不知。也有党员干部入党多年，认为学习党章党规是新党员才应做的事，这是不对的。与之相反，现在很多老党员一字一句地学，采用手抄党章的方式来学习，这就是一个好现象，加深记忆的同时也增强理解。所以，要使党员干部守住底线，就要在党内形成浓厚的学习党章党规的氛围，并长期保持良性循环。不能因为以前学过就放松懈怠，不论是什么职位或身份，都要重新、重头学，反复学，带着问题学，才能使党章规定的条文内化于党员心中，成为对党的政治理想和价值追求的认可，才会在建设中国特色社会主义的道路上守住底线，不忘初心，继续前进。

第二，学习系列讲话，增强看齐意识。习近平总书记在多次讲话中都提到了看齐意识，他强调全党"必须有很强的看齐意识，经常、主动向党中央看齐，向党的理论和路线方针政策看齐"②。同时，习近平总书记还指出："要通过深入学习贯彻讲话精神，切实增强政治意识、大局意识、核心意识、看齐意识。看齐是重大政治原则，是党的力量所在、优势所在。"③ 党的十八大以来，习近平总书记对如何继续推进党和国家事业的发展做了一系列重要讲话。这些讲话是马克思主义中国化的最新成果，是习近平总书记站在历史的高度上，针对中国社会的实际情况，审时度势，创造出的新理论。各级党员干部要通过学习系列讲话来强化看齐意识，就要在思想上向党中央看齐，就要对系列讲话进行细

① 中共中央宣传部. 习近平总书记系列重要讲话读本 [M]. 北京：人民出版社，2016：120.

② 对照检查践行"三严三实"情况 讨论研究加强党风廉政建设措施 [N]. 人民日报，2015 - 12 - 30.

③ 中共中央宣传部. 习近平总书记系列重要讲话读本 [M]. 北京：人民出版社，2016：301.

致的学习，深刻理解讲话中所包含的一系列治国理政的新观点、新想法和新政策，以及党中央各项方针的重要部署，只有做到深刻理解，才能真正认同，也才会在思想上与党中央保持高度一致。

同中央保持高度一致不仅是政治要求，而且是政治纪律。"任何时候任何情况下都做到政治立场不移、政治方向不偏。"① 各级党员干部通过深入学习这些新思想和新理念中蕴含的马克思主义精髓，才能向党的方针政策看齐，向治国的各项部署看齐，向国内外形势看齐，才能将所学的知识与社会实际相结合，用发展、创新的思想分析和解决问题，才能随时向新目标、新情况、新发展看齐，把看齐意识融入思想和工作的各个方面，才不会落后于不断发展的新形势。所以，党员干部要用系列讲话精神武装头脑、指导工作、引领道路，做到"在思想上政治上行动上全方位向党中央看齐"②。

第三，学习马列原著，增强公仆意识。"立党为公，执政为民"是中国共产党所坚守的准则，党员干部要增强公仆意识，就要重新学习马列原著。恩格斯早在 1878 年就提到过，无产阶级政党掌握政权后要防止国家政党由"社会的公仆变为社会主人"，在 1891 年的《法兰西的内战》中又指出，为了避免这样的事情发生，公社采取了两个办法，第一个办法是"把行政、司法和国民教育方面的一切职位交给由普选选出的人担任，而且规定选举者可以随时撤换被选举者"③。这就表明公社人员由人民普选产生，因此要忠于人民，如果违背了人民的意愿，滥用职权，随时可以被撤换掉。第二个办法是"对所有公务员，不论职位高低，却只付给跟其他工人同样的工资"④。这也就证明共产党员的利益是与工人利益是一致的，不能用职权谋取私利，更不能因为职权而做不法勾当去增收，做损害人民利益的事。就这告诉我们，党员干部的行为要受人民监督，对人民负责，只有赋予人民做主人的权力，党员干部才能做好人民的"公仆"。可以看出，马列原著中所提到"公仆思想"要求党员干部明晰无产阶级思想，从内心培养对人民奉献的公仆意识，同时，党还要在法律上对党员干部进行监管，以硬性的手段来保证党的纯洁性。新时期，党员干部要增强公仆意识，仍

---

① 中共中央纪律检查委员会，中共中央文献研究室．习近平关于严明党的纪律和规矩论述摘编 [M]．北京：中央文献出版社，2016：20 – 21.

② 中共中央纪律检查委员会，中共中央文献研究室．习近平关于严明党的纪律和规矩论述摘编 [M]．北京：中央文献出版社，2016：20 – 21.

③ 马克思恩格斯选集：第 3 卷 [M]．北京：人民出版社，1995：12 – 13.

④ 马克思恩格斯选集：第 3 卷 [M]．北京：人民出版社，1995：12 – 13.

然要"原原本本学习和研读经典著作",不能凭借一腔热血去学,要持之以恒。干事业要发扬钉钉子精神,读原著同样要发扬钉钉子精神,踏踏实实、稳扎稳打,有钻有研。同时,读原著时要充分了解当时的历史情况,马克思时期的社会背景与现在相差甚远,透彻分析马克思主义产生的时代背景,将马克思主义理论与当时情况联系在一起,才能全面掌握马克思主义。党员干部只有真正做到以实事求是的态度学习马列原著,理论联系实际,用马克思列宁主义武装头脑,以人民的利益为出发点和落脚点,才能洁身自好、明辨是非,将马列原著中关于"公仆"的思想深深地烙印在脑海中,认同在思想上,体现在行为上,才能成为人民的好公仆。

2. "信马"是基础:以马克思主义强化担当

马克思主义是中国共产党的指导思想和立党基础,作为党员干部,不但要以马克思主义为科学指导,更要信仰马克思主义,做真正的马克思主义者,并自觉做到维护马克思主义、传播马克思主义和运用马克思主义,这不仅是一种理论责任,更是一种政治担当。

首先,做马克思主义的代言人,自觉维护马克思主义。"马克思主义是我们立党立国的根本指导思想,是全国各族人民团结奋斗的共同理论基础。马克思主义的基本原理任何时候都要坚持,否则我们的事业就会因为没有正确的理论基础和思想灵魂而迷失方向,就会归于失败。"① 新形势下,在"非马"和"反马"的敌对势力面前,党员干部只有具备充分的理论根基和坚定的理想信念,才有足够的勇气去坚持、维护和发展马克思主义,敢于亮剑发声,坚决批驳错误思想、抵制错误思潮对国人思想的侵蚀,这是党员干部应有的责任与担当。党员干部坚持马克思主义的同时,更要维护马克思主义。在理论上,要强化对党员干部马克思主义理论的教育,通过读经典、听报告、集体学习和研讨等方式提升党员干部马克思主义理论水平和自身的马克思主义理论素养,并培养党员干部逐步养成自行学习马克思主义理论的习惯,不断为自身"充电"。只有具备一定的马克思主义理论基础,才有资格做马克思主义的代言人。在实践上,党员干部要有勇气与担当去维护马克思主义意识形态在我国的主导地位。这需要加强对党员干部理想信念的教育,并引导党员干部通过对马克思的学习,将理论应用到实践中去,关注现实问题,用马克思主义的辩证思维去分析问题,用马克思

---

① 江泽民文选:第3卷 [M]. 北京:人民出版社,2006:282.

主义的方法去解决现实问题，教人明辨是非，自觉抵制不良思想，使人们真正体会到马克思主义的科学性，从而愿意去拥护。所以，"党员、干部要坚定马克思主义、共产主义信仰，脚踏实地为实现党在现阶段的基本纲领而不懈努力，扎扎实实做好每一项工作，取得'接力赛'中我们这一棒的优异成绩"①。

其次，做马克思主义的信仰者，自觉传播马克思主义。邓小平同志说："我坚信，世界上赞成马克思主义的人会多起来，因为马克思主义是科学。"② 事实证明，邓小平同志的论断是正确的，马克思主义是科学的，并且经验告诉我们，对科学的认知信仰是前提，只有让党员干部对马克思主义的理论的认可上升为感情上的认同，才能做坚定的马克思主义信仰者，同时自觉传播马克思主义。马克思主义信仰教育在当下面临的形式仍不容乐观，仍有一部分人认为马克思主义本身晦涩难懂、不易理解，与现实生活关系不大，将马克思主义边缘化。加之改革开放后，在国内，社会转型期衍生出各种社会矛盾，在国际上，西方资本主义国家企图"西化"中国，使马克思主义信仰教育在我国仍然面临着严峻的考验。因此，党员干部应该肩负起传播马克思主义，构建马克思主义意识形态话语权的责任，"认真学习马克思主义理论，这是我们做好一切工作的看家本领，也是领导干部必须普遍掌握的工作制胜的看家本领"③。通过各种方式让人民了解马克思主义的思想内涵，使马克思主义深入人民群众的日常生活。同时，充分发挥文化导向作用，引导人民对马克思主义产生广泛的文化认同和价值认同，并在传播马克思主义的过程中进一步掌握马克思主义实质，坚定马克思主义信仰。

最后，做马克思主义的践行者，自觉运用马克思主义。习近平总书记在全国宣传思想工作会议上讲话时强调："新干部、年轻干部尤其要抓好理论学习，通过坚持不懈学习，学会运用马克思主义立场、观点、方法观察和解决问题，坚定理想信念。"④ 要确保党在发展中国特色社会主义历史进程中始终成为坚强领导核心，关键在建设一支宏大的高素质的干部队伍。党员干部要勤于学、敏于思，掌握贯穿于马克思主义理论特别是中国特色社会主义理论体系中的立场、观点、方法，应用到实际工作中，不断提高战略思维能力、辩证思维能力、综

---

① 习近平. 习近平谈治国理政 [M]. 北京：外文出版社，2016：153.

② 邓小平文选：第3卷 [M]. 北京：人民出版社，1993：382.

③ 习近平. 在全党大兴学习之风　依靠学习和实践走向未来 [EB/OL]. 新华网，2013 - 03 - 01.

④ 习近平. 习近平谈治国理政 [M]. 北京：外文出版社，2016：154.

合决策能力、驾驭全局能力，才能正确判断形势，解决实际问题。毛泽东同志说过："对马克思主义的理论，要能够精通它、应用它，精通的目的全在于应用。"① 想要应用马克思主义，要先精通马克思主义，在精通的基础上要去实践和应用，纸上谈兵的不是真本领。一个只会读死书的人算不上一个理论者，一个只会背诵马克思主义原理的党员干部也算不上一个合格的马克思主义者。要想做马克思主义的践行者，运用马克思主义解决实际问题，就要深入实践。将学到的理论和获取的实际信息结合起来，用马克思主义的思想方法去分析，以解决现实问题，这样才能真正做到理论联系实际。党员干部唯有掌握了理论联系实际的方法，才能自觉地用马克思主义理论去引领自己的思想，指导自己的日常生活和行为举止，真正把践行马克思主义落到实处，做到言行统一、表里如一。

3. "用马"是关键：提升马克思主义指导工作的能力

理论是行动的先导。马克思主义理论是我们党治国理政的"指南针""望远镜"和"显微镜"，党员干部只有深入系统地学习马克思主义理论，掌握马克思主义的立场、观点、方法，用好马克思主义这个"神器"，才能走得稳、望得远、看得深，从而确立坚定的共产主义信仰。

一是把马克思主义理论作为"指南针"，将马克思主义作为自己成长发展过程中的一种行动指南，指引方向。党员干部如果缺乏马克思主义世界观和方法论的修养，头脑中没有一个正确的原则做指导，面对各色各样的新问题就会不知所措，甚至分不清是非，处理不好局部与全局之间、宏观与微观之间的矛盾，就会孤立地片而地看问题、处理问题，使工作陷入凌乱状态，有时就会丧失了原则，甚至犯错误。党员干部要想真正站得高、看得远、想得深、做得准，真正具有通观全局、见微知著的能力，最重要的还要靠马克思主义理论的指导。只有将马克思主义理论作为行为准则，坚持改造客观世界与改造主观世界相统一，将学习马克思主义理论同解决自身思想作风问题相结合，用马克思主义哲学来树立正确的世界观、人生观和价值观，用政治经济学来辨别是非，识破资本主义的糖衣炮弹，用科学社会主义来坚定马克思主义信仰、坚定共产主义信仰，才能在纷繁复杂的国际国内形势中做到以不变应万变而不迷不乱，坚定自身的政治立场。党员干部要时刻将马克思主义理论贯彻到工作生活中，学习物质决定意识的原理，从客观实际中推动工作，做出科学的判断；掌握唯物辩证

---

① 毛泽东选集：第 3 卷 [M]．北京：人民出版社，1991：815.

法的根本方法，培养思辨能力，坚持普遍联系的真理，增强大局意识，提高处理复杂问题和把握重大关系的能力；掌握人民群众是历史的创造者的观点，关心群众，体恤民心，时刻心里有民众。只有这样，才能在纷繁复杂的国内国际形势中做到以不变应万变而不迷不乱，坚守自身的政治立场。

二是把马克思主义理论作为"望远镜"，透过马克思主义的"眼睛"，准确把握发展的大势。党员干部要对马克思主义基本原理中的方法进行活学活用，特别要认真学习并熟练掌握矛盾分析方法和唯物辩证法，因为它揭示的是自然、社会和思维的最一般规律，提供的是分析事物的矛盾运动和发展变化的正确方法。矛盾无处不在，世界是普遍联系的矛盾统一体，矛盾既有普遍性，又有特殊性，矛盾是普遍存在的，又是有各自特点的。党员干部在分析问题时，要抓住矛盾的普遍性，更抓住矛盾的特殊性。"只有把生产力和生产关系的矛盾运动同经济基础和上层建筑的矛盾运动合起来观察，把社会基本矛盾作为一个整体来观察，才能全面把握整个社会的基本面貌和发展方向。"① 才能根据实际情况做出正确的判断。要善于总结原理中隐藏的客观规律，掌握马克思主义基本原理中联系与发展的规律体系，从质量互变规律中了解事物的基本形式和状态，了解事态本原，做到遇事沉着冷静；从对立统一规律中了解事物自我运动、自我发展的内在根据，掌握事态发展和变化的根据，做足前期准备工作；从否定之否定规律中熟悉事物运动和发展的全过程，从而预测出事态发展的趋势和走向，对整个事态的变化情况和发展状态做到高瞻远瞩、掌控全局。还要善于将理论中的规律运用到实践的发展中，掌握认识与实践的关系，要在理论的指导下进行实践创新，在实践的过程中丰富理论内涵，做到理论创新。时代在发展，要用发展的眼光去看问题，创新工作形式和方法。只有这样，才能在复杂曲折的社会现象和矛盾困惑中从容面对，做到"每临大事有静气"。

三是把马克思主义理论作为"显微镜"，学会用马克思主义的方法去透过现象看本质，准确把握各种问题的特殊性和具体性。马克思主义原理是一般规律，从国情上看，它只有与各个国家不同的特点相结合才具有意义。"正确的理论必须结合具体情况并根据现存条件加以阐明和发挥。"② 从我国改革过程上看，经济、政治、文化方面的改革各不相同，农村与城市、沿海与内陆、国企与私企等改革各有不同的特点，因此，要抓住矛盾的特殊性，做到具体问题具体分析。

---

① 中共中央宣传部. 习近平总书记系列重要讲话读本 [M]. 北京：人民出版社，2016：282.
② 马克思恩格斯全集：第 1 卷 [M]. 北京：人民出版社，1995：433.

从认识论的角度上看,这是一个主体对客体不断认识的过程。党员干部首先应处理要务虚与务实的关系。在正确理论指导下进行分析、思考和预测后必须要拿到实践中去检验和实现,只务虚不务实,只是空谈,只务实不务虚,就是蛮干,做事前善于分析形势、长远谋划,实际工作时脚踏实地、认真落实,做到虚实相长。要注重问题意识,准确抓住主要问题。在工作中既要讲两点论,又要讲重点论,善于抓住主要矛盾及矛盾的主要方面,世间万物纷纭复杂,问题多种多样,但其中很多问题的源头是一样的,解决好主要问题,其他问题也就迎刃而解,这就需要党员干部通过用马克思主义的立场分析和思考,抓住主要问题的关键所在,这样面对复杂的问题才能抓住重点,不被各种表象所迷惑。要加强对党员干部思想的引导,在头脑中树立正确的观念,使党员干部形成马克思主义思想思维的习惯,使其不单单是一句口号、一种想法,而是一种思考方式和思维模式,使运用马克思主义真正成为一种自觉。这样,在面对各种社会问题、社会矛盾,各种困难困境时才能做见微知著、未雨绸缪。

综上,党员干部只有具备了马克思主义理论素养,运用正确的立场、观点、方法分析和解决问题,才能很好地在工作中发挥应有的作用。党的十八大以来,习近平总书记在多个场合强调要加强理论工作,明确要求"将马克思主义基本理论作为领导干部的看家本领"①。"只有学懂了马克思列宁主义、毛泽东思想、邓小平理论、'三个代表'重要思想、科学发展观,特别是领会了贯穿其中的马克思主义立场、观点、方法,才能心明眼亮,才能深刻认识和准确把握共产党执政规律、社会主义建设规律、人类社会发展规律,才能始终坚定理想信念,才能在纷繁复杂的形势下坚持科学指导思想和正确前进方向,才能带领人民走对路,才能把中国特色社会主义不断推向前进。"② 实践证明,只有在理论上清醒和成熟,才能真正做到政治上的坚定和实践上的自觉。只有充分利用马克思主义的理论优势去教育党员干部,占领他们的思想意识形态阵地,才能在工作中有创造性的发展。

(三)新生代农民工群体的教育路径

农民群体在我国革命史、建设史中都是党始终团结、挂怀的对象,加强农民群众的马克思主义信仰教育也成为党的群众工作的重要环节。由于农民群体

---

① 习近平. 习近平谈治国理政 [M]. 北京:外文出版社,2014:153 – 154.
② 习近平在中央党校建校 80 周年庆祝大会暨 2013 年春季学期开学典礼上的讲话 [N]. 人民日报,2013 – 03 – 03 (01).

受教育水平较低，理论灌输教育难以取得成效，我国便在长期的历史实践中不断摸索农民群体的马克思主义信仰教育路径，将农民的马克思主义信仰教育工作渗透到农民生产生活和精神生活的各个领域中去，以此建立其对社会主义社会的信心，使其逃离封建迷信的沼泽。马克思主义是关于工人阶级和人类解放的科学理论，工人是我国社会主义建设的强大助推力，也是维护社会稳定的坚实力量，对工人阶级开展马克思主义信仰教育，引导工人阶级改造主观世界、提高政治觉悟是我国马克思主义信仰教育的基础工作。"思想政治工作是社会主义企业的内在要求"①，要保证企业坚持社会主义的性质和方向，充分加强国有企业、民营企业的党组织建设，不断加强对工人的思想建设和信仰引导。

1. 更新教育理念，把握正确的教育价值取向

开展新生代农民工马克思主义信仰教育的目的，就是使其政治上要积极拥护党的基本路线，激发他们的爱国精神，使其加强学习马列主义、毛泽东思想、邓小平理论以及习近平新时代中国特色社会主义思想，提升他们的理论素养以及改造客观世界与主观世界的能力，引导他们树立正确的世界观、科学的工作方法，正确处理个人利益和社会利益的关系、奉献与索取的关系。帮助他们树立崇高的理想信念。使他们有较强的心理素质、克服困难的毅力和高尚的审美情趣，投身于社会主义现代化强国的建设。

第一，我国是工人阶级领导的、以工农联盟为基础的人民民主专政的社会主义国家，人民是国家的主人，国家的一切权利都属于人民，不管是中国共产党的领导还是社会主义制度，无一不是人民的选择。中国共产党成立以来就十分重视工农阶级的思想政治教育，组织了多次工农运动，各地党员深入工厂、铁路和矿山进行宣传活动。因此，我们党和国家的各项政策都必须充分体现人民的利益。目前国家正处于重要战略机遇期、发展改革攻坚期、矛盾多发并存的社会转型期，新生代农民工马克思主义信仰教育的目的就是发现、化解新生代农民工在融入城市的过程中产生的影响社会和谐稳定的因素。"社会发展的根本目的是为了人的自由全面发展"②，马克思主义信仰教育要把人的发展和经济社会的发展统一起来，如果割裂了这两者的关系，马克思主义信仰教育也就否定了自己的价值。在推进城镇化的过程中，应该把"以人为本"贯彻到党的各

① 中共中央文献研究室.十三大以来重要文献选编：中册［M］.北京：人民出版社，1991：1068.
② 马克思恩格斯选集：第1卷［M］.北京：人民出版社，2012：422.

项工作的指导方针中去，同样，在城镇化中过程的新生代农民工马克思主义信仰教育也要坚持"以人为本"的理念，既要重视新生代农民工的思想问题，也要解决他们的实际问题，坚持新生代农民工自身发展与促进社会经济发展相统一，形成良性互动。而不是一刀切地把农民工群体当成落后群体去集体改造，把新生代农民工当作城市发展的劳动力甚至是工具人去看待。

第二，大多数人把马克思主义信仰教育的教育对象限定在某个群体、某种身份，自然地把社会上大部分人排除在教育范围之外。"每一种信仰，每一种社会意识形态，都无不力图在社会上加以传播，吸收更多的信仰者，从而实现其改造世界的作用。"① 纵观中外历史，西方资产阶级的信仰教育已经广泛地渗透于社会的各方面，他们个人主义的宣传已经渗透在社会政治、经济甚至法律和宗教等方面，深入人心。马克思主义作为无产阶级的世界观就是无产阶级和劳动群众改造世界的武器，在中国革命时期，中国共产党为了传播马克思主义信仰不断地对广大工人阶级和劳动群众进行马克思主义信仰教育，使他们树立共产主义信仰，为实现共产主义理想而奋斗，如果没有这种信仰教育的成功，中国的社会主义革命就不会取得胜利，也不会有现在强大的社会主义国家。目前正是建设中国特色社会主义现代化国家的关键时期，决不能丢掉信仰教育这个武器，更不能把一些社会群体排除在信仰教育之外，如对待新生代农民工这个群体，不能主观地认为这些群体教育程度不高、接受能力弱、流动性大，甚至把没有教育的场所和平台作为不对他们进行教育的借口。这同时也是我们应该重视并要解决的难题，是本文要探讨的主要问题。

第三，新生代农民工马克思主义信仰教育是思想政治教育的核心。思想政治教育的本质是马克思主义信仰教育。"解决人们的深层次的思想信念问题，并不是思想理论教育的临时任务或额外任务，而是它的根本功能和根本任务。"② 唯物主义信念是马克思主义信仰基础性、前提性的哲学观念。包括政治教育中对政治立场、政治观念和政治信念的教育也是一种信念的教育，尤其对于共产党人来说，具有坚定的政治信念和对共产主义理想的信念是核心的内容。马克思主义信仰教育是思想政治教育的升华。一般来说，思想政治教育中的道德教

---

① 刘建军. 信仰教育：马克思主义思想理论教育的本质内容 [J]. 中国人民大学学报，2000（04）：14-17.
② 刘建军. 信仰教育：马克思主义思想理论教育的本质内容 [J]. 中国人民大学学报，2000（04）：15.

育是让人懂得一些道德规范，而马克思主义信仰教育更侧重的是我们去接受这些到观念后所形成的道德信念，在思想政治教育中也有一些关于法律、纪律方面的教育，马克思主义信仰教育则更侧重法律信仰的问题，我们除了要了解法律条文和规章制度，还要形成正确的法制意识，树立对法律的信仰。①

2. 发挥基层党组织的教育核心作用

《中国共产党党程》明确规定："党的基层组织是党在社会基层组织中的战斗堡垒，是党的全部工作和战斗力的基础。"要开展新生代农民工的马克思主义信仰教育，必须要发挥基层党组织的领导作用。同时，中国共产党的执政基础是广大的工人阶级，数量庞大的新生代农民工也属于我国的工人阶级，并且是工人阶级的重要组成部分，基层党组织应该积极地融入这一群体，吸纳更多的新生代农民工加入中国共产党，加强新生代农民工党组织的管理，只有这样才能牢牢地抓住这一群体，巩固党的执政基础。在革命时期，毛泽东同志为了解决军队里思想不统一、人心浮动的现象，开始了"三湾改编"，提出了"将支部建在连上"，把党组织的触角伸到基层，使党组织和士兵之间保持双向沟通，有效地解决了军队中不断减员的问题。这为新生代农民工继承党组织建设提供了历史经验。

基层党组织与新生代农民工联系更为方便，要充分认识到新生代农民工的思想工作是推动当代马克思主义大众化，实现新生代农民工市民化中的地位和作用。一方面，基层党组织可以快速向新生代农民工传达党的政策、路线、思想，加强基层的理解；另一方面，基层组织可以向上级党政部门反映新生代农民工的工作、生活中遇到的各种问题的现实情况。开展新生代农民工马克思主义信仰教育要与帮助他们解决实际问题结合起来，同时，帮助他们解决了实际问题还要对他们进行马克思主义信仰教育，这就相当于在新生代农民工中建立了一个领导核心，把分散的人员拧成一股绳。

新生代农民工是社会现代化建设的重要力量，随着外出务工党员群体不断壮大，新生代农民工流动性加大，但基层党组织建设却很不完善，管理松散、体系混乱、教育落后等问题普遍存在，甚至一些农民工党员找不到党组织，这是各级党组织不得不研究的问题。其一，民营企业要积极组建党支部。只要有三名以上的党员就可以建立党支部，做到"哪里有党员，哪里就有党支部"，想要民营企业的党组织发挥作用，就要赢得管理层的重视和支持。上级党委定时

---

① 黄俞静. 新生代农民工马克思主义信仰教育研究［D］. 南宁：广西大学，2018.

组织民营企业管理人员外出学习借鉴先进地区党建的丰富经验，充分认识组建党支部对企业的积极作用，选好党组织负责人，加强对民营企业管理层的教育，为民营企业组建党支部给予支持和指导，有必要时可以派出专业人员进驻企业指导工作。其二，在发展党员方面，吸收表现积极的新生代农民工加入党组织，做好党员发展工作。发展党员要与企业的具体实际相结合，思想素质与工作表现相结合，要做到既有较高的思想政治素质和坚定的政治立场，也是工作中生产技术骨干。由工友、培养联系人、入党联系人、党支部委员共同把关，保证党员质量。其三，发挥党员的模范带头作用，党员的先锋模范作用不仅要体现在思想政治方面，还要体现在经济方面，加强党员信仰教育，是党组织真正成为企业经济、政治和文化发展的依靠力量。其四，加强企业文化建设，发挥先进文化的引领作用。为员工搭建活动平台，把理论转变成生动活泼的活动形式，把先进人物、先进事迹作为切入点，开展宣传报道活动，为全体员工树立旗帜、榜样。其五，在务工城市农民工聚集地建立流动党支部，流动党支部可以按照各地不同情况灵活组建。要打破地域、行业和单位之间的限制，让新生代农民工既能自由流动，又能正常参与组织生活，流出地基层党组织要依托异地党组织、单位建立的流动党组织对流出的新生代农民工党员进行管理，做到流出地、流入地党组织对流动党支部共同管理和服务，从而提高党组织凝聚力，让外出务工的党员感受到党组织的温暖。

3. 发挥工会、共青团等组织的协同作用

中国工会是中国共产党领导的职工自愿结合的工人阶级群众组织，是联系职工群众的桥梁和纽带，是国家政权的重要社会支柱，是工会会员和职工权益的代表。共青团是党的助手和后备军，履行着组织青年、引导青年、服务青年、维护青少年合法权益的职责。首先，这些社会组织要最大限度将新生代农民工吸收到自己的组织中来。转变组织观念，摆正位置，由帮助者逐渐转化为合作者，为对新生代农民思想政治教育打下良好的基础。工会在帮助职工维护自身利益的同时，要通过宣传改变新生代农民工对自身固有的认识，接纳自己的同时也接纳自己成为城市的主人。工会应为新生代农民工建立个性化档案，通过专用网络对信息进行更新，在工会系统内部实现共享。共青团组织可以通过开展各类活动吸引和影响青年。认真分析新生代农民工组织化特点，共青团应积极介入老乡会、联谊会等组织，利用这些组织了解新生代农民工的务工情况和生活情况，以亲情为纽带，开展服务工作。其次，针对新生代农民工个性化特点展开思想政治教育。农民工群体与其他社会群体的需求有很大的差异性。建立农民工工会思想政治教育小组，主要传达、解释国家新政策，同时配备心理咨询、事业咨询、法律咨询等服务，为农民工开设娱乐室和图书室，提供体育运动、娱乐活动、电影放映等，定期购入图书杂志，给新生代农民工提供免费看书学习的机会。组织农民工开展知识竞赛、体育运动、技能竞赛等活动，增强农民工的集体精神、竞争意识，从整体上提高新生代农民工的思想政治素质。2015 年 4 月 28 日，习近平总书记在庆祝五一国际劳动节暨表彰全国劳动模范和先进工作者大会上发表重要讲话时提出："要面对面、心贴心、实打实做好群众工作，把人民群众安危冷暖放在心上，雪中送炭，纾难解困，扎扎实实解决好群众最关心最直接最现实的利益问题、最困难最忧虑最急迫的实际问题。"工会、共青团等社会组织应协同起来，在为农民工提供服务的同时，深入新生代农民工群体，与他们同工作、同学习、同生活，真正了解新生代农民工的工作情况、生活状态和思想动态。收集和反映新生代农民工的诉求，发挥共青团等组织的作用，把农民工的诉求通过实地考察调研形成代表议案、建议和提案等，增加新生代农民工的政治参与意识。同时也为党组织开展新生代农民工信仰教育提供实践基础。

4. 为新生代农民工马克思主义信仰教育创造良好环境

第一，打造宽松制度环境。制度环境影响着新生代农民工马克思主义信仰教育的宏观环境。新生代农民工的各项保障制度影响着新生代农民工的生存和发展，为他们的基本生活、工作和学习提供保障。马克思主义信仰倡导每个人的全面发展，注重社会文明发展成果共享，如果新生代农民工无法维持基本的生活，就没办法专心投入生产劳动，也就无法开展马克思主义信仰教育。只有以宽松、完善的制度环境保障新生代农民工有尊严地生活，使其对工作与生活产生安全感与满意感，他们才能更好地接受教育，实现个人的全面发展。我国的城乡二元结构体系延伸到社会的各领域，如就业制度、社会保障制度等，近年来相关政策有所松动，大批农村剩余劳动力往城市转移，但是由于二元制度带来一系列的城乡差异，农民的身份得不到实质性的转变，只能演化成农民工。要解决当前新生代农民工思想政治教育工作中出现的问题，就要加强各项制度的建设，为新生代农民工思想政治教育创造良好的外部制度环境。

首先，要以户籍制度为突破口。目前，户籍制度不断改革，逐渐取消农业与非农户口界限，破题城乡二元壁垒，使新生代农民工可以凭借身份证在全国的范围内有效地转移劳动力，消除新生代农民工身份变更和居住地变更的体制性障碍，加快户籍制度与医疗、养老、就业、教育、住房等制度相脱离，为提高新生代农民工马克思主义信仰教育创造良好的外部环境。其次，改革二元社会保障体系和医疗保险制度，解决新生代农民工的后顾之忧，转变其为真正的城市居民。新生代农民工的工作大多为体力活、危险活，但报酬却和工作的强度不成正比，遇到工伤和重大疾病时很难及时得到社会的救助，这也成为他们的心理压力，加上新生代农民工思想活跃等心理特点，如果这些问题未得到妥善解决，长期积压会导致一系列的心理问题，最终会引起严重的社会问题，因此，要逐步建立完善针对农民工的社会保障制度。最后，在思想观念上消除对农民工的歧视。对农民工问题的重视不能仅仅停留在提高农民工的收入上，还要把农民工问题提高到政策的高度，使农民工在政治上、经济上、文化上与公共服务上真正融入城市。

第二，营造良好舆论环境。改革开放以来，经济全球化、政治多极化，国际环境越来越复杂，西方的一些思潮不断向我们社会主义国家渗透，削弱了信仰可信度，马克思主义信仰教育不再像过去那样有效。纷繁复杂的信息扩展了新生代农民工的视野，他们面临更多的价值选择，特别是一些错误的社会思潮容易对他们的思想产生巨大的影响。他们看到的是一些共产党员贪污腐败的形象，以及西方国家资本主义表现出的优越性。部分新生代农民工缺乏辨别能力，产生崇洋媚外的想法。这就对新生代农民工的辨别力和思想素质提出了更高的要求，对新生代农民工进行马克思主义信仰教育更为迫切。改革开放以来，市场经济的发展和资产阶级腐朽思想侵入，社会中存在一些负面现象的影响，社会贫富差距拉大、道德滑坡、功利主义、拜金主义等不良社会风气滋生，潜移默化地影响着新生代农民工的思想，造成部分新生代农民工价值观扭曲。这就需要我们进一步净化马克思主义信仰教育的环境，要使党的新闻舆论工作适应分众化、差异化的传播趋势，加快构建舆论引导新格局。面对新生代农民工这个特殊的群体，就必须创新舆论宣传的工作理念、方法、内容、载体等，借助新媒体的优势，抓住时机、把握节奏、讲究策略，营造良好的舆论氛围。一是净化网络舆情环境。重视营造新生代农民工马克思主义信仰教育良好的网络环境。加大对网络信息的监管力度，增强对境外敌对信息渗透的警惕性。加强网络信息平台建设，建立马克思主义信仰教育网络体系，严格把关网络信息内容，对于一些低俗、虚假的网络信息予以追究，一些诋毁、抹黑民族英雄的内容要从严处理。建立马克思主义信仰教育网站，加强微平台隐性教育等功能的发挥。二是以正面宣传为主。新生代农民工要认同并相信马克思主义信仰，除了要增加教育内容的吸引力外，引导新生代农民工认同马克思主义信仰关键是能够调动他们的情感，从而激起他们对共产主义执着的信念。习近平总书记在全国宣传思想工作会议上提出，"团结稳定鼓劲、正面宣传为主，是党的新闻舆论工作必须遵循的基本方针"。做好正面宣传，要增强吸引力和感染力。习近平总书记还在党的新闻舆论工作座谈会上强调："舆论监督和正面宣传是统一的。新闻媒体要直面工作中存在的问题，直面社会丑恶现象，激浊扬清、针砭时弊，同时发表批评性报道要事实准确、分析客观。"新闻舆论要坚持正确的舆论导向，从党报党刊到娱乐类、社会类的新闻都要坚持正面宣传为主的舆论导向。要引导新生代农民工正确地看待时代、社会发展，产生积极的情感体验。多元的价值观经过整合，积极、向上的心态能够自我调节、自我激励，增加对马克思主义信仰的接受和认同。

5. 丰富新生代农民工马克思主义信仰教育内容

马克思主义是指导工人阶级和广大劳动群众实现自身解放的思想武器，对各国无产阶级政党产生了广泛而深远的影响。在马克思和恩格斯看来，无产阶级之所以受到长期的剥削和压迫，很大原因是因为他们失去了阶级意识，没有发挥出作为一个阶级整体的真正力量。我国是工人阶级领导的，以工农联盟为基础的社会主义国家，新生代农民工群体数量庞大，是我国最重要的阶级基础之一，但目前我国的新生代农民工在社会上地位比较低，没有体现出建设社会的主体地位，主人翁意识缺失，甚至遭到社会的歧视，这个和他们没有接受和树立起马克思主义立场观点方法有很大关系。正如列宁所总结的，"马克思和恩格斯对工人阶级的功绩，可以这样简单地来表述：他们教会了工人阶级自我认识和自我意识，用科学代替了幻想"[1]。

在2008年中央党校春季学期开学典礼上，习近平总书记在解释马克思主义中国化的科学内涵时指出："要运用中国人民喜闻乐见的民族语言来阐述马克思主义理论，揭示中国革命、建设、改革的规律，使之成为具有中国风格、中国气派的马克思主义。"新生代农民工真正懂得马克思主义不是其通读马克思主义全部著作，钻研文献，最根本的是掌握马克思主义的立场、观点和方法，学会运用它去分析和解决具体问题。马克思曾经提到："要把我们的观点用目前水平的工人运动所能接受的形式表达出来，那是很困难的事情。"[2] 我们要对这些立场、观点和方法进行挑选、解读，与中外各种非马克思主义观点进行博弈，要

---

① 列宁全集：第2卷 [M]．北京：人民出版社，2013：2.
② 马克思恩格斯文集：第10卷 [M]．北京：人民出版社，2009：216.

把这些观点既准确又深入浅出地表达，让新生代农民工入耳、入脑、入心。

新生代农民工不可能内在形成马克思主义的立场、观点和方法，而是要通过外界"灌输"的方式，掌握马克思理论，实现马克思主义从精神武器到物质武器的转换。但马克思主义理论教育又不能离开新生代农民工的觉醒和人民群众的自我需要，新生代农民工要在自己的工作、生活和学习中认识到马克思主义代表自己的立场，能解决实际问题。在过去，马克思、恩格斯的理论思想指导了一系列伟大的无产阶级革命活动，今天，我们可以通过对新生代农民工进行马克思主义立场、观点和方法的灌输指导他们的工作、生活和学习。

第一，学理论：加强马克思主义立场观点方法整体性的学习。新生代农民工马克思主义信仰教育首先要对马克思主义立场观点方法进行整体性的学习。习近平总书记指出："马克思主义立场观点方法，贯穿于马克思列宁主义、毛泽东思想和中国特色社会主义理论体系之中，是马克思主义科学思想体系的精髓所在。"① 马克思主义具有丰富而深刻的内容，涵盖了人类社会发展和自然界关系等诸多领域的内容，其中马克思主义包括一系列基本理论、基本观点和基本方法。这些内容都会为新生代农民工马克思主义信仰教育起到指导作用。一是马克思主义立场。习近平总书记强调："立场，是人们观察、认识和处理问题的立足点。这个立足点，从根本上讲是由人们的经济政治社会利益和地位决定的。"② 立场代表着利益，马克思主义立场是工人阶级和劳动人民的立场，代表着广大人民的利益。中国共产党在过去是为了解放人民，为了人们的利益而建立起来的，今天我们党的初心没有变，无论何时何地，我们党都坚持人民的立场不会变。二是马克思主义观点。习近平总书记指出："观点，是人们对事物的看法。马克思主义观点是马克思主义关于自然、社会和人类思维发展的一般规律的科学认识，是对自然界规律和人类社会实践经验的科学总结，体现在马克思主义哲学、政治经济学和科学社会主义这三个组成部分之中，涵盖面非常广泛。"③ 马克思主义哲学为新生代农民工提供了科学的世界观和方法论——唯物史观，其中的物质和意识的辩证关系原理、社会存在与社会意识辩证关系原理、

① 习近平．深入学习中国特色社会主义理论体系　努力掌握马克思主义立场观点方法 [J]．求是，2010（07）：17–24.
② 习近平．深入学习中国特色社会主义理论体系　努力掌握马克思主义立场观点方法 [J]．求是，2010（07）：17–24.
③ 习近平．深入学习中国特色社会主义理论体系　努力掌握马克思主义立场观点方法 [J]．求是，2010（07）：17–24.

认识和实践的辩证关系原理对新生代农民工世界观的形成发挥着重要的作用。马克思主义政治经济学在新生代农民工物质生活领域中，从社会经济关系和经济利益关系中分析新生代农民工思想现象产生的根源，从而从根本上解决新生代农民工的思想问题。科学社会主义必然代替资本主义的发展趋势和原因，有助于处理新生代农民工内部矛盾，加强社会主义精神文明建设。学习马克思主义观点，也要了解我们党是怎样坚持和发展马克思主义科学观点的。中国特色主义理论体系中包含着社会主义与集体主义、关于艰苦奋斗的教育等，以及荣辱观教育、社会主义核心价值观教育。新生代农民工是中国特色社会主义的重要建设者，让新生代农民工学习马克思主义相关理论，用理论的力量来说服他们，同时还要与他们的思想实际和生活的现实紧紧联系起来，向他们多宣传党的方针、政策，尤其是关于农民工的优惠政策，使他们感受到党和国家对他们的关怀，澄清思想理论的重大问题，消除他们思想上的顾虑。三是马克思主义方法。习近平总书记指出："这里所说的方法，是与马克思主义世界观相统一的方法论，它是指导我们正确认识和改造世界的根本思想方法和工作方法。"① 马克思主义很多观察问题和分析问题的方法对指导新生代农民工看待问题有很大的帮助，如矛盾分析法、世界普遍联系的系统分析方法、事物永恒发展的运动分析法、阶级分析法、历史唯物主义分析法等。马克思主义本身就是一种方法，帮助人们实现人的自由而全面发展的世界观和方法论。

第二，看世界：引导新生代农民工正确看待社会热点问题。新生代农民工大多没有接受过高等教育，受教育水平有限，更没有接受到系统逻辑思维以及辩证思维的锻炼，社会经验也不足。且整体年龄较低，好奇心强，有易于接受新事物、乐于思考、容易从众的心理。因此，教育者要正确引导新生代农民，使他们认识到马克思主义信仰真正切合、满足他们的精神需要。目前，社会上的许多热点问题通过网络引起社会的广泛讨论，受到社会舆论或者新闻导向的影响，很多新生代农民工对此缺乏自主的判断是非的能力，容易受外界信息的影响，产生对社会问题产生片面、过激的理解。所以我们要向新生代农民工灌输、宣传马克思主义关于看待事物的科学方法。首先，牢牢把握马克思主义意识形态指导思想。要彰显马克思主义的引领性，就要在社会热点问题上奠定马克思主义的话语权威性，就要对各种社会问题、社会思潮开展回应。我们必须

---

① 习近平. 深入学习中国特色社会主义理论体系　努力掌握马克思主义立场观点方法
[J]. 求是，2010（07）：17 - 24.

树立起强烈的阵地意识和斗争意识，在一些社会热点难点问题上要向新生代农民工表明"举什么旗""走什么路"。阶级斗争客观存在，无产阶级思想不去占领，非无产阶级思想必然去占领；马克思主义不去占领，非马克思主义、反马克思主义必然去占领。对于思想理论战线，需要有正确运用阶级观点和阶级分析方法的自觉。当前，我国处于并将长期处于社会主义初级阶段，剥削阶级在国内作为一个阶级尽管早已被消灭，但西方资本主义国家还对我们虎视眈眈，对我国"和平演变"的想法从未停止，并且形式更加隐蔽，在国内也还存在敌对分子，更何况长期以来在阶级社会中形成的文化传统、思想意识还将在社会生活中有一定的影响。让新生代农民工学会辨别错误社会思潮，透过现象看本质，认清这些错误社会思潮背后的根源。其次，学会运用马克思主义科学方法去看待问题。如唯物辩证法、一分为二地看待问题、具体问题具体分析，新生代只有掌握了这个看待问题的科学方法，才能在看待社会热点问题时保持理性和冷静，不受社会各种思想的影响。再次，在遇到具体问题时，我们可以用中国化的马克思主义理论去指导新生代农民工去看待一些社会具体问题。比如，在解读房价变化、贫富分化、环境污染、城乡差距、看病难看病贵等热点问题时，我们应该用科学发展观、构建社会主义和谐社会等理论去解读；面对道德失范问题时，我们可以用社会主义荣辱观、社会主义核心价值观等去解读。值得我们注意的是，一是当前的社会热点问题通常与社会思潮之间有着紧密的联系，思潮时常体现在"热点"中甚至成为热点的"灵魂"，而"热点"往往又为思潮所借用造成强烈的影响。① 改革开放以来，社会经济发展迅速，人们的思想越来越活跃，各种思想大量涌现，各种社会思潮激烈碰撞、斗争，新生代农民工难免会受一些错误的社会思潮影响，要引导他们分析主流和支流、分清正确和谬误。引导新生代农民工理解马克思主义的阶级性和科学性的统一，才能使他们理解马克思主义的精神实质，才能与各种错误观点、错误思潮做斗争。所以我们在解读这些社会问题时需要透过表面的问题去对背后的各种社会意识和社会思潮进行把握和了解，根据不同思潮采用不同的策略，如一些新自由主义、"普世价值"，我们应该无情地揭穿、批判和反击；对于如民主社会主义思潮，我们应该用"扬弃"的理念批判继承，对一些有利于社会进步的生态学说、可持续发展观等一些社会思潮，我们应该进行包容和引导；对于一些极端市场

---

① 王炳权. 深入理解社会思潮的基本内涵 [J]. 高校理论战线，2010 (11)：36–40.

化的价值观念则要进行彻底的批判。二是向新生代农民工宣传马克思主义意识形态必须要走进群众的心灵，与他们的利益和情感产生共鸣。"大多数民众对于一种意识形态（意义系统）的把握，一般都会根据自己的社会阅历、知识积淀以及具体的生活需求将之转化为某种可以操作或者触摸的形象化指标……然后，人们就会用这些形象化的指标来衡量、评价意义系统提供主体为他们提供的实际的物质的或自由的条件。"① 要坚持以人为本，贴近实际、贴近生活、贴近群众，使其更易于被新生代农民工认知和操作，如一些理论热点通俗读本，对于一些热点问题进行透彻的讲解，文风清新，收到广泛的好评。三是坚定对中国共产党的信心，弘扬爱国精神。目前，社会上出现了对我们国家执政党和社会制度的一些质疑，认为爱国不一定爱党，爱国也不一定拥护社会主义，产生这些质疑主要是对中国共产党及其党史的不了解，割裂了历史。习近平总书记强调："只有坚持爱国和爱党、爱社会主义相统一，爱国主义才是鲜活的、真实的，这是当代中国爱国主义精神最重要的体现。"② 要让新生代农民工了解中国共产党的党史，中国共产党如何诞生，成立以后怎么带领全国人民进行不懈奋斗，怎么样取得革命、建设、改革的伟大胜利；了解中国共产党如何贯彻为人民服务的宗旨，并且如何解决自身存在的问题，全面从严治党，凝聚人心，如何建设党员干部队伍，从而坚定对中国共产党的信心；了解在中国共产党的带领下，全国人民在社会主义的道路上进行了开创性的、艰辛的探索，取得了巨大的成就。让新生代农民工了解中国特色社会主义道路、中国特色社会主义理论体系、中国特色社会主义制度。三者统一于中国特色社会主义伟大实践，使其不断增强道路自信、理论自信、制度自信，为社会主义建设奉献自己的力量。

爱国是每个人对自己故土家园以及民族和文化的归属感、认同感、尊严感与荣誉感的统一，是一种本能，国家遇到困难和危机会激发起人民的爱国情怀。近几年，部分"爱国人士"做出了不理性的举动，如为了爱国"砸烂苹果手机""砸日系汽车""围堵麦当劳"等，随着全球一体化的趋势，这些行为不仅没有正确表达出爱国的感情，还伤害了自身和他人甚至社会的利益。所以我们要提倡理性爱国，向新生代农民工宣传正确的爱国观，爱国要符合道德标准，遵守法律规

---

① 李友梅，肖瑛，黄晓春. 社会认同：一种结构视野的分析 [M]. 上海：上海人民出版社，2007：28.
② 中共中央文献研究室. 习近平关于社会主义文化建设论述摘编 [M]. 北京：中央文献出版社，2017：129.

定，不能因为不理性的爱国言行破坏国家的团结，让国家和社会蒙受损失。

第三，强自身：全面提升新生代农民工自身素质。一是加强自我调节能力。学会和自己相处，勇于正视困惑和问题，不逃避和应付，而是要学会认识问题、分析问题，掌握科学的思维方法。当遇到困难和挫折时，如遇到不公平对待、拖欠工资、感情挫折等问题时，要防止产生极端思想与行为，掌握处理问题方法的技巧，要学会分轻重缓急、抓住主要矛盾及矛盾的主要方面，逐一击破，消除焦虑彷徨的情绪，增强对自己的信心。遇到自己解决不了的心理问题时，应及时向心理专业人员进行求助。处理好与他人的关系。每个人在社会中生活，会与其他人产生各种各样的关系，我们要明白人与人的关系本质上都是社会关系尤其是社会利益关系的表现形式，要处理好人与人的关系，关键是处理好个人与他人的关系。在与他们交往的过程中，要坚守做人做事的原则，以国家利益和集体利益为重，踏踏实实做事，堂堂正正做人，为人正直，重情重义，学会交朋友，心胸坦荡，才能获得真正的友情、爱情。新生代农民工虽然相比第一代农民工受教育程度和知识水平偏高，但是还远远达不到社会主义现代化建设的各项需求，在物质生活条件较差的同时，对精神生活的追求不断被消减，甚至停滞了学习。因此，要增强新生代农民工不断加强自主学习的意识，使其通过参加自学考试等多种方式来提升自己的知识面和知识水平，学会规划自己的职业生涯，明确目标，从而实现更高的人生理想。二是加强培育社会责任感。还要培养新生代农民工的历史使命感和责任感，使其把个人的发展、家庭的幸福和中国梦紧密联系在一起，以主人翁的姿态为坚持和发展中国特色社会主义做出贡献。所谓的主体意识指的是"作为认识和实践活动主体的人对于自身的主体地位、主体能力和主体价值的一种自觉意识，即主体自主性、能动性和创造性的观念表现，是人们自觉地把自己看作是活动的承担者和主人翁的一种认识及态度倾向，是主体在实践能力培养过程中展现的自主意识、主观能动性"[1]。据调查，新生代农民工普遍无法意识到自身的主体地位、主体能力和主体价值，一方面，体现出对自身的不自信，遇到问题容易产生自卑、消极的看法，容易做出极端的举动；另一方面，缺乏社会责任感，不能把自己当作城市的主人和责任的承担者，不能自觉、主动地维护城市的秩序和稳定，容易产生"仇富"等负面心理，给社会发展埋下隐患。要让新生代农民工意识到，无论自

---

[1] 张天宝. 主体性教育 [M] . 北京：教育科学出版社，2001.

己从事的是什么工作，都同样是对社会主义现代化建设做出贡献。同时还需要政府、社会、企业为新生代农民工营造一个能够自主发挥主体作用的环境和空间，主要通过鼓励的方式激发他们的潜力和动力。另外，还要培养新生代农民工的社会责任感，让他们认识到在城市中生活不是一味地索取，还要主动参与到城市的建设中，为城市的建设出力。正确处理个人与社会的关系。"人是最名副其实的政治动物，不仅是一种合群的动物，而且是只有在社会中才能独立的动物"①。个人和社会的关系是对立统一的，要科学把握个人与社会的辩证关系，就要把握好个人在社会中的定位。要着重帮助新生代农民工把握个人需要与社会需要的关系、个人利益与社会利益的关系、个人权利与承担社会责任的统一关系。其一，个人的需要或多或少的是社会需要的反映，受物质和精神文化发展水平的制约，社会需要是个人需要的集中体现。如果一味地追求个人需要而不联系、孤立社会需要，则会导致个人欲望无限的膨胀，这样如果个人需要得不到满足，甚至会走向危害社会的道路、违法犯罪的道路。其二，个人利益与社会利益根本上是一致的，社会整体利益体现为个人根本利益和长远利益，当个人利益与社会利益相冲突时，个人利益要服从社会利益。要让新生代农民工理解如果没有社会和谐稳定的发展，就没有他们个人的发展，一个健康稳定的社会是个人幸福生活的前提，所以在某些特殊时刻，应该学会奉献社会；其三，享受个人权利和承担社会责任是统一的，不应把享有个人权利作为承担社会责任的先决条件。每一个社会成员都必须承担一定的社会责任，多为社会做贡献，从小事做起。但我们也不能否定物质利益，我们既尊重个性，更倡导互助友爱、崇尚奉献精神。应向新生代农民工强调奉献和索取的关系，不能片面地强调个人利益，应该勇于承担责任，才能实现人生价值，找到真正的快乐和幸福，要让新生代农民工懂得索取的同时还要学会奉献，只有懂得奉献才是社会需要的人。新生代农民工自身的素质提高了，也会为以后的马克思主义信仰教育奠定良好的思想基础。三是加强科学文化知识教育。首先，融入对自然基础知识的讲解，包括物理、化学、自然等方面随处可见的一些现象，通过对产生这些现象的一些科学原理、自然规律的讲解，让新生代农民工学会用科学的眼光去看待自然界的一些现象，理解生活现象背后的本质规律，通过加强其科学认知，增加对科学的兴趣，帮助他们解决生活中的问题，使其学会辨别真伪，

---

①　马克思恩格斯选集：第 2 卷［M］．北京：人民出版社，2012：684.

与生活中的一些陈规陋习做斗争。其次，通过让新生代农民工欣赏美好的音乐、美术作品、诗歌等来培养他们审美能力。通过对这些艺术作品的鉴赏、学习，可以丰富新生代农民工的知识、开拓其视野，还会对新生代农民工有一定的价值导向作用。这些作品的感染力，会起到启发思想、净化灵魂、放松精神的作用，可以舒缓新生代农民工工作、生活带来的紧张情绪。最后，通过中国传统文化的讲授，让新生代农民工受到传统文化中注重道德、追求理想等优秀文化上的熏陶。传统文化是我们民族的精神支柱，身为中华儿女都应该对我国的文化有所了解，同时，传统文化还对人的思想具有教育意义，我们祖先的智慧、勤劳等优良的品质可以激发他们贡献社会的精神。

第四，真实践：激发新生代农民工对美好生活的追求。新生代农民工是城市建设的主力军，新生代农民工能在社会上立足，找到自己的价值，活得更有尊严，最主要的就体现在工作中的价值上，在对新生代农民工进行马克思主义信仰教育时，还要让他们在工作中找到自信，知道通过自己的双手和努力也可以创造幸福，同时，这也是马克思主义信仰教育的重要内容。一是真正融入城市生活。从社会存在决定社会意识的原则出发，人民群众是历史的创造者，人民群众的实践创造了社会的物质财富和精神财富，人民既是利益的创造者，也是利益的分享者。其一，新生代农民工要学会正视自己的身份，正视自己的职业，习近平总书记在知识分子、劳动模范、青年代表座谈会上的讲话中提出："人类是劳动创造的，社会是劳动创造。劳动没有高低贵贱之分，任何一份职业都很光荣。"要树立自信，无论是脑力劳动还是体力劳动都值得尊敬。其二，新生代农民工要注重培养社会适应能力。要尽快地融入社会、工作，就要具备一定的人际交往能力，学会沟通，还要有开拓创新的能力、实践能力，才能快速地适应社会、适应工作环境，提高动手能力，对工作保持热情和兴趣。其三，新生代农民工要培养其他工作能力，如组织能力、团队协作能力、表达能力等。在职业道德方面，培养新生代农民工正确的就业观，跟他们分析就业形势和自身的实际情况，不能好高骛远也不能轻视自己。二是正确理解理想与现实的关系。首先，要正确看待理想与现实之间的矛盾，理想和现实是对立统一的，要走出认识的误区，一种是对社会现实的全盘否定，一种是陷入拜金主义、享乐主义和极端个人主义的歧路。要接受现实的制约，不能脱离现实去追求理想。其次，要充分理解实现理想的长期性、艰巨性和曲折性。在实现理想的过程或会有顺境、逆境，处顺境要善于抓住机遇不断提升和完善自己，处逆境也不要悲观，而要用于挑战。最后，艰苦奋斗是实现理想的重要条件。一些青年农民工认为，艰苦奋斗精神已经过时，当今已经不需要艰苦奋斗了。要使他们清醒地认识到，虽然物质生活改善了，但新的时代、新的变化赋予了艰苦奋斗新的内涵和实践要求，我国仍处于并将长期处于社会主义初级阶段，与发达国家还有很大差距，还有很多贫困人口和地区，还需要我们为国家富强、民族振兴和人民幸福而共同奋斗。坚持个人理想与社会理想的统一。要教育和引导新生代农民工树立中国特色社会主义共同理想。实现中华民族伟大复兴是我国各阶层人民的共同利益和愿望，新生代农民工应该和全国人民凝聚起来，为远大理想而共同奋斗，为民族的伟大复兴贡献自己的力量。新生代农民工是现代化建设的重要力量，在许多行业做出了巨大的贡献，如建筑业、运输业等，对新生代农民工进行理想信念教育是要强调他们在工作岗位上发挥的巨大作用，让他们更努力地工作，为社会发展贡献自己的力量。三是，科学衡量人生价值。解决新生代农民工对人生的意义比较迷茫，缺乏人生追求的问题。人生价值内在地包含人生的自我价值和社会价值，个体通过努力提高自我价值的过程，也是去创造社会价值的过程。我们衡量一个人的人生价值，主要看他为社会所做出的贡献。而我们在评价一个人时，既要看到他的物质贡献，还要看到他的精神贡献。要引导新生代农民工既要完善自身，还要贡献社会，要处理好个人需要与社会需要的关系、个人利益与社会利益的关系、奉献与索取的关系，在实现人生价值时既要考虑社会客观条件，还要考虑个体自身的条件，最关键还是要通过自己的努力去学习、锻炼、积累经验，不断提高自身的综合素质和能力。处理好个人成长与外部环境的关系。注重外部环境的同时个人的努力也必不可少，通过自己双手创造的幸福才是真的幸福，以辛勤劳动为荣、贪图享乐为耻。创造有价值的人生，就要积极地参与社会实践，人生价值目标的实现是一个实践的过程，人生价值的评价就是对实践及其成果的评价，要通过自己的双手和汗水创造物质财富和精神财富。①

6. 采取"科学灌输"的教育方式

新生代农民工的文化程度直接影响着他们接受知识、解读信息的能力，制约着他们的思维水平，如果将生硬的理论知识和说教方式向他们灌输，不仅达不到教育的目的，还容易产生逆反心理，甚至是无人回应。因此，需要巩固和开拓教

---

① 黄俞静．新生代农民工马克思主义信仰教育研究［D］．南宁：广西大学，2018.

育途径，有目的、有计划地向教育对象进行驾驭内容的"科学灌输"。"灌输"通道的有效和畅通非常重要，传播也是一种交流，有效的交流要求我们要不断地强化表达能力、更新表达方式，巧妙运用隐性教育，采取人民群众喜闻乐见的教育方式，营造轻松愉快的教育环境和文化氛围来影响新生代农民工，充分运用微平台、电视、报刊等媒介，把马克思主义信仰教育深入生活，还要采取他们通俗易懂的方式，将马克思主义信仰巧妙地渗透到新生代农民工的头脑中去。

第一，制作文化产品，让新生代农民工"看得懂"。邓小平同志指出："马克思主义并不玄奥。马克思主义是很朴实的东西，很朴实的道理。"① 要使马克思主义理论充满生命力、吸引力，就要实现马克思主义理论体系的话语转换，对新生代农民工进行马克思主义信仰教育涉及马克思主义方法论、奋斗目标、精神支柱和道德规范的教育，必须要用新生代农民工熟悉的话语方式、素材开展教育，增进理论教育对新生代农民工的亲切感。切勿使用艰深难懂的理论语言，强制说教的套话。当前，电视剧《士兵突击》《亮剑》、系列电影《战狼》引发了不同层次观众的喜爱，网民们自发地在网上开展讨论，主流价值观可以通过跌宕起伏的情节和精良的画面潜移默化地渗入观众的心，带动观众自我思考、自我主张和自我实践。打造一批通俗宣传的品牌，针对新生代农民工的实际情况，通俗易懂、深入浅出，把高深的理论知识通过丰富易懂的形式展现出来，开设报刊专栏，深入新生代农民工群体，充分走访调查，挖掘新生代农民工身边的先进人物、先进事迹，在刊物上进行专题式报道；撰写通俗读物，把党的十九大精神、习近平新时代中国特色社会主义思想以及有关农民工的新政策以精炼、活泼生动的语言、漫画等形式印制宣传手册，免费向新生代农民工发放；制作文艺作品，丰富新生代农民工的精神生活。

第二，组建宣讲团进企业、进社区，让新生代农民工"听得进"。一方面，充分了解新生代农民工的思维方式与接受心理，马克思、恩格斯说"思想、观念、意识的产生最初是直接与人们的物质活动，与人们的物质交往，与现实生活的语言交织在一起的"②。话语只有深入人们的实践活动，才最真切、感人。要不断探索诠释马克思主义理论内涵的方式，把抽象的理论转化成通俗的话语，通过生动形象、通俗的方式让新生代农民工听到、听懂、信服。另一方面，话语体系的转换还要适应时代的新变化。及时把握社会不同群体的心理动态，更

---

① 邓小平文选：第3卷［M］．北京：人民出版社，1993：382．
② 马克思恩格斯选集：第1卷［M］．北京：人民出版社，1995：72．

关注个体的发展，给予个性化的服务，以多种方式为新生代农民工讲好马克思主义理论课。开展特色理论宣传文化活动，开展一批农民工乐于参与、便于参与的文化活动，如组建"理论宣传志愿军""百姓名家宣讲团"走进新生代农民工群体；街道、社区和单位广泛开展精神文明创建活动，引导新生代农民工摒弃旧观念、旧习俗，形成科学文明健康向上的社会风尚。一是要加强针对新生代农民工的理论宣讲工作者的培训，增强其宗旨意识与政策观念，使其深入宣传党关于"三农"问题最新的改革发展政策，讲清道理、澄清认识、化解矛盾；二是要积极宣传新政策，用党的十九大提出的乡村振兴战略，引导新生代农民工全新的发展理念；三是要帮助新生代农民工提高自身素质，增强新生代农民工的科学文化水平和思维能力；四是要注意把马克思主义理论与农民关注的热点、焦点结合起来，促进新生代农民工的全面发展。设置专项资金，加强财政投入，加强相关基础设施建设，如开展电影放映、书屋建设等惠民工程。

第三，充分利用微平台新媒体阵地，让新生代农民工"喜欢学"。新生代农民工相比老一代农民工有一个巨大的优势条件，就是新生代农民工成长于互联网时代，他们伴随着互联网的发展，一起进入"微时代"。可利用微平台的即时、互动、个性的特征，通过手机等移动媒体用马克思主义理论促进新生代农民工群体思想的转化，增强马克思主义理论的"有理、有情、有趣"的教育效果。首先，实行"三微并进"，多维度开展教学，提升教学效果。完善"微教材"、制作"微课程"、建立"微社区"。建立"工农微信公众号"和"工农微博客户端"，发布文字、图片、视频等教学教材；邀请相关领域教授、专家和教师录制微课，增加教育内容的权威性；建立"工农微信交流群"，及时地进行交流，巩固教学效果。教学内容涵盖马克思主义基本理论、中国特色社会主义理论、中国共产党、中国优秀传统文化、法律常识等专业类的课程，还包括文学、科技、艺术、心理等多元综合课程体系。其次，要虚实结合，巩固教学效果。一是为了巩固线上的学习效果，要制定教学考核制度，每堂课、每个教学专题都在课后设置练习与测验，通过期中和期末考试来测验学习成果，要达到相应的分数才能进行下一阶段的学习。二是为了确保教学质量与实效性，还要建立教学管理评估机制，定期向教学对象、教师进行教学质量调研，收集反馈建议，及时发现教学中的不足，不断地完善课程建设。三是微平台教学要与政府部门和工作单位联动。对于完成相关课程、表现优秀的学员，政府部门要给予一定的奖励，如颁发相关结业证书，甚至在劳动保障、法务保障、就业指导方面提供帮助，在其今后的工作落实、农民工子女上学等多方面提供政策上的指导和优惠，所在单位也应该多以实际行动鼓励优秀学员，树立榜样。把线上学习和现实发展联系到一起，推动新生代农民工"微平台"学习机制有理可循、有法可依。

开展新生代农民工"微平台"马克思主义信仰教育还要遵循以下几个原则：一是要以人为本，既要充分掌握新生代农民工的群体特征，还要尊重他们个体的差异以及文化程度、认知能力等因素，找出这些特征背后的原因，设计有针对性的教育模式和课程标准，教学内容的呈现方式要灵活多样，增强对新生代农民工的吸引力，培养新生代农民工的兴趣，激发他们的学习动力。二是要根据新生代农民工的特点，以正面教育为主，启发、疏导并重，加以政治引导、人文关怀，要从新生代农民工切身利益入手，晓之以理，动之以情，利用身边榜样的示范作用，使其从身边的真人真事中得到启发、获得教益。

第四，发挥榜样示范作用，让新生代农民工"有目标"。榜样示范是一种操作性强、操作方法简单有效的思想政治教育方法。榜样示范是教育者在思想政治工作中通过树立榜样、典型，号召人们向这些模范、英雄人物学习。树立榜样有助于为受教育者提供更具体、生动形象的精神代表。榜样范围可以是从古代英雄先贤到今天社会主义建设过程中的无数的英雄人物，他们所具有的高尚的道德情操和精神敬业，生动地诠释着我们今天社会主义核心价值观。模范人物还可以从生活、工作中寻找，这样更亲切可感。开展道德模范评选活动，从各个单位、街道、社区的普通民众中选出，还可以从农民工群体中选出，以助人为乐、见义勇为、敬业奉献、诚实守信为标准进行评选，以组织和民众推荐评选相结合，走一条自下而上、双向互动的群众路线。通过道德模范的评选，让群众看到自己身边看得见、学得到的榜样，这也是深入社会公德、职业道德、家庭美德的教育，有利于形成良好的社会风气。①

---

① 黄俞静. 新生代农民工马克思主义信仰教育研究［D］. 南宁：广西大学，2018.

第八章　新时代马克思主义信仰教育内容建构的核心要义

新时代的马克思主义信仰教育，必须将习近平新时代中国特色社会主义思想作为指导，在信仰教育中明确中国特色社会主义的总任务是实现社会主义现代化和中华民族伟大复兴；明确新时代我国社会主要矛盾是人民日益增长的美好生活需要和不平衡不充分的发展之间的矛盾；明确坚持以人民为中心的发展思想；明确中国特色社会主义事业总体布局是"五位一体"、战略布局是"四个全面"，强调坚定道路自信、理论自信、制度自信、文化自信；明确全面深化改革总目标是完善和发展中国特色社会主义制度、推进国家治理体系和治理能力现代化；明确全面推进依法治国总目标是建设中国特色社会主义法治体系、建设社会主义法治国家；明确党在新时代的强军目标是建设一支听党指挥、能打胜仗、作风优良的人民军队，把人民军队建设成为世界一流军队；明确中国特色大国外交要推动构建新型国际关系，推动构建人类命运共同体；明确中国特色社会主义最本质的特征是中国共产党领导，中国特色社会主义制度的最大优势是中国共产党领导，党是最高政治领导力量，提出新时代党的建设总要求，突出政治建设在党的建设中的重要地位。

一、以习近平新时代中国特色社会主义思想为指导

坚持以习近平新时代中国特色社会主义思想为指导，不断充实马克思主义信仰教育的理论深度与思想内容。时代在发展，社会在进步，处在社会大背景之下的人也或多或少地发生着改变，这意味着信仰教育的内容不能一成不变。首先，马克思主义信仰教育属于国家意识形态教育，具有明显的社会性和政治性。因而，其教育内容应该尽可能地反映我国的主流意识形态思想，并随着社会的进步不断加以丰富和发展。中国共产党自成立以来，在马克思主义思想的

指导下，经过长期的实践和摸索，逐渐形成了具有本党特色的治国思想和治国理论。从毛泽东思想到邓小平理论，到"三个代表"重要思想及科学发展观，再到如今的社会主义核心价值观、习近平新时代中国特色社会主义思想等，这些中国化的马克思主义理论成果，均是党和人民智慧的结晶，皆为马克思主义信仰教育的内容，长期指导着我国的建设工作。未来，党的治国思想和理论还将不断丰富和发展，马克思主义信仰教育的内容需要贯彻落实习近平新时代中国特色社会主义思想，既重视理论创新，体现马克思主义信仰的科学性，又要理论与实践相结合，以满足社会的发展需要。①

（一）习近平新时代中国特色社会主义思想的价值目标

"坚持不忘初心、继续前进，就要坚信党的根基在人民、党的力量在人民，坚持一切为了人民、一切依靠人民，充分发挥广大人民群众积极性、主动性、创造性，不断把为人民造福事业推向前进。"② 在此，鲜明地将"为人民造福"作为共产党的"初心"，这是具有深厚历史感的价值宣言、价值主张、价值纲领，是面向全世界对人民所做出的价值承诺，这不仅再一次彰显出马克思主义、中国共产党坚守的价值高地，而且直呈与表征了"人民的幸福"是习近平新时代中国特色社会主义思想的价值出发点与归宿点。事实上，早上 2012 年 11 月 15 日十八届中央政治局常委与中外记者见面会上，习近平总书记就庄严表达了"我们的人民热爱生活，期盼有更好的教育、更稳定的工作、更满意的收入、更可靠的社会保障、更高水平的医疗卫生服务、更舒适的居住条件、更优美的环境，期盼着孩子们能成长得更好、工作得更好、生活得更好。人民对美好生活的向往，就是我们的奋斗目标"。"人世间的一切幸福都是要靠辛勤的劳动来创造的。我们的责任，就是要团结带领全党全国各族人民，继续解放思想，坚持改革开放，不断解放和发展社会生产力，努力解决群众的生产生活困难，坚定不移走共同富裕的道路"。这一系列讲话透显出习近平总书记对"人民的幸福"之具体而历史的解读，将更好的教育、更稳定的工作、满意的收入、更可靠的社会保障、更高水平的医疗卫生服务、更舒适的居住条件和更优美的环境等，作为人民追求幸福生活的现实具象，这就超越了观念论和抽象论的路向，更为具体而细致地表达了"人民的幸福"的真实内涵，从而清晰地指证出"人民的

---

① 徐秦法．当代青年大学生政治信仰问题研究［J］．理论月刊，2011（03）：181 - 184.
② 习近平．在庆祝中国共产党成立 95 周年大会上的讲话［N］．人民日报，2016 - 07 - 02（002）.

幸福"是他始终不变的牵挂和关怀。如此可见，"人民的幸福"是习近平新时代中国特色社会主义思想核心价值理念的集中表达，凸显了中国共产党人的根本价值立场和价值取向，体现了马克思主义内蕴的价值宗旨。

在党的十九大工作报告中，习近平总书记非常清晰和明确地对人民对美好生活的向往、人民生活幸福的历史内涵予以阐释。他说："中国特色社会主义进入新时代，我国社会主要矛盾已经转化为人民日益增长的美好生活需要和不平衡不充分的发展之间的矛盾。我国稳定解决了十几亿人的温饱问题，总体上实现小康，不久将全面建成小康社会，人民美好生活需要日益广泛，不仅对物质文化生活提出了更高要求，而且在民主、法治、公平、正义、安全、环境等方面的要求日益增长。"① 在此，习近平总书记不仅将人民的幸福、人民对美好生活的向往置于历史而动态的"新时代"来加以审视和判断，而且从我国社会主要矛盾深刻变化的高度，深化并丰富了人民幸福的内涵，拓展了人民幸福的外延，并重点指出了从"人民日益增长的物质文化需要"到"人民日益增长的美好生活需要"的历史跨越语境中，落实"在发展中保障和改善民生"不动摇，把"增进民生福祉"作为"发展的根本目的"，这就将治国理政、谋求发展的价值目的与旨归聚焦于"人民的利益"、人民的幸福生活之上。在此基础上，习近平总书记更为具体而明确地指出了人民幸福生活、人民日益增长的美好生活需要，必须落实和表征在一系列直接关涉人民生活的具体层面。诚如习近平总书记所言，我们"必须多谋民生之利、多解民生之忧，在发展中补齐民生短板、促进社会公平正义，在幼有所育、学有所教、劳有所得、病有所医、老有所养、住有所居、弱有所扶上不断取得新进展，深入开展脱贫攻坚，保证全体人民在共建共享发展中有更多获得感，不断促进人的全面发展、全体人民共同富裕。建设平安中国，加强和创新社会治理，维护社会和谐稳定，确保国家长治久安、人民安居乐业"②。

习近平总书记关于人民利益至上、人民幸福的思想和满足人民美好生活需要的价值理念，深刻体现了马克思主义对共产党性质宗旨的基本定位和根本任务。马克思早在《黑格尔法哲学批判·导言》中就指出："废除作为人民的虚幻

---

① 习近平. 决胜全面建成小康社会　夺取新时代中国特色社会主义伟大胜利——在中国共产党第十九次全国代表大会上的报告［M］. 北京：人民出版社，2017：11.
② 习近平. 决胜全面建成小康社会　夺取新时代中国特色社会主义伟大胜利——在中国共产党第十九次全国代表大会上的报告［M］. 北京：人民出版社，2017：23.

幸福的宗教，就是要求人民的现实幸福。要求抛弃关于人民处境的幻觉，就是要求抛弃那需要幻觉的处境。"① 在此，马克思从人民的历史主体地位和追求现实幸福的视角，充分肯定了人民追求现实幸福的价值目的之正当性，而且还表征了马克思主义将"人民的现实"追求自觉作为自己的历史使命和责任，也就是要解放被虚幻幸福囚禁的"人民"，真正为人民实现"现实的幸福"。习近平新时代中国特色社会主义思想正是秉承和坚持了马克思主义立足于唯物主义历史观的人民性，紧紧围绕着"人民的幸福"这一最高的价值原则，在当代中国的实践中予以贯彻落实，这与马克思主义价值原则是根本一致的，是马克思主义价值原则的当代形态。而维护好、实现好和发展好人民的利益，满足人民追求幸福生活的需要这一根本原则，就如《共产党宣言》中所指出的那样："过去的一切运动都是少数人或为少数人谋利益的运动。无产阶级的运动是绝大多数人的、为绝大多数人谋利益的运动。"② 这种为绝大多数人谋利益、坚持人民利益至上、为人民的幸福而治国理政的价值取向，超越了历史一切统治阶级、一切政党的狭隘性和利益的片面性，夯实了其价值基础广泛性、人民性的品质，不仅贯彻了科学社会主义的根本观点，而且集中彰显了马克思主义政党的根本价值立场。

习近平总书记在哲学社会科学工作座谈会上曾指出："马克思主义尽管诞生在一个半多世纪之前，但历史和现实都证明它是科学的理论，迄今依然有着强大生命力。"③ 马克思主义之所以具有强大的生命力，因其具有科学性，也因其具有价值性、人民性，即让最广大的人民群众过上幸福的生活，获得自由、发展和解放。在习近平新时代中国特色社会主义思想中所体现的科学性、价值性和人民性，恰如党的十九大工作报告中所指出的那样："人民是历史的创造者，群众是真正的英雄。人民群众是我们力量的源泉。"④ 党的一切奋斗和工作都是为了造福人民，要始终把实现好、维护好、发展好最广大人民的根本利益作为党和国家一切工作的出发点和落脚点，尊重人民主体地位，做到发展为了人民、发展依靠人民、发展成果由人民共享，这更加具体表征了习近平新时代中国特色社会主义思想的高度价值自觉。可以说，"人民的幸福"是习近平新时代中国

① 马克思恩格斯选集：第 1 卷 [M]．北京：人民出版社，1995：2.
② 马克思恩格斯选集：第 1 卷 [M]．北京：人民出版社，1995：283.
③ 习近平．在哲学社会科学工作座谈会上的讲话 [N]．人民日报，2016 - 05 - 19（02）.
④ 习近平．习近平谈治国理政 [M]．北京：外文出版社，2014：5.

特色社会主义思想的价值轴心和最高的价值尺度，"人民的幸福"是其思考一切问题的出发点和归宿，是紧紧扎根于人民群众的利益之中的，牢牢扣住"人民的幸福"这一时代主题，体现了人民群众的历史主体与价值主体的统一性。

"人民的利益""人民日益增长的美好生活需要"作为习近平新时代中国特色社会主义思想的出发点和归宿点，不仅仅将人民的价值主体性融贯于治国理政过程的始终和实践工作的方方面面，也体现了尊重人民、爱护人民和维护人民的利益、保障人民的幸福美好生活之坚定性、全面性与彻底性。同时，将"人民的幸福"作为最高的价值原则和根本取向，更为重要地且更清晰地展现出对"以人为本"的发展理念和价值原则的历史性推进，更为准确地明确了作为价值主体的绝非是抽象的"人"，而是在建设中国特色社会主义伟大事业中的广大"人民群众"。如果说"以人为本"的价值理念和价值原则，是要在改革与发展过程中颠覆、矫正以"物"、以"资"为"本"的价值路线，那么，提出以"人民""人民的幸福"为"本"，则更为明确地将人民作为利益和幸福的"主体"地位凸显出来，这是对"以人为本"的价值理念和价值原则的理论与实践双重深化，它指向的是对无视、边缘化或违背人民利益、人民幸福一切思想、观念和行为的否定与批判，正如马克思所说："必须推翻那些使人成为被侮辱、被奴役、被遗弃和被蔑视的东西的一切关系。"① 是否始终立足于最广大人民的利益之价值立场，是否全心全意为了人民的幸福而谋划、而奋斗，这不仅是唯物史观和唯心史观、人民史观和英雄史观的原则界限和本质分野，而且是判断马克思主义政党合法性的终极尺度。

习近平新时代中国特色社会主义思想，从多维度、多层面强调要通过改革创新，让人民享有更多发展成果，努力提升人民的幸福感。要攻坚克难，让百姓的心声、诉求得到回应，要让老百姓感受到改革发展既有速度又有温度，正在成为社会主义事业全面深化改革的度量尺。这一切无比承载、彰显着、表达了习近平总书记对"人民群众"生活之疾苦、之需求，以及"人民的利益""人民的幸福生活"的深切价值关怀，并且以实践的形态充分明证了马克思主义政党的一切理论和奋斗都致力于实现最广大人民的根本利益和增进人民的福祉。这是以实践的、现实的形态彰显马克思主义中国化的新境界，体现了作为马克思主义最鲜明的价值立场和价值坐标，是马克思主义政党先进性的重要体现。

---

① 马克思恩格斯选集：第 1 卷 ［M］．北京：人民出版社，1995：10．

一言蔽之，"人民的幸福"是习近平新时代中国特色社会主义思想之价值旨归，这一价值立场、价值原则和价值目标始终贯穿于习近平治国理政的理论与实践之中，已经成为时代价值的最强音。①

（二）习近平新时代中国特色社会主义思想的价值尺度

发展依靠人民、发展为了人民、发展成果由人民共享，"把人民对美好生活的向往作为奋斗目标，依靠人民创造历史伟业"②，是习近平新时代中国特色社会主义思想的价值总纲领，这不仅承载着执政党的价值追求、价值指针，而且直接关系到执政党执政之合法性基础，因为"人民"是执政党的生命根基，是社会主义事业建设的智慧、动力之源，是中国特色社会主义建设的价值落脚点。如此，维护最广大人民的根本利益、实现人民的幸福生活，就成为检验习近平新时代中国特色社会主义思想的最高标准、最权威的标尺，也成为执政党执政的合法性基础。

诚如党的十八大报告所指出的："中国特色社会主义是亿万人民自己的事业。要发挥人民主人翁精神，坚持依法治国这个党领导人民治理国家的基本方略，最广泛地动员和组织人民依法管理国家事务和社会事务、管理经济和文化事业、积极投身社会主义现代化建设，更好保障人民权益，更好保证人民当家作主。""为人民服务是党的根本宗旨，以人为本、执政为民是检验党一切执政活动的最高标准。任何时候都要把人民利益放在第一位，始终与人民心连心、同呼吸、共命运，始终依靠人民推动历史前进。"③ 在此非常明确地指出了建设中国特色社会主义的伟大事业，本质上即中国人民自己的事业，必须充分发挥人民群众的主体作用和主人翁精神；坚持社会主义道路，就是坚持依靠人民，为了人民，最大限度地调动和发挥人民群众的主动性、积极性和创造性，高度凝聚民智民力；尊重人民的首创精神，坚持问政于民、问需于民、问计于民，从人民伟大实践中汲取智慧和力量；坚持实干富民、实干兴邦，敢于开拓，勇

---

① 徐秦法. 人民的幸福：习近平新时代中国特色社会主义思想的价值旨归 [C] //中国科学社会主义学会当代世界社会主义专业委员会. "新中国 70 年与世界社会主义新发展"学术研讨会暨当代世界社会主义专业委员会 2019 年年会论文集. 中国科学社会主义学会当代世界社会主义专业委员会，2019：55 – 65.

② 习近平. 决胜全面建成小康社会　夺取新时代中国特色社会主义伟大胜利——在中国共产党第十九次全国代表大会上的报告 [M]. 北京：人民出版社，2017：21.

③ 坚定不移沿着中国特色社会主义道路前进　为全面建成小康社会而奋斗——在中国共产党第十八次全国代表大会上的报告 [M]. 北京：人民出版社，2012：50—51.

于担当，多干让人民满意的好事、实事。这也深刻地表明了中国特色社会主义建设事业与人民群众的幸福生活紧密相关，血肉相连，休戚与共。这不仅极大地凸显了人民群众的主体地位，而且将人民的幸福生活与建设中国特色社会主义事业之间的内在关系予以澄明。

习近平新时代中国特色社会主义思想把"人民的幸福生活""人民日益增长的美好生活需要"作为价值目标，以其规范与引领着各项政策、措施，其也存在于治国理政的思想、观念之中，更为重要、更为具体的是落实于一系列直接关涉人民群众生活、行之有效的实践之中。面对着尚未解决温饱和尚未脱贫的民众，习近平总书记提出了"精准扶贫"的战略，直指"人民的幸福生活"这一价值目标。对此，习近平总书记首先从"精准扶贫"战略的价值内涵上指出："对困难群众，我们要格外关注、格外关爱、格外关心，千方百计帮助他们排忧解难，把群众的安危冷暖时刻放在心上，把党和政府的温暖送到千家万户。"①他还指出："消除贫困、改善民生、实现共同富裕，是社会主义的本质要求。"②进而从战略实施目标的高度指出，我们"要动员全党全国全社会力量，坚持精准扶贫、精准脱贫，坚持中央统筹省负总责市县抓落实的工作机制，强化党政一把手负总责的责任制，坚持大扶贫格局，注重扶贫同扶志、扶智相结合，深入实施东西部扶贫协作，重点攻克深度贫困地区脱贫任务，确保到二○二○年我国现行标准下农村贫困人口实现脱贫，贫困县全部摘帽，解决区域性整体贫困，做到脱真贫、真脱贫"③。同时，为了将"精准扶贫"落到实处，切实让贫困民众真切地感受到党和国家对他们的关怀，防范流于形式，习近平总书记曾提出："小康路上一个都不能掉队"，在实施精准扶贫的战略中，习近平总书记反复叮嘱扶贫要精、要准，要因地施策、因户施策、因人施策，开出针对性很强的"药方"，"易地搬迁，挪穷窝、拔穷根，彻底解决贫困"④，并指出精准扶贫就是要求实施精细化的扶贫方式，"从扶贫机制上由主要依赖经济增长的'涓

---

① 习近平. 习近平谈治国理政［M］. 北京：外文出版社，2014：189.
② 习近平. 习近平谈治国理政［M］. 北京：外文出版社，2014：189.
③ 习近平. 决胜全面建成小康社会 夺取新时代中国特色社会主义伟大胜利——在中国共产党第十九次全国代表大会上的报告［M］. 北京：人民出版社，2017：47—48.
④ 中共中央文献研究室. 十八大以来重要文献选编：中册［M］. 北京：中央文献出版社，2016：720.

滴效应'到更加注重'靶向性'对目标人群直接加以扶贫干预的动态调整"①。这就充分表明，做好扶贫开发工作、支持困难群众脱贫致富、帮助贫困群众排忧解难、使发展成果更多惠及人民、满足人民追求幸福生活之需要、维护人民追求幸福之权利，是我们党坚持全心全意为人民服务根本宗旨的重要体现，也是党和政府的重大职责。正如习近平总书记在党的十九大工作报告中所指出的，要"坚决打赢脱贫攻坚战。让贫困人口和贫困地区同全国一道进入全面小康社会是我们党的庄严承诺"。这份历史责任和担当，以及所采取的一系列切实有效的惠民政策，深得最广大人民群众的广泛欢迎、认同和赞赏，客观上起到了最大限度地激发人民群众对中国特色社会主义建设的热爱、对中国梦的追求。

为了"使人民获得感、幸福感、安全感更加充实、更有保障、更可持续"②，为了"让改革发展成果更多更公平惠及全体人民"③，习近平总书记指出："为什么人的问题，是检验一个政党、一个政权性质的试金石。带领人民创造美好生活，是我们党始终不渝的奋斗目标。必须始终把人民利益摆在至高无上的地位，让改革发展成果更多更公平惠及全体人民，朝着实现全体人民共同富裕不断迈进。"④ 同时，他又指出要"坚持人人尽责、人人享有，坚守底线、突出重点、完善制度、引导预期，完善公共服务体系，保障群众基本生活，不断满足人民日益增长的美好生活需要，不断促进社会公平正义，形成有效的社会治理、良好的社会秩序，使人民获得感、幸福感、安全感更加充实、更有保障、更可持续"⑤。这就从具体的手段和措施上，为人民幸福和美好生活需求创造了可行的条件。习近平总书记在治国理政中所采取的一系列惠民政策和措施，事实上解决了人民生活之疾苦，使发展成果更多更公平惠及人民，满足人民追求幸福生活的需要，维护了人民追求幸福的权利，这是人民价值主体观的时代表征，也为人民追求幸福生活奠定了殷实的物质基础。"保障和改善民生要抓住

① 左停，杨雨鑫，钟玲. 精准扶贫：技术靶向、理论解析和现实挑战 [J]. 贵州社会科学，2015（08）：156.
② 习近平. 决胜全面建成小康社会 夺取新时代中国特色社会主义伟大胜利——在中国共产党第十九次全国代表大会上的报告 [M]. 北京：人民出版社，2017：45.
③ 习近平. 决胜全面建成小康社会 夺取新时代中国特色社会主义伟大胜利——在中国共产党第十九次全国代表大会上的报告 [M]. 北京：人民出版社，2017：45.
④ 习近平. 决胜全面建成小康社会 夺取新时代中国特色社会主义伟大胜利——在中国共产党第十九次全国代表大会上的报告 [M]. 北京：人民出版社，2017：45.
⑤ 习近平. 决胜全面建成小康社会 夺取新时代中国特色社会主义伟大胜利——在中国共产党第十九次全国代表大会上的报告 [M]. 北京：人民出版社，2017：45.

人民最关心最直接最现实的利益问题，既尽力而为，又量力而行，一件事情接着一件事情办，一年接着一年干"①，这是"共同富裕"的现实行动，是始终站在人民的立场，落实"人民幸福生活"追求的有效手段，习近平新时代中国特色社会主义思想所承载的是对人民的深切体恤和深厚情怀，是马克思主义中国化形态在其治国理政中所体现出来的人民历史观和价值观。

面对"人民的幸福生活"中应有的正当权利诉求，如何建立内蕴着公平、公正等品质的生活样态，是习近平总书记在治国理政中绕不过去的历史任务、历史责任和使命。针对于此，习近平总书记在其治国理政的价值纲领中，给予了清晰的呈现和庄重的价值承诺。他说，我们必须"坚持人民主体地位，切实保障公民享有权利和履行义务"②。"我们要依法保障全体公民享有广泛的权利，保障公民的人身权、财产权、基本政治权利等各项权利不受侵犯，保证公民的经济、文化、社会等各方面权利得到落实，努力维护最广大人民根本利益，保障人民群众对美好生活的向往和追求"③。要"深化司法体制综合配套改革，全面落实司法责任制，努力让人民群众在每一个司法案件中感受到公平正义"④。这就将人民对幸福生活的追求，置于"法治中国"建设的历史洪流之中，对人民幸福生活的追求提供了法理基础、予以法理支撑。使人民平等参与、平等发展权利得到充分保障，这无疑充分地彰显了"人民"作为习近平新时代中国特色社会主义思想最为坚实的价值根基和价值核心之地位。习近平总书记在治国理政中也紧紧围绕着"人民的幸福""人民美好生活的需要"这一时代主题和价值核心，通过包括"精准扶贫""法治中国"等一系列举措，直指制约、影响，甚至严重阻碍人民幸福生活追求的诸多因素，彻底消解因财富分配、利益偏失和社会公正缺位等原因而造成的所谓"弱势群体""草根"或"社会边缘人"等诸多现象，切实维护人民的正当利益与合法权益，促进实现社会公正，让人民真正能安居乐业，享受中国特色社会主义建设带来的丰厚福祉。

---

① 习近平. 决胜全面建成小康社会 夺取新时代中国特色社会主义伟大胜利——在中国共产党第十九次全国代表大会上的报告 [M]. 北京：人民出版社，2017：45.
② 习近平. 在首都各界纪念现行宪法公布施行30周年大会上的讲话 [N]. 人民日报，2012-12-05（02）.
③ 习近平. 在首都各界纪念现行宪法公布施行30周年大会上的讲话 [N]. 人民日报，2012-12-05（002）.
④ 习近平. 决胜全面建成小康社会 夺取新时代中国特色社会主义伟大胜利——在中国共产党第十九次全国代表大会上的报告 [M]. 北京：人民出版社，2017：39.

习近平总书记直面执政党内部的腐败现象和党的作风建设等一系列相关的历史性重大问题，他在党的十九大工作报告中指出："一个政党，一个政权，其前途命运取决于人心向背。人民群众反对什么、痛恨什么，我们就要坚决防范和纠正什么。"以"人民幸福生活"为价值意识为根本立足点，以深刻的历史意识、使命意识和责任、担当意识，来审视、判断问题。他充分意识到，党的作风建设中存在的种种问题，本质上都是脱离人民群众的，一切腐败，尽管形式有别，但本质上都是与人民的幸福生活追求背道而驰，都是对人民群众利益直接或间接的损害与破坏，都是与习近平新时代中国特色社会主义思想之根本的价值旨归相违背的。因此，他明确地指出"必须坚持以人民为中心的发展思想，不断促进人的全面发展、全体人民共同富裕"① 为指针，强调我们必须"更加自觉地维护人民利益，坚决反对一切损害人民利益、脱离群众的行为"②，要始终保持同人民的血肉联系，"人民群众反对什么、痛恨什么，我们就要坚决防范和纠正什么"③，进而要求对各种类型的腐败和懈怠，必须采取"零宽容"、标本兼治，还人民一片清朗的幸福生活之天空。为此，习近平总书记立足于人民的利益、人民对幸福美好生活追求的价值目标，惩治腐败，端正党的工作作风，重塑执政党的形象，重建党与人民水乳交融的亲密关系，以共产党之"初心"和优良品质，赢得广大人民群众的认同、认可和真心支持、拥护。"新形势下，党面临的执政考验、改革开放考验、市场经济考验、外部环境考验是长期的、复杂的、严峻的，精神懈怠危险、能力不足危险、脱离群众危险、消极腐败危险更加尖锐地摆在全党面前。"④ "我们党面临的执政环境是复杂的，影响党的先进性、弱化党的纯洁性的因素也是复杂的，党内存在的思想不纯、组织不纯、作风不纯等突出问题尚未得到根本解决。"⑤ 为此，习近平总书记在治国理政中，要求执政党的各级领导干部，必须从历史观、事业观、价值观上深刻认识

① 习近平. 决胜全面建成小康社会 夺取新时代中国特色社会主义伟大胜利——在中国共产党第十九次全国代表大会上的报告 [M]. 北京：人民出版社，2017：49.
② 习近平. 决胜全面建成小康社会 夺取新时代中国特色社会主义伟大胜利——在中国共产党第十九次全国代表大会上的报告 [M]. 北京：人民出版社，2017：15.
③ 习近平. 决胜全面建成小康社会 夺取新时代中国特色社会主义伟大胜利——在中国共产党第十九次全国代表大会上的报告 [M]. 北京：人民出版社，2017：61.
④ 习近平. 中国共产党第十九全国代表大会文件汇编 [M]. 北京：人民出版社，2017：78.
⑤ 习近平. 决胜全面建成小康社会 夺取新时代中国特色社会主义伟大胜利——在中国共产党第十九次全国代表大会上的报告 [M]. 北京：人民出版社，2017：61.

到人民的利益，即党的利益。共产党除了满足人民的利益，满足人民群众幸福生活的追求之利益外，再也没有别的特殊利益，人民群众的利益与共产党的利益不是两种利益，本质上是一致的。他在党的十九大报告中指出，要"把党建设成为始终走在时代前列、人民衷心拥护、勇于自我革命、经得起各种风浪考验、朝气蓬勃的马克思主义执政党"。这就从观念、思想和认识上对无视、违背甚至损害人民群众利益的一切行为和做法进行了清理和纠正，从而更为深刻地明确了人民群众的利益和人民对幸福生活的追求是执政党执政的价值诉求，这也就批判和否定了共产党与人民群众关系混乱、模糊甚至错误的认识，坚固了共产党执政的合法性基础。

习近平新时代中国特色社会主义思想，是对一切违背人民的意愿、破坏人民的利益，影响人民对幸福生活追求的错误观念、思想和行为的彻底否定与批判，切实从人民群众最关注、最盼望、最不满意、最急需办的事抓起，保证人民当家做主落实到国家政治生活和社会之中。坚持实干富民、实干兴邦，敢于开拓，勇于担当，多干让人民满意的好事实事，以优良党风凝聚党心民心、带动政风民风，从而不断增强人民群众对执政党的认同和赞扬，不断增强对中华民族伟大复兴中国梦的信念。

在此基础上，习近平总书记进一步要求作为执政党的各级领导干部，必须在实际工作中要真正做到能充分体察民情、了解民意、集中民智、爱惜民力，切实多做利民之事，从感情上贴近群众，认真倾听人民群众的呼声，真正把人民群众当主人、亲人和老师，不断从人民群众中汲取营养和智慧，最大限度地调动好、发挥好、保护好人民群众的主动性、积极性和创造性。唯有如此，才能从人民群众中汲取不竭的智慧和动力，才能保持党的先进性和纯洁性，也才能提高执政能力、提升执政境界。社会主义事业就是人民的事业，就是将人民追求幸福生活的价值逻辑写实、写透。只有这样党才能赢得人民的信任，建设中国特色社会主义的伟大事业也才会汇聚人民的力量，保持鲜活的生命力，社会主义的道路自信、理论自信、制度自信、文化自信也才有现实的"根"。如此，习近平新时代中国特色社会主义思想就更加清晰地印证着党的作风建设，关系党的形象，关系人心向背，关系党的生死存亡，关系到社会主义事业的成败。

二、以"四个伟大"为引领方向

习近平总书记在党的十九大报告中深刻指出："伟大斗争，伟大工程，伟大事业，伟大梦想，紧密联系、相互贯通、相互作用，其中起决定性作用的是党的建设新的伟大工程。推进伟大工程，要结合伟大斗争、伟大事业、伟大梦想的实践来进行，确保党在世界形势深刻变化的历史进程中始终走在时代前列，在应对国内外各种风险和考验的历史进程中始终成为全国人民的主心骨，在坚持和发展中国特色社会主义的历史进程中始终成为坚强领导核心。"① 这里提出的"四个伟大"，即具有许多新的历史特点的伟大斗争、党的建设新的伟大工程、中国特色社会主义伟大事业、实现中华民族伟大复兴的伟大梦想，是一个具有紧密内在关联的重要理论概括，是新时代中国特色社会主义思想的重要内容，为马克思主义信仰教育提供方向指导与践行理路。

（一）以伟大斗争突破信仰教育陈旧桎梏

习近平总书记在主持起草党的十八大报告时首次提出："发展中国特色社会主义是一项长期的艰巨的历史任务，必须准备进行具有许多新的历史特点的伟大斗争。"在"7·26"重要讲话中，总书记又强调，党要团结带领人民进行伟大斗争，成功应对重大挑战、抵御重大风险、克服重大阻力、解决重大矛盾，不断从胜利走向新的胜利。党的十九大再次强调，实现伟大梦想，必须进行伟大斗争，必须建设伟大工程，必须推进伟大事业。从所要应对的斗争内容来看，主要集中在观念交锋、国家富强、民族振兴和人民幸福等几个方面。

1. 深刻认识观念交锋斗争的必要性

习近平总书记深刻指出，"意识形态工作是党的一项极端重要的工作"②，这一论述充分表明当今中国特色社会主义建设事业是充满众多挑战、风险、阻力和矛盾的事业，尤其在意识形态领域面临的情况是极其复杂的。"近代中国，面对'数千年未有之大变局'，各种社会思潮的激烈斗争始终是围绕中华民族的救亡、独立与现代化道路等重大问题展开的。"③ 改革开放以来，一方面，西方各类社会思潮通过各种方式和途径传输，渗透到开放的中国，西方宪政民主、普世价值、公民社会、新自由主义等社会思潮暗流涌动、竞相发声，对中国的改革开放、政治体制改革、市场经济体制建设、民主法制建设等问题频频指责；另一方面，否定中国共产党的历史、否定中国革命史、否定中华人民共和国的

① 决胜全面建成小康社会　夺取新时代中国特色社会主义伟大胜利——习近平同志代表第十八届中央委员会向大会作的报告摘登 [N]. 人民日报，2017-10-19（02）.
② 习近平. 习近平谈治国理政 [M]. 北京：外文出版社，2014：153.
③ 林泰. 把握社会思潮的构成要素 [N]. 人民日报，2016-02-17（07）.

历史，进而否定中华民族文明史和优秀传统文化的历史虚无主义沉渣泛起。国外国内多种思潮和敌对势力形成合力，不断影响干部群众和青年学生，企图达到搞乱人们的思想、瓦解人们的积极进取的斗志、动摇中华民族做人立国的根基，取消马克思主义在意识形态领域的指导地位的目的，进而达到和平演变、政权倒塌的罪恶目的。坚决与一切在政治、经济、文化、社会等领域和自然界出现的困难和挑战做斗争，坚持四项基本原则，发扬斗争精神，提高斗争本领，不断夺取意识形态斗争新胜利。

2. 把国家富强方面的斗争融入马克思主义信仰教育

帝国主义的入侵是近代中国积贫积弱、一切灾难和祸害的总根源，一个落后的中国最符合西方列强的国家和资本家的利益。历经中国人民不屈不挠、前赴后继的百年斗争，使一个国家独立、民族解放的中国屹立于东方，中国人民终于站起来了。站起来的中国更不符合西方列强的利益，敌视、封锁、颠覆新生的人民民主政权，千方百计阻止和遏制社会主义中国走上繁荣富强的道路，是西方资本主义列强始终不曾放弃的追求和目的。实行霸权主义的国家凭借超强的经济和军事实力，强行干涉、控制弱小国家的内政外交，通过不正当、不正义方式获取资源和利益。帝国主义为争取世界霸权曾先后发动并产生了两次世界大战。自中华人民共和国成立以来，反霸权主义、反强权政治的斗争是中国共产党领导中国人民走向富强所面临的长期而又艰辛的挑战，我们历来态度鲜明，积极应对在事关中国主权和领土完整的重大原则问题上的一切挑战，我们坚持不惹事，但也不怕事，坚决捍卫国家的正当合法权益，坚决与一切削弱、歪曲、否定党的领导和我国社会主义制度的言行做斗争。当今世界，互联网的飞速发展对国家主权、安全和发展利益提出了新挑战，互联网时代的国家主权不断受到霸权主义与强权政治的侵犯，在此背景下增强网络安全意识和提升安全技术是确保信息主权不受侵犯的重要条件，与国际社会一道共同构建和平、安全、开放、合作的网络空间，建立多边、民主、透明的国际互联网治理体系是维护国家信息主权的必由之路。

3. 使民族振兴方面的斗争成为马克思主义信仰教育的目标追求

习近平总书记一再强调，"实现中华民族伟大复兴的中国梦，是近代以来中华民族的夙愿"①，这一夙愿体现了中华民族和中国人民的整体利益。中华民族

---

① 习近平. 习近平谈治国理政［M］. 北京：外文出版社，2014：56.

是一个历经历史辉煌的民族，历史上的中国是一个疆域广大、万国朝拜的泱泱大国，春秋时期的诸子百家争鸣使得中国位列"人类轴心期"的殿堂。但是自近代以降，历史上强盛的民族落伍了、分裂了、挨打了，一如孙中山先生在1924年所言："因为是一片散沙，所以受外国帝国主义的侵略，受列强经济商战的压迫，我们现在便不能抵抗。"① 正是由于革命党、北洋军阀四分五裂、号令不统一，结果被袁世凯打败，虽然孙中山先生认识到中国人不能结成坚固团体的成因，但是他却无力也无法解决一盘散沙、四分五裂、一大二弱的困局。这一问题为毛泽东同志所破解，1949年9月30日，毛泽东同志郑重指出："我们应当将全中国绝大多数人组织在政治、军事、经济、文化及其他各种组织里，克服旧中国散漫无组织的状态，用伟大的人民群众的集体力量，拥护人民政府和人民解放军，建设独立民主和平统一富强的新中国。"② 以毛泽东同志为核心的共产党人通过党的组织将占世界总人口五分之一的几亿人口动员起来，发挥人民群众的集体力量，通过28年的浴血奋战彻底推翻了三座大山的反动统治，完全终结了旧中国山头林立、四分五裂、一盘散沙的局面，建立了中华人民共和国。历史经验表明，团结的中国既要反对霸权主义和强权政治的外部干预，又要防范各种分裂势力内外勾结、兴风作浪，破坏安定团结的政治局面，坚决与一切分裂祖国、破坏民族团结和社会和谐稳定的行为做斗争。

4. 以人民幸福方面的斗争作为马克思主义信仰教育的价值引领

习近平总书记反复重申："人民对美好生活的向往，就是我们的奋斗目标。"人民是历史的创造者，群众是真正的英雄，坚决与一切损害人民利益、脱离群众的行为做斗争，一切破坏人民追求美好生活的利益固化团伙、一切阻碍人民追求美好生活的腐败行径、一切影响人民追求美好生活的懒政行为都是违背人民幸福意愿的，也是需要进行长期斗争的。在与人民幸福相违背、相抵触、相对抗的团体与行为做斗争的过程中，务必始终把实现好、维护好、发展好最广大人民根本利益作为一切工作的出发点和落脚点，不断解决好人民最关心最直接最现实的利益问题。人民群众所关心的教育、就业、收入、社保、医疗卫生、安全生产和食品药品安全等重大民生问题就是各级干部需要一件一件办好、一年一年干好的事情。为人民谋取幸福，实现全面建成小康社会的百年奋斗目标，当前最重大、最艰巨的任务是要坚决打赢脱贫攻坚战，在此基础上解决好贫困

---

① 孙中山选集［M］. 北京：人民出版社：北京，1981：721.
② 毛泽东文集：第5卷［M］. 北京：人民出版社，1996：138.

群众的生产生活问题，满足贫困群众追求美好幸福生活的向往和需求，是我们党的既定目标，也是我们党的庄严承诺。党的十八大以来，为打赢脱贫攻坚战，为贫困群众早日过上好日子好生活，党中央逐步建立和完善了脱贫攻坚的体制机制，以脱贫攻坚的责任体系、政策体系、投入体系、监督体系和考评体系综合推进，取得了阶段性胜利和成绩，但是扶贫开发是一个持续的奋斗过程，需要不断筑牢和巩固脱贫攻坚的思想基础，增强帮扶力量、做实脱贫措施、提高识别精准度、严查严惩违纪违规现象。①

（二）以党的建设伟大工程凝魂聚力

"建设什么样的党、怎样建设党"一直是中国共产党党的建设的一项历史性和时代性课题。中国共产党成立以后，以毛泽东同志为代表的中国共产党人对党的建设进行了艰辛探索和系统总结，把党的建设称为"伟大工程"。党的十八大以来，中国共产党持续推进党的建设新的伟大工程，在全面深化改革和中国特色社会主义现代化建设过程中系统地回答了"建设什么样的党、怎样建设党"的问题，是对马克思主义党的学说的新贡献，更是马克思主义信仰教育的引领方向。

1. 明确以更高的政治站位来审视党的建设伟大工程

办好中国的事情，实现党的阶段性奋斗目标，关键在党。中国特色社会主义最本质的特征是中国共产党的领导，中国特色社会主义制度的最大优势是中国共产党的领导。坚持和完善党的领导，是党和国家长治久安、繁荣稳定的根本所在。党的十八大以来，我们党担负着团结带领人民全面建成小康社会、推进社会主义现代化、实现中华民族伟大复兴的三大历史重任。党坚强有力，党同人民保持血肉联系，国家就繁荣稳定，民族就兴盛壮大，人民就幸福安康。形势的发展、事业的开拓、人民的期待，都要求我们以改革创新的时代精神全面推进党的建设新的伟大工程，全面提高党的建设科学化水平。党领导人民进入21世纪继续推进并实现三大历史性任务，面对经受"四大考验"、防止"四大危险"的挑战和任务，需要以更高的政治站位，从政治和全局的高度把握形势、分析问题、谋划工作，把全面从严治党摆在更加突出的位置。

---

① 徐秦法."四个伟大"的核心要义、内在逻辑与时代意蕴［J］．北方论丛，2017（06）：1-6.

2. 明确以更强的战略定力推进党的建设伟大工程

党的十八大以来全面从严治党取得前所未有的成绩，解决了系列重点、难点、焦点问题，人民群众评价很高。但是，形势比人强，新问题很可能层出不穷，老问题也可能卷土重来，故全面从严治党依然任重道远，要坚持目标指向、问题导向，保持战略定力，推动全面从严治党向远端迈进，向纵深发展。全面建成小康社会的决胜阶段推进党的建设伟大工程，需要集中统一领导，汇聚全党智慧，在各级党员干部、各级组织中强化政治意识、大局意识、核心意识和看齐意识，确保个人与集体在思想上政治上行动上始终同党中央保持高度一致，听党的话跟党走。党的十八大明确提出，全党要增强紧迫感和责任感，牢牢把握加强党的执政能力建设、先进性和纯洁性建设这条主线，坚持解放思想、改革创新，坚持党要管党、从严治党，全面加强党的思想建设、组织建设、作风建设、反腐倡廉建设、制度建设，增强自我净化、自我完善、自我革新、自我提高能力，建设学习型、服务型、创新型的马克思主义执政党，确保党始终成为中国特色社会主义事业的坚强领导核心。

3. 明确把创新党的建设伟大工程作为更大的政治责任

中国特色社会主义形成和发展历程承载着几代中国共产党人的理想和梦想，凝聚着亿万共产党人的奋斗和牺牲。历史充分证明，没有共产党，就没有改革开放以来中国特色社会主义的进步和发展。中国共产党人坚持把马克思主义基本原理与中国具体实际相结合，汲取和借鉴了其他共产党执政经验教训，在执政实践中不断探索、深入研究、科学认识、正确把握处于执政地位的中国共产党活动和建设的执政规律，开创了具有中国特色的以党领政、党政分工的执政模式。一是深化了对理论创新规律的认识。理论创新是一切创新的基本前提，时代在进步，实践在发展，理论本身也需要进一步提炼和抽象实践经验进行发展和创新，党的十八大以来的五年，我们党进行了全方位的理论创新，形成了习近平新时代中国特色社会主义思想，对于今后党的建设具有深远的指导意义。二是深化了对兴国要务规律的认识。发展是中国共产党执政兴国的第一要务，我们党高度重视和发展生产力，通过制度、科技、文化等诸多领导的创新，在经济发展新常态下着力推进供给侧结构性改革，进一步推动了生产力的快速发展。三是深化了对执政为民规律的认识。执政为民是党执政的基本价值取向，党创造各种条件领导和支持人民当家做主，维护和实现人民群众的利益诉求，不断提高人民群众的获得感和幸福感。四是深化了对从严治党规律的认识。治国必先治党，治党务必从严。党的十八大以来，始终坚持党要管党和治党，特别是从新形势出发提出要全面从严治党，不留死角、不设禁区，进一步增强党的先进性和纯洁性，以更大的政治责任不断提高党的创造力、凝聚力和战斗力。①

（三）以中国特色社会主义伟大事业巩固马克思主义信仰教育基底

中国特色社会主义是改革开放以来党的全部理论和实践的主题，全党必须高举中国特色社会主义伟大旗帜，牢固树立中国特色社会主义道路自信、理论自信、制度自信、文化自信，确保党和国家事业始终沿着正确方向胜利前进。中国特色社会主义是坚持了科学社会主义基本原则和根据时代条件赋予其鲜明中国特色的社会主义，是科学社会主义理论逻辑与中国社会发展历史逻辑辩证统一的具有民族特性的社会主义。

1. 明确中国特色社会主义事业是中国人民的精神家园和共同事业

党的十八大以来，在中华人民共和国成立特别是改革开放以来我国经济社会发展取得重大成就的基础上，国家综合国力进一步增强，人民生活水平快速提高，党和国家的事业正沿着正确方向阔步前进，一个面向现代化、面向世界、面向未来的发展中大国巍然屹立在世界东方，我们建设的精神家园和共同事业离民族复兴的梦想，从未如此接近。正如习近平总书记指出的："中国特色社会主义进入新时代，意味着近代以来久经磨难的中华民族迎来了从站起来、富起来到强起来的伟大飞跃，迎来了实现中华民族伟大复兴的光明前景；意味着科学社会主义在21世纪的中国焕发出强大生机活力，在世界上高高举起了中国特色社会主义伟大旗帜；意味着中国特色社会主义道路、理论、制度、文化不断发展，拓展了发展中国家走向现代化的途径，给世界上那些既希望加快发展又希望保持自身独立性的国家和民族提供了全新选择，为解决人类问题贡献了中国智慧和中国方案。"② 从过去中国建设与改革先后学习国外社会主义、资本主义的经验做法、方式方法到今天在扶贫开发、国际反恐、气候合作、医疗卫生方面反过来为国际社会提供中国智慧、中国方案，初步实现了中国为世界做出较大贡献的历史愿景，显示出中国特色社会主义的旺盛生命力和勃勃生机。

---

① 徐秦法．"四个伟大"的核心要义、内在逻辑与时代意蕴［J］．北方论丛，2017
（06）：1-6.
② 习近平．决胜全面建成小康社会　夺取新时代中国特色社会主义伟大胜利——在中国共产党第十九次全国代表大会上的报告［M］．北京：人民出版社，2017：10.

2. 明确中国特色社会主义事业是人类解放事业的行进阶段和组成部分

在历史唯物主义的理论视域中，人类解放是一个曲折的螺旋式发展的历史进程，须先后历经政治解放、社会解放、劳动解放等多向度多面层的解放才能得以实现。马克思阐述了社会主义政治革命可以在一国取得胜利的现实可能性，俄国十月革命的胜利证实了马克思人类解放理论的现实性，苏联在本国组织了社会主义生产，也取得了社会主义建设和反法西斯的伟大胜利，但是苏联共产党自身的创造力、凝聚力和战斗力却不断软化和腐化，僵化的政治经济体制、西方势力的全面渗透，使苏联社会主义模式走到尽头，东欧剧变这一人类解放事业的悲剧性事件，致使整个世界社会主义运动陷入低潮，"历史终结"的狂想曲席卷全球。而曾经的落后国家却在社会主义大道上阔步前进，取得了一个又一个的巨大成就。在中国共产党的领导下，我们坚持马克思主义基本原理与中国具体实际结合，不断探寻共产党执政规律、社会主义建设规律和人类社会发展规律。社会主义制度在中国确立以来，在建设和改革过程中始终坚持科学社会主义基本原则。特别是改革开放以来，中国特色社会主义特在道路、理论体系、制度上，将实现途径、行动指南、根本保障统一于中国特色社会主义伟大实践上，立足社会主义初级阶段的国情，研究前人的学术探究和借鉴他国的实践经验创造性地开辟出实现马克思人类解放理论的全新方式和实践道路。

（四）以"中国梦"联结全国人民同心同力

习近平总书记在参观《复兴之路》陈列展览时指出："现在，大家都在讨论中国梦，我以为，实现中华民族伟大复兴，就是中华民族近代以来最伟大的梦想。这个梦想，凝聚了几代中国人的夙愿，体现了中华民族和中国人民的整体利益，是每一个中华儿女的共同期盼。"① 实现中华民族伟大复兴中国梦，是一个长久的建设过程，需要经过"两个一百年"的持续奋斗，是新时代马克思主义信仰教育的前进目标。

1. 以中国梦激发全国人民同心同德的潜能

马克思主义信仰是特定社会历史条件下，社会群体或个人对理想社会模式及其政治理论坚定不移的追求，所反应的是对未来社会理想的政治价值取向，是社会发展的动力，也是社会进步的需要。马克思主义信仰，实际上是我们对

---

① 中共中央文献研究室. 习近平关于实现中华民族伟大复兴的中国梦论述摘编［M］. 北京：中央文献出版社，2013：3.

马克思主义、对共产主义的精神内核的理解。在这个新时代我们所倡导的马克思主义信仰教育，比任何宗教信仰都具有现实性，又对一切政治学进行了超越。它既是一种科学的、具有超前性的信仰，又是一种现实的、理性的信仰。信仰本身不是自然产生的，也不是自然获得的，而是需要人类主动习得的。新时代马克思主义信仰教育的内容，顺应了当下时代发展的趋势，能够符合人民精神文化生活的需求，展现了中国特色社会主义发展道路的优越性，是习近平治国理政思想的重要内核。

第一，以"中国梦"联结全国人民同心同德。"中国梦"并不是一个具象的任务，而是整个中华民族和个人奋斗目标的集合、对未来的愿景，从本质上反映了两个主体的利益诉求。可以说，没有集体的个体梦想是不长远和持久的，个体在奋斗中将会迷失方向、迷失自我；没有个体的集体梦想是虚幻和空泛的，集体的奋斗将会无所依托、无所支撑。实现中华民族伟大复兴作为鸦片战争以来中国人民最伟大的梦想，是中华民族的最高利益和根本利益，这一梦想激励无数仁人志士前赴后继、顽强奋斗，反抗西方列强的入侵和国内封建势力的统治。直到中国共产党成立之后，其团结带领各族人民历经 28 年的浴血奋战实现了民族独立和人民解放，中国人民从此真正站起来了。改革开放以来尤其是党的十八大以来，中国经济社会发展持续推进，党和国家各项事业不断取得新进展、实现新突破，人民生活不断提高，获得感不断增强，比历史上任何时期都更接近中华民族伟大复兴的目标。在实现国家富强、民族振兴和人民幸福的奋斗征程中，必然会遇到一系列复杂，可预见的和不可预见的，确定的和不可确定的矛盾、难题和问题，碰到各方面各领域各层次的体制机制障碍，攻坚克难、破解矛盾就必须激发全国人民同心同德的潜能，众志成城共同进行具有新的历史特点的伟大斗争。①

第二，以"中国梦"激发中国文化软实力。"中国梦"蕴含着中国传统优秀文化的精髓，这是我们最深层次的文化软实力。在新的历史时期，中华民族最基本的文化基因得到了人民最广泛的参与，具有当代价值的文化精神被以各种新媒体形式进行弘扬，"中国梦"的提出，是把继承优秀传统文化又弘扬时代精神的当代中国文化创新成果传播出去的绝佳时机。

而文化软实力体现了一个国家在文化基础上的凝聚力和生命力，以及由此

---

① 徐秦法．"四个伟大"的核心要义、内在逻辑与时代意蕴［J］．北方论丛，2017
（06）：1 - 6.

产生的吸引力和影响力。古往今来，任何一个大国的发展过程，不仅是经济总量、军事实力等硬实力增强的过程，同时也是价值观、思想文化等软实力增强的过程。习近平总书记指出，提高国家文化软实力，关系我国在世界文化格局中的定位，关系我国国际地位和国际影响力，关系"两个一百年"奋斗目标和中华民族伟大复兴的中国梦的实现。

"中国梦"是新时代马克思主义信仰教育的主旨方向，提高国家文化软实力则是该内容的具体方向。首先要夯实国家文化软实力的根基。提高国家文化软实力要"形于中"而"发于外"，我们必须切实加强文化建设，继续朝着建设社会主义文化强国的目标迈进。要深化文化体制改革，完善文化管理体制，构建现代公共文化服务体系，完善现代文化市场体系，提高文化开放水平，形成有利于创新创造的文化发展环境。其次要大力发展文化事业，推动基本公共文化服务标准化、均等化，引导文化资源向城乡基层倾斜，创新公共文化服务方式，保障人民基本文化权利。要加快发展现代文化产业，促进文化产业结构优化升级，培育新型文化业态，扩大和引导文化消费，推动文化产业逐步成为国民经济的支柱产业。

"中国梦"作为新时代马克思主义信仰教育的主旨方向，意在通过"中国梦"这个宏大目标来传播当代中国价值观念。当代中国价值观念是具有中国特色的社会主义价值观念，是中国先进文化前进的方向。要把中国梦的宣传和阐释与当代中国价值观紧密结合起来，从哲学、历史、文化等方面对中国梦进行深入的阐释，反对形式主义，反对庸俗化。要从历史层面、国家层面、个人层面、全球层面明确"中国梦"，使"中国梦"成为当代中国价值观念的生动载体。

2. 持续接力实现"两个一百年"的奋斗目标

实现中华民族伟大复兴作为一项前无古人，光荣而又艰巨的伟大事业，需要一批又一批、一代又一代中国人持续接力、共同奋斗和努力。到2020年全面建成小康社会，实现第一个百年奋斗目标，是我们党向人民、向历史做出的庄严承诺。我们要按照全面建成小康社会各项要求，突出抓重点、补短板、强弱项，推动经济社会持续健康发展，使全面建成小康社会得到人民认可、经得起历史检验。2020年全面建成小康社会后，我们要激励全党全国各族人民为实现第二个百年奋斗目标而努力，从2020年到2035年奋斗15年基本实现社会主义现代化，从2035年到2050年把我国建成富强民主文明和谐美丽的社会主义现代化强国，让中华民族以更加昂扬的姿态屹立于世界民族之林。在奋斗中，党领导和团结各族人民既要凝聚共识、民心和力量，又要坚持走中国道路，弘扬中国精神，凝聚中国力量。我们要牢牢把握当前我国发展的阶段性特征，牢牢把握人民群众对美好生活的向往，提出新思路、新战略和新举措，继续统筹推进"五位一体"总体布局、协调推进"四个全面"战略布局，为实现"两个一百年"奋斗目标、夺取中国特色社会主义伟大胜利、实现中华民族伟大复兴的中国梦持续发力。

"四个伟大"是在党中央领导和团结全国各族人民在全面建成小康社会决胜阶段、开启社会主义现代化强国建设新征程的重要历史节点，提出的具有时代性、全局性、统领性、战略性、前瞻性的行动纲领，必将对富起来的新时代中国特色社会主义产生更加重大而深远的全面影响，在"四个伟大"的奋斗征程中，中国共产党必定引领新时代中国特色社会主义开辟更加辉煌的新境界。①

习近平总书记在纪念马克思诞辰 200 周年大会上的讲话中指出："恩格斯说：'一个民族要想站在科学的最高峰，就一刻也不能没有理论思维。'中华民族要实现伟大复兴，也同样一刻不能没有理论思维。马克思主义始终是我们党和国家的指导思想，是我们认识世界、把握规律、追求真理、改造世界的强大思想武器。"坚持在新的历史条件下，加强和改进马克思主义信仰教育，对于实现国家富强、民族振兴具有十分重要且深远的意义。

三、以"四个自信"为基本内涵

"四个自信"是中国化的马克思主义的新成果，与马克思主义信仰紧密相关，新时代的马克思主义信仰教育，应当以"四个自信"为基本内涵。"四个自信"是一个统一的整体，紧紧围绕中国特色社会主义这一主题，既相对独立，又相辅相成。新时代中国共产党道路自信是历史的选择、人民的选择，也是实践的选择，是伟大梦想的实现途径，更是理论自信、制度自信、文化自信的基本前提，为发展中国家走向现代化提供了全新选择。道路自信，就是对中国特色社会主义道路充满自信，坚信由此才能实现中华民族伟大复兴的"中国梦"、实现社会主义现代化强国的目标。道路自信为社会主义建设创造物质基础，我们对中国特色社会主义道路充分自信，才取得了丰硕的物质成果，为新时代奠

---

① 徐秦法."四个伟大"的核心要义、内在逻辑与时代意蕴［J］. 北方论丛，2017
（06）：1-6.

定了坚实的物质基础。文化自信就是坚信将中国优秀传统文化、红色革命文化和社会主义先进文化这些历史文化中最为核心的精神集中于一体的中国特色社会主义文化具有强大的生命力和影响力。理论自信是对马克思主义理论特别是中国特色社会主义理论体系的科学性、真理性的自信，坚持理论自信就是要坚定对共产党执政规律、社会主义建设规律、人类社会发展规律认识的自信，就是要坚定实现中华民族伟大复兴，坚定为人民创造美好生活的信心。制度自信是对中国特色社会主义制度具有制度优势的自信，坚持制度自信就是要相信社会主义制度具有巨大优越性，相信社会主义制度能够推动发展、维护稳定，能够保障人民群众的自由平等权利和人身财产权利。"四个自信"相互关联、密不可分，坚持以"四个自信"为新时代马克思主义信仰教育的基本内涵，就是坚持马克思主义基本立场、马克思主义理论基本观点，在紧紧围绕实现中华民族伟大复兴的时代主题基础上，将马克思主义信仰教育的深度与广度向民族自信与民族情感的方向发展，不断推动中国化的马克思主义在 21 世纪展现出更强大、更有说服力的力量。

（一）理论自信就是坚信马克思主义理论是科学的真理

坚信马克思主义中国化的理论成果是科学的真理，是科学社会主义的理论逻辑和中国社会主义的历史逻辑两者的有机统一，理论自信从根本上来说出于理论的科学性和真理性。理论自信是道路自信、制度自信、文化自信的思想引领，是实现伟大梦想的行动指南，为科学社会主义的发展注入了强大生机活力。正是因为理论自信的存在，使中国共产党在实践中有不断推动理论创新和发展的勇气和信心，由此产生了一系列马克思主义中国化的理论成果，其中最为突出的就是中国特色社会主义理论体系，这为引领新时代马克思主义信仰教育指明了方向，提供了丰富的指导思想。

1. 理论自信源于马克思主义的科学性与真理性

马克思主义因其内在的科学性和真理性，始终闪烁着耀眼的智慧光芒，这是中国共产党始终保持马克思主义高度自信的根本原因。马克思主义理论是在对人类社会发展过程中全部文明成果进行总结和批判的基础上创立的科学理论，列宁指出："马克思的全部理论，就是运用最彻底、最完整、最周密、内容最丰富的发展论去考察现代资本主义。自然，他也就运用这个理论去考察资本主义的即将到来的崩溃和未来共产主义的未来的发展。"① 马克思对人类思想建树的一切进行探讨与批判，从而得出了前任所没有得出的科学真理。邓小平同志也曾明确指出，"我坚信，世界上赞成马克思主义的人会多起来的，因为马克思主义是科学"②，马克思主义具有科学性、实践性、人民性，揭示了资本主义社会的运行规律、人类社会发展的一般规律、社会主义发展的客观规律，为人类指出了解放与自由的光明前景。"没有一种思想理论像马克思主义那样对人类产生了如此广泛而深刻的影响"③，直到今天，马克思主义依然占据着真理和道义的制高点，依然是中国共产党长期坚持的指导思想，中国共产党的理论自信正是源于马克思主义的科学性、真理性，更重要的是，马克思主义不是一成不变的教条真理，而是与时俱进、不断发展的科学学说，中国共产党在学习运用马克思主义的过程中，坚持理论联系实际，不断推进马克思主义中国化，在追求民族独立人民解放、实现中华民族伟大复兴的进程中，形成了独特的毛泽东思想和中国特色社会主义理论体系等理论成果，为我国建设和发展中国特色社会主义提供了强有力的思想指导。"一部马克思主义发展史就是马克思、恩格斯以及他们的后继者们不断根据时代、实践、认识发展而发展的历史，是不断吸收人类历史上一切优秀思想文化成果丰富自己的历史"④，理论自信正是源自马克思主义的科学性和真理性，也来自中国特色社会主义伟大实践中的理论创新。

正因如此，马克思主义信仰教育需要坚持以理论自信为基本要求，应以马克思主义唯物史观为理论基础，通过正确认识、把握和破解实践中的重大现实问题与理论问题，帮助人们深化对"三大规律"的理解，从而牢固确立马克思主义信仰、共产主义信念。坚持马克思主义信仰教育的科学性，追求全面系统、完整准确地把握马克思主义信仰的真谛，真正弄懂人类社会的发展趋势，真正弄懂共产主义的科学性和必然性，从而真正树立对马克思主义、对中国特色社会主义的理论自信。

2. 理论自信增强马克思主义信仰的战略定力

列宁曾尖锐指出理论与政党的关系，他认为："没有理论，革命派别就会失

---

① 列宁全集：第 3 卷［M］.北京：人民出版社，2012：186.
② 邓小平文选：第 3 卷［M］.北京：人民出版社，1993：382.
③ 习近平.在纪念马克思诞辰 200 周年大会上的讲话［N］.人民日报，2018 - 05 - 05（02）.
④ 习近平.在纪念马克思诞辰 200 周年大会上的讲话［N］.人民日报，2018 - 05 - 05（02）.

去生存的权利，而且不可避免地迟早注定要在政治上遭到破产。"① 中国共产党不仅自成立之日起就对马克思主义理论具有高度自信，还持续不断地致力于将理论自信转换为将马克思主义与中国具体实践相结合的战略定力。李大钊同志曾自信地预言："试看将来的环球，必是赤旗的世界!"② 毛泽东同志总结指出中国人在学会马克思列宁主义后，在精神上就会由被动转为主动。邓小平同志被誉为改革开放的总设计师，他坚信马克思主义理论，认为中国的社会主义是变不了的，中国肯定要沿着自己选择的社会主义道路走到底。马克思主义发展史上的诸多伟人都对马克思主义理论表示出充足的自信，正是由于这样的自信，中国共产党在不断推进中国革命、建设、改革的伟大进程中，面对西方"历史的终结""共产主义失败说"等叫嚣尘上的诸多言论，始终保持着对马克思主义的高度自信与战略定力，使中国的马克思主义不断开拓新境界，取得举世瞩目的辉煌成就。进入 21 世纪以来，国际社会的社会主义形势面临着严峻复杂的考验，中国特色社会主义处于百年未有之大变局的时代机遇，始终坚持马克思主义理论自信，牢固树立马克思主义信仰，在很大程度上成为中国共产党与中国人民面对复杂多变的国际形势的战略定力的坚强支撑。这就需要新时代的马克思主义信仰教育，在理论教育上成熟、自信，不断提高战略思维能力，增强战略定力，在统筹推进"五位一体"总体布局和协调推进"四个全面"战略布局的过程中坚持社会主义的发展方向，以更宽广的视野、更长远的眼光思考和把握重大问题，以更坚定的立场、更科学的方法制定党和国家的方针政策和发展战略，以更坚定的信心迎接世界挑战。

（二）制度自信为实现伟大梦想提供了可靠保障

制度自信是道路自信、理论自信、文化自信的具体展现。制度自信为实现伟大梦想提供了可靠保障，在世界上高高举起了中国特色社会主义伟大旗帜，为解决人类问题贡献了中国智慧和中国方案。

1. 制度自信为实现中华民族伟大复兴提供了根本保障

制度自信就是坚信中国特色社会主义制度具有巨大的优越性，是推动社会发展、维护社会稳定、保障人民群众根本利益的最好的制度，这一制度相比其他社会制度具有无法比拟的优越性。我国具有完整的符合我国具体国情的制度

---

① 列宁全集：第 6 卷［M］. 北京：人民出版社，1986：367.
② 李大钊全集：第 2 卷［M］. 北京：人民出版社，2013：367.

体系。纵观世界历史，人民代表大会制度是最好的政权组织形式，是我国的政体，它从根本上解决了民主只存在于少数人中的问题，真正实现了大多数人的民主，并且切实可靠地保障了人民当家做主权利的实现，是目前最理想的民主政治形式；民族区域自治制度很好地结合了民族自治和区域自治的优点，又有效规避了单纯的民族自治或者区域自治带来的弊端，实现了中央领导下的集中权威和民族区域自治相结合，是维护民族团结、实现民族平等和各民族共同发展的重要政治制度；中国共产党领导的多党合作与政治协商制度，既解决了一党制带来的专政不民主问题，又减少了两党制、多党制互相内耗、效率不高的现象，是最好的政党制度之一；在改革开放 40 多年实践过程中不断探索并完善的基本经济制度和基本分配制度等能够极大地激发各类经济体和劳动者的积极性，有效地调动一切经济发展积极因素促进经济发展。实现中华民族伟大复兴的中国梦，必须坚定制度自信，既不照抄照搬，又不故步自封。正是由于对这些制度的自信和坚持，我们解决了一个又一个发展中遇到的重大问题，综合国力显著提升，长期稳定的制度优势使中华民族前所未有地接近民族复兴伟大梦想的心愿，我们没有理由不坚持制度自信。

2. 在马克思主义信仰教育中强化制度认同和制度自信

中国特色社会主义制度从改革开放以来，就经历了中国社会发展实践中的许多考验，符合我国政治、经济、文化、民族等多方面的国情，顺应了我国经济社会各个阶段的发展现状，取得了快速发展的巨大成就，赢得了广大社会成员的普遍认同，取得了举世瞩目的发展成效。与世界各国的政治经济制度相比较，中国特色社会主义制度具有有效整合社会资源的制度优势，具有高度调动社会活力的政治优势，具有极大推动社会生产力的经济优势，具有最大促进社会和谐的社会优势，具有积极凝聚社会共识的思想优势。

新时代的马克思主义信仰教育，需要坚持并强化制度自信，既对中国特色社会主义实践毕竟仅有几十年时间，制度还不够成熟、不够完备有着清醒的认识，更要培养对中国特色社会主义制度的优越性、长期坚持完善社会主义制度的高度认同。新时代的马克思主义信仰教育，不仅要把中国特色社会主义制度体系的实质内容作为教育的基础，更要将我国的制度与世界各国的制度相比较，明确和突出我国的制度优势，并将这种优势意识转化为制度自信，凝聚广大人民对中国特色社会主义制度的拥护与热爱，构建和谐稳定的国内环境、齐心协力的共同意识，使制度自信成为推动中国特色社会主义建设的助燃剂。

（三）道路自信凝结了中国特色社会主义的理论精髓和实践主题

道路决定命运、关乎成败。道路自信就是坚信中国特色社会主义道路是实现我国社会主义现代化的必由之路，是创造人民美好生活的必由之路，是一条马克思主义基本原理与中国具体实际相结合的科学之路，是被实践反复证明了的具有独特优势的成功之路。

1. 道路自信源于中国特色社会主义的伟大实践

中国特色社会主义离不开马克思主义的理论指导，中国特色社会主义在理论与实践的良性互动中形成了中国特色社会主义道路，彰显了中国化马克思主义的强大生命力，检验了马克思主义的科学性真理性，为世界社会主义的发展和为中国道路的进一步拓展创新了理论资源，也为道路自信提供了思想起点和科学理论支撑。习近平总书记指出，"我们说的道路自信、理论自信、制度自信，来源于实践、来源于人民、来源于真理"，"我们要在深入把握中国特色社会主义的科学性和真理性的基础上增强自信。"① 道路自信是中国特色社会主义伟大实践的凝结，是中国共产党和中国人民的历史选择，自鸦片战争以来，中华民族无数仁人志士苦苦探索救亡图存之道路，农民阶级、地主阶级、资产阶级改良派、资产阶级革命派均以失败告终，十月革命为中国送来了马克思主义，中国共产党在马克思主义的指导下，独立自主探索中国革命、建设和改革、发展的中国道路，取得了新民主主义革命的胜利，开辟中国特色社会主义，不仅为各民族选择适合自己的发展道路提供了中国经验，而且为推动世界共同发展和建构人类命运共同体提供了中国方案。习近平总书记在党的十九大报告中对中国道路的成就给予了高度评价："中国特色社会主义进入新时代，意味着近代以来久经磨难的中华民族迎来了从站起来、富起来到强起来的伟大飞跃，迎来了实现中华民族伟大复兴的光明前景。"② 40 年改革开放的历史进程确证了"只有中国特色社会主义才能发展中国"的逻辑结论，也确证了中国人民对中国特色社会主义道路的认同和自信不断加强。中华人民共和国 70 余年的历程是马克思主义与中国实际相结合的辩证统一，其蕴含的逻辑理路可以简约概括为：只有社会主义才能救中国，只有中国特色社会主义才能发展中国，这既是人民的

---

① 习近平. 在对历史的深入思考中更好走向未来 交出发展中国特色社会主义合格答卷 [N]. 人民日报，2013 – 06 – 27（01）.

② 习近平. 决胜全面建成小康社会 夺取新时代中国特色社会主义伟大胜利 在中国共产党第十九次全国代表大会上的报告 [M]. 北京：人民出版社，2017：10.

选择也是历史的必然。这一逻辑演绎过程铸就了中国道路，也铸就了中国人民的道路自信。

2. 在马克思主义信仰教育中坚定道路自信

新时代的马克思主义信仰教育，实际上旨在强壮人民的精神世界，是要深化马克思主义信仰在人民心中的地位，只有道路自信打底，马克思主义信仰教育才有深入人心的可能。习近平总书记指出，一个民族、一个国家，必须知道自己是谁，是从哪里来的，要到哪里去，想明白了、想对了，就要坚定不移朝着目标前进。在正确把握中国特色社会主义制度优势的基础上深入落实道路自信，就要求新时代的马克思主义信仰教育明确中国特色社会主义道路的起点与目标，明确中国道路的"社会主义"属性不动摇，明确中国道路的"中国特色"。中国特色社会主义属于社会主义的初级阶段，而社会主义属于共产主义的初级阶段，虽然中国特色社会主义距离共产主义还有相当大的距离，但是这条道路却是通向共产主义的康庄大道。坚持道路自信，就是要在正确认识中国特色社会主义道路的优越性与所处阶段的同时，坚持以人民为中心的发展理念，走共同富裕的发展道路，从根本上克服了资本主义社会两极分化问题，中国道路必将跨越马克思所说的"卡夫丁峡谷"，到达人人自由全面发展的共产主义社会。坚持中国特色社会主义道路，坚持人民共享发展成果，不断开拓中国特色社会主义发展新境界，必将帮助马克思主义信仰在人民心中根深蒂固，使道路自信成为中国在世界竞争中的闪亮名片。

（四）文化自信增强了中国特色社会主义文化精神动力

历史和现实都已不止一次证明，一个民族要想长久发展并保持蓬勃的生命力，就必须要有强大的文化软实力作为支撑，中国民族之所以能够一直延续几千年并不断发展的根本原因在于中华文化的延绵不绝。由此看来，中华民族优秀传统文化以及近代以来在革命斗争中积累的红色革命文化可以说是中国特色社会主义"三个自信"的文化源头。在这之中，"文化是一个国家、一个民族的灵魂"[1]。"我们说要坚定中国特色社会主义道路自信、理论自信、制度自信，说到底是要坚定文化自信。"[2] 文化自信是道路自信、理论自信、制度自信的内在要求，因为对文化的充分自信，我们创造出了具有更强生命力和包容性的新

---

① 习近平. 习近平谈治国理政：第 2 卷［M］. 北京：外文出版社，2017：349.

② 习近平. 习近平谈治国理政：第 2 卷［M］. 北京：外文出版社，2017：339.

时代文化，这是推进中国特色社会主义进入新时代的精神动力。放眼全球，当前不同国家、地区和组织之间的竞争状况，不仅是传统的经济、科技、军事等硬实力的竞争，而且是以文化为代表的软实力的竞争。在各种文化交流、冲突、碰撞和融合的过程中，保持独立性和对其他文化的强大影响，是一个国家文化软实力的体现。文化对一个国家和一个民族具有最深远的影响。中国五千年历史的延续与中华文化的强大生命力息息相关。在新时代，继续保持中华文化的影响力，充分发挥这种强大的软实力，促进中国特色社会主义事业的新发展，是迫在眉睫的历史任务。具有文化底蕴的中国才是一个真正强大的中国。新时代的马克思主义信仰教育，就是要使文化自信成为民族性格，从根本上为国家发展、民族复兴提供精神动力。

1. 坚定道路自信、理论自信、制度自信就要坚定文化自信

文化体现了深层的精神追求和精神毅力。文化自信是一种更基本、更广泛、更深刻的自信。它是一种更基本、更深沉、更持久的力量。坚定文化自信，是事关国运兴衰、事关文化安全、事关民族精神独立性的大问题。中国特色社会主义是实现中华民族伟大复兴的必由之路。不仅要有坚定的道路、理论和制度信心，还要有坚定的文化信心。文化是国家生存和发展的重要力量。民族复兴需要强大的物质力量和精神力量。没有先进文化的积极引导，没有人民精神世界的极大丰富，没有民族精神力量的不断增强，一个国家、一个民族就不能屹立于世界民族之林。党的十八大以来，以习近平同志为核心的党中央高度重视社会主义文化建设。习近平总书记就文化建设和思想政治建设的许多方向性、基础性、全局性等问题发表了许多重要讲话。新时期以来，社会主义文化建设取得了巨大成就，巩固和发展了主流意识形态，主旋律更加响亮，正能量更强，社会主义文化建设地位意识明显提高。增强文化自信，加快建设社会主义文化强国，对实现"两个一百年"奋斗目标、实现中华民族伟大复兴的中国梦具有重要的指导意义。

2. 坚定文化自信，就要推动社会主义文化繁荣兴盛

没有高度的文化自信，没有文化的繁荣兴盛，就没有中华民族伟大复兴。要坚持中国特色社会主义文化发展道路，激发全民族文化创新创造活力，建设社会主义文化强国。坚定文化自信，离不开对中华民族历史的认知和运用。在五千多年文明发展中孕育的中华优秀传统文化，在党和人民伟大斗争中孕育的革命文化和社会主义先进文化，积淀着中华民族最深沉的精神追求，是中华民

族独特的精神标识。中国特色社会主义植根于中华文化沃土，只有大力弘扬中国特色社会主义文化，坚定文化自信，增强对中华文化的认同，才能增强对中国特色社会主义道路的认同，我们走自己的路才具有无比深厚的历史底蕴，具有无比强大的前进动力。中华民族伟大复兴要以中华文化发展繁荣为条件。人类社会的每一次跃进，人类文明的每一次升华，无不伴随着文化的历史性进步。一个没有精神力量的民族难以自立自强，一项没有文化支撑的事业难以持续长久。习近平总书记强调：中国特色社会主义是物质文明和精神文明全面发展的社会主义。满足人民日益增长的物质需求，必须抓好经济社会建设，增加社会的物质财富；满足人民日益增长的精神文化需求，就必须抓好文化建设，增加社会的精神文化财富。要在建设高度物质文明的同时，提高全民族的科学文化水平，发展高尚的丰富多彩的文化生活，建设高度的社会主义精神文明。

四、以社会主义核心价值观为精神内核

新时代的马克思主义信仰教育，就是要用社会主义核心价值观凝魂聚力。习近平总书记强调："任何一个社会都存在多种多样的价值观念和价值取向，要把全社会意志和力量凝聚起来，必须要有与这个社会的经济基础和政治制度相适应、并能形成广泛社会共识的核心价值观。"① 社会主义核心价值观，是反映全国各族人民共同价值观的"最大公约数"，使全体人民同心同德、团结奋进，关乎国家前途命运，关乎人民幸福安康。

（一）用社会主义核心价值观凝聚中国力量

任何社会都有各种各样的价值观。要团结全社会的意志和力量，必须有一套与经济基础和政治制度相适应、能够形成广泛社会共识的核心价值观。核心价值观在一个社会的文化中起着核心作用。它们是决定文化的性质和方向的最深刻的因素，是一个国家的重要稳定器。习近平总书记指出："人类社会发展的历史表明，对一个民族、一个国家来说，最持久、最深层的力量是全社会共同认可的核心价值观。"② 如果没有共同的核心价值观，一个民族、一个国家就会魂无定所、行无依归。

社会主义核心价值观是当代中国精神的集中体现，是凝聚中国力量的思想

---

① 中共中央文献研究室. 习近平关于社会主义文化建设论述摘编 [M]. 北京：中央文献出版社，2017：106.
② 习近平. 习近平谈治国理政 [M]. 北京：外文出版社，2014：168.

道德基础。要立足于巩固全党全国各族人民团结奋斗的共同思想基础、巩固党的执政地位的战略高度，持续加强社会主义核心价值体系建设，把培育和弘扬社会主义核心价值观作为凝魂聚气、强基固本的基础工程，作为一项根本任务，切实抓紧抓好，更好弘扬中华精神、中华价值、中华力量，为中国特色社会主义事业提供源源不断的精神动力和精神食粮。

在当代中国，我们的民族、我们的国家应该坚守的社会主义核心价值观，就是党的十八大提出要倡导的富强、民主、文明、和谐，自由、平等、公正、法治，爱国、敬业、诚信、友善。社会主义核心价值观整合了国家、社会、公民三个层次的价值要求，深刻回答了我们要建设什么样的国家、建设什么样的社会、培养什么样的公民等重大问题。习近平总书记指出，要"用社会主义核心价值观凝魂聚力，更好构筑中国精神、中国价值、中国力量，为中国特色社会主义事业提供源源不断的精神动力和道德滋养"①。必须通过教育引导、舆论宣传、文化熏陶、行为实践、制度保障等，使社会主义核心价值观内化于心、外化于行。

（二）用社会主义核心价值观发扬中华优秀传统文化

培育和弘扬社会主义核心价值观，必须以中华优秀传统文化为基础。牢固的核心价值观，都有其固有的根源。全盘否定传统和根本，就等于割断了自己的精神命脉。中华民族能够在几千年的历史长河中生生不息、薪火相传、顽强发展，很重要的一个原因就是有一脉相承的精神追求、精神特质、精神脉络。习近平总书记指出，"中华文明绵延数千年，有其独特的价值体系"②。中国优秀的传统文化已经成为中华民族的基因，根植于中国人的心中，潜移默化地影响着中国人的思维方式和行为方式。社会主义核心价值观充分体现了中国优秀传统文化的传承和升华。实际上就是将中国人日用不觉的价值观念进行了优化和升华。社会主义核心价值观的内容，必须要从中华优秀传统文化中汲取丰富营养，否则就不会有生命力和影响力。中华文化延续着我们国家和民族的精神血脉，既需要薪火相传、代代守护，也需要与时俱进、推陈出新。要认真吸收中华优秀传统文化的思想精华和道德精髓，深入挖掘和阐发中华优秀传统文化讲仁爱、重民本、守诚信、崇正义、尚和合、求大同的时代价值，并结合新的

① 习近平. 更好构筑中国精神、中国价值、中国力量 为中国特色社会主义事业提供精神动力和道德滋养［N］. 人民日报，2015－10－14（01）.
② 习近平. 青年要自觉践行社会主义核心价值观［N］. 人民日报，2014－05－05（02）.

时代条件加以继承和发扬，使之成为涵养社会主义核心价值观的重要源泉。

此外，在社会主义核心价值观中，最深层、最根本、最永恒的是爱国主义。这同样也是马克思主义信仰教育的主题思想。爱国主义精神深深植根于中华民族心中，是中华民族的精神基因，维系着华夏大地上各个民族的团结统一，激励着一代又一代中华儿女为祖国发展繁荣而不懈奋斗。习近平总书记指出：必须把爱国主义教育作为永恒主题，把爱国主义教育贯穿国民教育和精神文明建设全过程，贯穿培育和践行社会主义核心价值观全过程。要增强人民的爱国主义情怀和意识，生动传播爱国主义精神，唱响爱国主义主旋律，让爱国主义成为每一个中国人的坚定信念和精神依靠。要让爱国主义精神在广大青少年心中牢牢扎根，让爱国主义精神代代相传、发扬光大。他特别强调：弘扬爱国主义精神，必须坚持爱国主义和社会主义相统一。祖国的命运和党的命运、社会主义的命运是密不可分的。只有坚持爱国、爱党、爱社会主义相统一，爱国主义才是鲜活的、真实的，这是当代中国爱国主义精神最重要的体现。① 要充分利用中国优秀传统文化蕴含的丰富思想道德资源，使之成为社会主义核心价值观的重要培育源泉。

（三）用社会主义核心价值观反哺道德教育

习近平总书记指出："人类社会发展的历史表明，对一个民族、一个国家来说，最持久、最深层的力量是全社会共同认可的核心价值观。"② 青年的价值取向决定了未来整个社会的价值取向。新时期，在社会思潮暗潮涌动的当下，通过对社会主义核心价值观的认同来完成价值整合，增强青年对社会主义核心价值观的理论认同、情感认同和实践认同，化解社会转型中的价值冲突，增强当代青年对政治形态价值的认同，从而实现马克思主义信仰教育的有效实践。首先要通过理论灌输教育，引导当代青年正确理解社会主义核心价值观的精神实质，增强其对社会主义核心价值观的理论认同，使社会主义核心价值观成为他们的精神引领和基本遵循。其次是致力于教育环境的改良和优化，营造家庭、学校、社会一体的氛围，发挥文化育人和典型感化的作用，不断增强青年对社会主义核心价值观的情感认同。最后是将社会主义核心价值观的培育工作与青年的社会生活实践有机融合，使广大青年在身体力行中真切感受其科学性和先

---

① 习近平. 大力弘扬伟大爱国主义精神 为实现中国梦提供精神支柱 [N]. 人民日报，2015 – 12 – 31（01）.

② 习近平. 习近平谈治国理政 [M]. 北京：外文出版社，2014：168.

进性，从而增强对社会主义核心价值观的实践认同，进而成为社会主义核心价值观的真诚信仰者、坚定践行者、广泛传播者。

培育和践行社会主义核心价值观，贵在坚持知行合一、坚持行胜于言，在落细、落小、落实上下功夫，使之像空气一样无处不在、无时不有，成为百姓日用而不觉的行为准则。习近平总书记对如何践行社会主义核心价值观提出了明确具体的要求。他指出，要把社会主义核心价值观日常化、具体化、形象化、生活化，使每个人都能感知它、领悟它。要通过教育引导、舆论宣传等手段，使社会主义核心价值观内化为人们的精神追求，外化为人们的自觉行动。要健全各行各业规章制度，完善乡规民约等行为准则，使社会主义核心价值观成为人们日常工作生活的基本遵循。要发挥政策导向作用，使经济、政治、文化、社会等方方面面政策都有利于社会主义核心价值观的培育。

另外，社会主义核心价值观有着突出道德价值的作用，马克思主义信仰教育要持续深化社会主义思想道德建设，继承和弘扬我国人民在长期实践中培育和形成的传统美德。在核心价值体系和核心价值观中，道德价值具有十分重要的作用。习近平总书记精辟指出："核心价值观，其实就是一种德，既是个人的德，也是一种大德，就是国家的德、社会的德。"① 国无德不兴，人无德不立。必须加强全社会的思想道德建设，激发人们形成善良的道德意愿、道德情感，培育正确的道德判断和道德责任，提高道德实践能力尤其是自觉践行能力，引导人们向往和追求讲道德、尊道德、守道德的生活，形成向上的力量、向善的力量。他强调，要理直气壮继承和弘扬中华民族传统美德，对先人传承下来的文化和道德规范，要在去粗取精、去伪存真的基础上，采取兼收并蓄的态度，坚持古为今用、推陈出新的方法，有鉴别地加以对待，有扬弃地予以继承，努力实现中华传统美德的创造性转化、创新性发展，不断提高人们道德水平，提升人们道德境界。要大力加强社会公德、职业道德、家庭美德、个人品德建设，弘扬真善美、贬斥假恶丑，营造全社会崇德向善的浓厚氛围，夯实中国特色社会主义的思想道德基础。要通过文艺作品传递真善美，传递向上向善的价值观，引导人们增强道德判断力和道德荣誉感。要发挥好道德的教化作用，以道德滋养法治精神，强化道德对法治文化的支撑作用，为依法治国创造良好人文环境。要深入实施公民道德建设工程，深入开展道德模范宣传学习活动。道德模范是

---

① 习近平.青年要自觉践行社会主义核心价值观［N］.人民日报，2014－05－05（02）.

有形的正能量，是鲜活的价值观，是道德实践的榜样。要深入开展道德模范宣传学习活动，创新形式，注重实效，把道德模范的榜样力量转化为亿万群众的生动实践，在全社会形成崇德向善、见贤思齐、德行天下的浓厚氛围。培育和践行社会主义核心价值观，要与人们日常生活紧密联系起来，使之成为人们日常工作生活的基本遵循。把社会主义核心价值观的要求融入各种精神文明创建活动之中，利用各种时机和场合，传播主流价值，形成有利于培育和弘扬社会主义核心价值观的生活情景和社会氛围，使马克思主义信仰与道德教育相辅相成。

第九章　新时代马克思主义信仰教育的多重维度

习近平总书记在中央全面深化改革委员会第五次会议上强调，"深刻总结改革开放伟大成就宝贵经验，不断把新时代改革开放继续推向前进"①。经验不仅反映了过去，也昭示了未来。当前我国正处于实现"两个一百年"奋斗目标的历史交汇期，国际局势、意识形态安全局势、经济局势等都出现了新的变化和新的问题。因此，在新时代背景下，推进马克思主义信仰教育认同感提升、内涵更新、方式创新，增强马克思主义信仰教育教育实效，才能科学运用改革开放以来我国马克思主义信仰教育的基本经验，彰显马克思主义信仰教育的现实性和针对性。

一、推进马克思主义信仰教育认同感提升

提升教育对象对马克思主义信仰教育的认同感必须要有科学的理论基础做支撑，才能站得稳、立得住、望得远，时刻保持马克思主义的科学性。此外，马克思主义信仰教育开展的成效如何，归根结底要看教育对象是否在教育过程中实打实的有认同感和幸福感，而认同感和幸福感要从回归人民群众的生活环境中去寻找，关切教育对象的所思所想，关切教育对象在现实生活中的利益追求和价值导向。因此，坚持理论创新以及结合利益机制的价值是推进教育认同的基础。

（一）坚持理论创新，保持马克思主义的科学性

习近平总书记在党的十九大报告中指出，"实践没有止境，理论创新也没有

---

① 习近平主持召开中央全面深化改革委员会第五次会议强调　深刻总结改革开放伟大成就宝贵经验　不断把新时代改革开放继续推向前进［EB/OL］．央广网，2018 - 11 - 14.

止境"①，不断加强理论创新是马克思主义永葆生机与活力的不竭动力，坚持用科学的态度对待马克思主义，弘扬"与时俱进"的理论品质，保持马克思主义的科学性。纵观改革开放以来我国马克思主义信仰教育的发展脉络，邓小平理论、"三个代表"思想、科学发展观、习近平新时代中国特色社会主义思想等一系列重大战略理念，都是中国共产党人在坚持马克思主义的基本原则和基本内容的前提下，结合中国国情，经过时间的长期检验而产生的智慧结晶，是对马克思主义科学性的新概括，丰富了我国马克思主义信仰教育的教育内容。

在新时代，马克思主义信仰教育的理论研究者要结合新的实践以及时代特征，大力推进内容创新和形式创新，不断丰富和发展我国马克思主义信仰教育内容。一方面，研究历代党和国家领导人在不同场合和时间发表的一系列重要讲话精神，立足当下，放眼未来，切合时代发展背景，对其中部分观点做出新解读、新阐述。另一方面，研究中国特色社会主义理论成果，并将这些思想精粹与社会热点问题、民生问题、教育问题等人民群众关切的方面结合起来，以点到面、以小观大，研究具有适应性和针对性的教育内容和教育理念，保持马克思主义信仰教育内容的科学性，推动理论创新"走深""走实"，推进教育认同感提升。

（二）坚持实事求是，结合利益机制的价值

马克思主义信仰从来不是机械地、生硬地要求教育对象抛开利益追求，而是要求其对追求人生价值、丰富精神家园的同时领悟马克思主义的科学真理，逐步树立马克思主义信仰，坚定社会主义信念。马斯洛的需求层次理论也表明人只有满足本能层次的需要才会向更高层次的需要（如尊重、理想等）展开探索。一方面，马克思主义信仰的本质也并不排斥教育对象在追求精神满足的同时积累社会财富、享受生活，二者互为前提，相互补充。另一方面，适当的利益机制激励能够促进教育对象为实现中华民族伟大复兴身体力行，使其在满足生存的需要之后也能自发地向理想信念等更高等级的需要靠近。

值得注意的是，在马克思主义信仰教育的过程中结合利益机制的价值并不代表直接给予教育对象大量的物质财富，用金钱攻势使教育对象妥协，而是通过改善民生、健全社会主义市场经济体制、建设生态文明等潜在的利益机制推

---

① 中央不忘初心牢记使命主题教育办公室. 习近平关于不忘初心牢记使命论述摘编［M］.
北京：中央文献出版社，2019：65.

进马克思主义信仰教育过程。"利益机制是价值认同的基础"①，社会主义社会之所以具有优越性，正是因为其本质决定了"发展成果由人民共享"，在国家经济快速发展的同时不断改善民生，提高人民群众的生活质量，"实现人民对美好生活的向往"。民生问题始终是党和政府工作的重点，要积极推进利民工程建设，使人民群众能切实感受到生活水平稳步提升、生活环境日益改善，享受到社会主义建设的丰硕果实。要在马克思主义信仰教育的过程中，引导教育对象认识到只有将个人主体价值的提升放在实现中华民族伟大复兴的伟大历程中，从个人利益与推进社会整体发展的目标出发，融入维护我国总体国家安全观的合力中，才能真真切切实现对个人的利益价值的追求。

扶贫先扶"志"，致富先正"心"，除了在民生问题上加以改善，更重要的是以"人民群众对美好生活的向往"为价值范导，逐步推进马克思主义信仰教育工作。第一，引导教育对象树立切实有效的致富观、奋斗观，明白"幸福都是奋斗出来的"，不是等来的和送来的，也不是"轻轻松松、敲锣打鼓"就能实现的；第二，引导教育对象用马克思主义信仰指导生活与实践，充分发挥人民创造文化的主体性地位，推进文化建设，共同丰富我国的精神文化生活；第三，引导教育对象将个人的发展与国家的前途和命运结合起来，团结一致，形成磅礴伟力，共同为实现中华民族伟大复兴而踏实奋斗。以此实现人民群众的"尊重需求"向"自我"需要的层次迈进，彰显马克思主义信仰教育的针对性和指向性。

只有在教育过程中坚持实事求是，结合利益机制的价值，才能增强马克思主义信仰教育的"说服力""吸引力"和"感召力"，缩短马克思主义内化为教育对象的信仰的过程，切实改善我国社会的信仰生态。

二、推进马克思主义信仰教育内涵更新

在新时代背景下深化教育内涵就是要在教育过程中贯穿以意识形态安全为主的国家总体安全观教育、国家认同感和政治认同感教育，以此丰富马克思主义信仰教育的教育内容，增强教育实效。

（一）坚持马克思主义在意识形态领域的指导地位

新时代背景下，我国国家安全也面临严峻挑战，恐怖主义的蔓延、境外敌

---

① 谭培文，张文雅，莫凡. 利益机制是推进社会主义核心价值认同的基本动力 [J]. 理论学刊，2013（03）：78–81.

对势力的思想渗透不断冲击我国意识形态安全。我国进入和平发展时期已久，部分群众不关注时事热点，对当前我国面临的国际风险和意识形态安全冲击不能有效感受，不能理解我国目前维护国家安全感的责任之艰巨。因此，在马克思主义信仰教育的过程中开展总体国家安全观教育具有重要的战略意义，要在教育过程中结合意识形态安全教育的相关理论，解释和回答他们在日常生活中面临的各种思想困惑和现实问题。首先，积极运用新闻、报刊等大众传播媒介，传统媒介是人民群众了解国际政治局势、经济局势的主要渠道，具有接受度广、认知度高、覆盖面宽的特性，是维护国家总体安全观的重要宣传途径。利用小幅的版面对国外发生的重大社会事件、社会热点进行追踪报道。其次，在传统的思想政治教育工作中进行马克思主义信仰教育，增强教育对象的爱国主义情怀和维护意识形态安全的责任感，如在形势与政策课中开展马克思主义信仰教育，剖析当前国际环境与维护我国意识形态安全的关系问题，让教育对象在课程学习的过程中了解国际形势如恐怖主义肆虐、宗教极端势力斗争、新式战争"贸易战"等。再次，深切感受我国当前维护国家经济、政治、文化和意识形态安全面临的重大挑战。在近现代史课程中，了解我国国门被迫打开的屈辱历史，了解中国共产党建党历史，了解中华人民共和国成立以来我国是如何在党的领导下实现当前辉煌成就的历史，深刻理解到我国现在的美好生活来之不易。最后，通过形势与政策课和近现代史教育，突出强调总体国家安全观需要全体人民的共同维护，在教育过程的中实现"共情"教育，使教育对象产生对国家的"归属感"、对中国共产党的"认同感"、对维护意识形态安全的"责任感"。在马克思主义信仰教育的过程中引导教育对象树立马克思主义信仰，认识到自觉维护国家意识形态安全是新时代背景下维护总体国家安全观的新要求。二者相互结合、互为补充，增强马克思主义信仰教育实效，形成维护总体国家安全观的强大合力。

（二）增强国家认同、政治认同的内在动力

2014 年 9 月 21 日，习近平总书记在庆祝中国人民政治协商会议成立 65 周年大会上的讲话中指出："积极引导各族群众增强对伟大祖国的认同、对中华民族的认同、对中华文化的认同、对中国特色社会主义道路的认同。"[①] 马克思主

---

① 中共中央文献研究室. 十八大以来重要文献选编：中册 [M]. 北京：中央文献出版社，2016：70.

义信仰教育的首要目标在于增强教育对象的国家认同感和政治认同感，这种认同感是人们在社会政治生活中产生一种感情与意识上的归属感，将自己视为国家的一部分，认可国家的历史文化传统、社会道德观念、理想信念，有政治参与欲望的特殊情感。要在教育过程中实现"共情"教育。首先，引导教育对象在教育过程中"真听""真感受"党和国家为丰富人民群众和物质精神财富所做的不懈努力、取得的重要成果。"精准扶贫"，实现中国现有标准下的千万贫困人口全部脱贫；"建设社会主义生态文明"，营造良好的生态生活环境；"振兴乡村"，重塑城乡关系、实现城乡融合；"改革医疗"，提高医疗保险覆盖范围，改善"看病难""看病贵"的现实问题。其次，引导教育对象在教育过程中"真理解"党和国家一直将人民群众的现实生存条件与精神家园状况作为党的民生工程的出发点和观照点、切实改善人民群众的生活环境、繁荣人民群众的精神生活的初衷。最后，引导教育对象"真用"马克思主义信仰指导生活实践，从心底产生"归属感"和"信赖感"，增强"国家认同"感、"政治认同"感，将个人发展维系在国家的前途与命运之中，自愿为实现中华民族伟大复兴中国梦贡献自己的专业技能知识和质朴劳动，巩固全体人民的共同思想基础，形成强大的精神合力。

三、推进马克思主义信仰教育方式创新

在新的历史背景之下，我们必须重新审视马克思主义在中国的历史性与现实性，精英化与大众化、核心化与边缘化等重要问题。在中国发展的新时期，必须加强马克思主义信仰教育，包括其内涵、来源、底线等，阻止历史虚无主义等错误思潮的传播，不断进行理论创新，抢占舆论导向，建立起中国的马克思主义话语体系。促进马克思主义信仰教育的具体和现实性增强，使得马克思主义有具体的事物可以依托，现实存在，而不是像宗教崇拜那样是虚无缥缈的。要针对被教育者的思想心理活动，在马克思主义信仰教育的过程中实现对"正激励"和"负激励"的统筹运用、"显性教育"与"隐性教育"的协同并进、"知、情、意、信、行"要素的协调统一，积极引导被教育者的目标向更高层次需要转移，从而满足新时代条件下马克思主义信仰教育的客观需要。

（一）"正激励"与"负激励"的统筹运用

加强马克思主义信仰教育要强化教育媒介和教育者的素质培养，提高教育者的思考能力和教学能力，面对不同的受教育群体，均可以使其感受在马克思

主义教育中的主体地位，要让受教育者认识到共产主义信仰是现实与理想的统一。马克思主义之所以有信仰危机，本质上是由于资本主义发展的矛盾激化，社会主义需要不断进行马克思主义理论创新去应对出现的挑战。新时代背景下，正激励即传统的鼓励、赞扬的激励方式，负激励原本是管理学中的专业概念，也称为行为修正理论，主要指通过惩罚等方式规范个体行为，有效实现组织目标的系统性活动，其遵循对人的行为结果予以负强化的原理实现激励的作用，削弱个体继续采取这样的行为，现已广泛运用于各种教育实践活动之中。新时代背景下，我国马克思主义信仰教育工作中要加强对"正激励"与"负激励"的统筹运用，需要遵守"三个原则"。

第一，客观公正原则。马克思主义信仰的教育者在运用负激励理论如批评、惩罚等方式来消除被教育者不符合教育目标要求的行为时，应注意客观公正地评价学生行为，不得以个人情感随意处罚学生。此外，教育主管部门制定教育者监督管理办法也应遵循客观公正的原则，加入适当的负激励措施，如批评、警告、处分、降职等机制，增强约束力和管制力，而非单一运用"正激励"方式。

第二，因人而异原则。由于被教育者存在年龄、性别、个性等差异，以及对批评方式的心理适应性不同，马克思主义教育者在使用负激励措施教育学生时，应认真把握学生的个性特征，选择最优的负激励措施。要做到因人而异，有的放矢，杜绝简单化、公式化。对被教育者所犯错误是及时还是延后批评、惩罚，是公开化还是私下沟通处理等也要因人而异。

第三，适当适度原则。负激励是一种不悦于耳、不舒心于人的刺激信息，大部分人都会有对其排斥的心理和抵触的情绪。因此，在教育过程中，负激励要适当、适度进行。如果负激励较弱，那么负激励就形同虚设，无法起到帮助被教育者自省的作用，反之则会超过其限度，导致被教育者产生抵触心理。因此，在具体运用的过程中一定要控制运用负激励措施的数量和频率，不能有错就批评，更不能没有原因地惩罚，只有到了不运用负激励措施难以服众，不运用负激励措施难以唤醒被教育者扭曲的心智，不运用负激励措施难以维护集体荣誉和纪律的严肃性时，运用负激励措施才更有实效性。

（二）"显性教育"与"隐性教育"的协同并进

显性教育是指具有目的导向性的直接教育活动，具体表现形式主要有课堂教育、讨论学习等；隐性教育是潜移默化式的间接教育活动，具体表现形式主要有营造学习氛围、打造教育环境等。两者相互联系、相互补充，共同推进我国马克思主义信仰教育工作的良好开展。2019 年 3 月 18 日，习近平总书记在主持学校思想政治理论课教师座谈会上强调，"坚持显性教育和隐性教育相统一"的教育观点，是新时代马克思主义信仰教育工作开展的主要原则，必须在具体教育实践中长期贯彻，推动二者协同并进发挥叠加效应。

马克思主义信仰教育必须进行对象细化，不同的群体、阶层运用不同方法，尤其是中国的青少年，要努力把握他们的思想动态。马克思主义信仰教育需要从娃娃抓起，不能等到成年才开始信仰介入。从小学开始的德育教育实际上就是一种信仰教育，这种教育并没有直接出现马克思主义等词汇，但是其本质上是和马克思主义相同的。高校的教育则要体现出马克思主义的主体地位，用社会主义核心价值观去引导大学生。让大学生认同马克思主义理论，学会把马克思主义运用于自己的日常生活中去，使得自己可以健康地成长。青年一代选择信仰马克思主义并自觉内化为精神食粮，会使得马克思主义有活力和生命力。

一是营造学习和践行马克思主义的氛围。从目前中国的实际情况看，大部分青年具有分析判断事物的能力，但仍须不断地对青少年进行历史教育、爱国教育和共产主义教育，以期他们能够为中华民族伟大复兴做贡献。关注青少年等群体的思维方式，具体问题具体分析，改变以往枯燥的教学方式，做好青少年的思想政治工作，提高马克思主义信仰教育的水平和能力。一些教育者更多地将马克思主义作为一个学术流派，只是从学理上阐释它的价值和意义。马克思主义信仰教育研究开始于 20 世纪 90 年代，在刚开始的时候，马克思主义信仰和认知常常被分成两种动向，即或将马克思主义当成一种纯粹的学术研究，或把马克思主义当成纯粹的信仰。这种危害使得马克思主义失去了理论说服力，被工具化，使得马克思主义信仰越来越形式化。"人是社会性动物"，人的思想行为极易受到周边环境的影响，因此，要充分利用我国党员干部的数量优势，发挥党员干部的示范引导作用，倡导身体力行践行马克思主义信仰，潜移默化地影响周边群众和党外人士，使马克思主义信仰的真理之声广泛传播。

二是发挥文化的育人功能，在推进社会主义文化建设的过程中加强马克思主义信仰教育，创作脍炙人口的影视剧、歌曲、动漫、舞台剧，内容主旨可以涉及多领域，如抗战类、爱国主义教育类、民族团结类等，以人民喜闻乐见的方式使之在潜移默化中接受马克思主义的熏陶。青年是未来建设中国特色社会主义事业的骨干和希望，是马克思主义的传播者和学习者，西方资本主义发达国家企图西化中国青年，把青年作为文化、意识形态输出的主要对象，用心险恶。当下的中国，马克思主义的主体地位在某种程度上受到挑战甚至质疑，信仰的底线不够牢固。这种问题反映出思想政治教育的不足，主导作用没有完全发挥出来，思想政治教育的功能缺失，在实际生活中被弱化。在市场经济价值重新调整面前，功利思想增多，理想信念被忽视，客观上淡化意识形态的存在，这些已经渗透到民众的日常生活中，或深或浅地消解着马克思主义的信仰力。

三是打造线上自主学习、线下集中学习的教育引导机制，丰富网络空间的教育资源，充分利用好传统媒介和新兴媒介的平台育人功能。传统媒介如报纸、新闻、广播等具有接受程度高、传播范围广的特点，各个年龄层次的教育对象都能在其中获取有效的信息。新型媒介如数据库、资源库、学习 App 等具有信息资源多、传播速度快的特点，能够适应各种教育环境，满足教育对象自主学习的要求，以此推进结合线下教育，发挥传统媒介和新型媒介在不同教育环节的独特优势，打造立体化、全方位的教育环境。现在我们应该能够较清晰地认识到，人们所说的马克思主义信仰危机本质上是后人由于主客观原因导致的实践中的危机，称之为失误更恰当。特别是教育工作中，一部分教育者质疑马克思主义的先进性，在教学过程中抛弃马克思主义，要么推崇西方的价值理念要么对马克思主义死板硬套，热衷于传播西方的思想价值观念，有的人根据西方学者的立场、观点进行科学研究，他们习惯于运用西方搬来的理论解读和衡量中国实践，研究中国问题。这些现象或多或少地存在于我国的人文社会科学领域，有些学科甚至已经成了西方理论话语的跑马场和殖民地。这种情况在马克思主义工作者中也是存在的。

（三）"知、情、意、信、行"要素的协调统一

"知、情、意、信、行"是思想教育活动的五个基本要素，在不同的教育活动中有不同的表现形式。马克思主义信仰教育作为意识形态教育的重要组成部分，必须坚持"知、情、意、信、行"五个要素的协调统一，打造学习和践行马克思主义信仰的闭环，缩短被教育者了解、认同、共鸣、信奉、践行的过程。

"知"是指被教育者对马克思主义信仰的相关理论知识的学习和了解，是将理论内化为信仰的前提基础，没有对相关理论知识的深入学习、没有对相关教育内容的初步把握，马克思主义信仰的内化过程也就无从谈起。必须在马克思主义信仰教育工作的部署开展中，在教育过程中结合"启发式教育"和"灌输式教育"方法，由浅入深，由表及里地解释相关理论，激发被教育者的学习兴

趣，引导被教育者自主学习、自发学习。此外，还应在马克思主义信仰教育工作的部署开展中推出适合不同教育对象的学习读本与教材、开发线上自主学习平台，实现循环记忆，以此缩短被教育者理论知识建构从"0"到"1"的过程。

"情"是指被教育者在学习过程中对学习内容产生的情感、情绪，在具体教育实践中表现为"共情"教育，即要让被教育者理解马克思主义不是"冰冷"的、没有情感的，而是"有温度""有深度"的科学信仰。新时代背景下，实现"共情"教育需要以合理的方式方法强化"情感共鸣"教育、"情感共振"教育，例如，要在教育过程中营造情理交融的学习氛围，以"情"感人、以"情"动人，结合相应的社会实践活动，促使被教育者在教育过程中提高对马克思主义的"认同感"，对中国共产党的"信赖感"，对践行马克思主义信仰的"自豪感"以及对生活工作的"幸福感"与"获得感"等。

"意"是指被教育者在树立、践行马克思主义需要教育的过程中展现出来的意志，由于教育对象的复杂性和层次性，不同个体的意志坚定程度也存在较大差异，直接影响马克思主义信仰教育的教学效果。因此，必须在教育过程中加强理想信念教育，引导被教育者将个人的发展与国家的前途和命运结合起来，团结一致，形成磅礴伟力，共同为实现中华民族伟大复兴而踏实奋斗。此外，要在教育过程中加强榜样教育和爱国主义教育，开展道德模范、劳动模范等榜样的先进事迹学习教育活动，融入红色文化教育基地的实践活动，引导教育对象感受先进模范人物的优秀品质，自觉加以内化吸收，树立坚定的意志和信仰。

"信"是指受教育者对马克思主义信仰的认同和遵循，是教育的价值追求。同时，"信"是从"知"到"学"的中间环节，也是从"情"到"意"的关键环节，如果没有真正"信"，其他教育环节的展开也会只流于表面，降低教育的客观实效。因此，要实现马克思主义的"信"，必须在教育实践的过程中结合利益机制的价值，不断加强经济、政治、文化建设，逐步实现社会发展的阶段性目标，逐步印证马克思主义信仰的科学性和现实针对性，以此增强理论的说服力、感染力和引领力。

"行"是指受教育者在日常生活工作中将马克思主义信仰外化于行的具体表现，也是教育的最终目标，因此，必须在部署马克思主义信仰教育工作的进程中，建立实践教学基地，引导被教育者将"个人梦"融入"民族梦""强国梦"，积极投身于实现中华民族伟大复兴中国梦的历史浪潮之中。

新时代国内外的现实环境发生了翻天覆地的变化，马克思主义信仰既存在危机又有其自身优势。马克思主义信仰危机的出现除了客观原因之外，还有一个原因是马克思主义的后继者没有能够真正领会和在实践中体现马克思主义彻底的实践精神和彻底的批判精神这两大品格。马克思主义信仰教育方式的改变要基于对教育群体的深入了解，马克思主义信仰教育要学会创新。进行马克思主义信仰教育，要遵循思想政治教育的原则，做到理想与现实的结合、统一和差异的结合。由于国内外环境的变化，马克思主义信仰教育的社会氛围、目标和教育对象等发生了变化。增强马克思主义的信仰效果，不能抛弃历史的经验教训。在此基础上根据时代的特点进行教育方法的选择。第一，要积极主动学习马克思主义中国化的最新成果，提高自身的素养和能力，中国特色社会主义思想是进行思想政治教育的有力资源。第二，要具体问题具体分析，对不同群体、不同的区域进行有针对性的马克思主义信仰教育，信仰教育要坚持以人民为中心的思想，那种笼统的、单一的教育方式不但起不到教育的作用，而且很可能让学生觉得马克思主义太无聊而再也不接受。教育是相互的，建立一个和谐的教育氛围，启发受教育者主动去思考，只有这样的教育才能伴随受教育者一生。

四、增强马克思主义信仰教育客观实效

新时代马克思主义信仰教育要从深化教育理论内容、扩大教育范围、统筹运用教育方法三个维度保持马克思主义信仰教育的"新"、实现马克思主义信仰教育的"广"、提高马克思主义信仰教育的"效"，以此增强教育实效性。

（一）保持马克思主义信仰教育的"新"

"马克思主义具有与时俱进的理论品质"，正是因为马克思主义是不断发展的，马克思主义信仰教育的理论、内容才能有科学的理论基础做支撑，在新时代才能站得稳、立得住、望得远，时刻保持马克思主义信仰的科学性和纯洁性。首先，保持马克思主义信仰教育的理论"新"。习近平总书记在党的十九大报告中指出"实践没有止境，理论创新也没有止境"，不断加强理论创新是马克思主义永葆生机与活力的内驱力，坚持用科学的态度对待马克思主义，弘扬"与时俱进"的理论品质，保持马克思主义的科学性。纵观改革开放以来我国马克思主义信仰教育的发展脉络，邓小平理论、"三个代表"思想、科学发展观、习近平新时代中国特色社会主义思想等一系列重大战略理念，都是中国共产党人在

坚持马克思主义的基本原则和基本内容的前提下，结合中国国情，经过时间的长期检验而产生的智慧结晶，是对马克思主义科学性的新概括，丰富了我国马克思主义信仰教育的教育内容，必须要在教育过程中充分贯彻、及时贯彻。其次，保持马克思主义信仰教育的内容"新"。在新时代，马克思主义信仰教育的理论研究者要结合新的实践以及时代特征，大力推进内容创新和形式创新，不断丰富和发展我国马克思主义信仰教育内容。一方面，研究历代党和国家领导人在不同场合和时间发表的一系列重要讲话精神，立足当下，放眼未来，切合时代发展背景，对其中部分观点做出新解读、新阐述。另一方面，研究中国特色社会主义理论成果，并将这些思想精粹与社会热点问题、民生问题、教育问题等人民群众关切的方面结合起来，以点到面、以小观大，研究具有适应性和针对性的教育内容和教育理念，保持马克思主义信仰教育内容的科学性，推动理论创新"走深""走实"，推进教育认同感提升。

（二）实现马克思主义信仰教育的"广"

增强马克思主义信仰的教育实效必须保证其教育资源广泛分布，鉴于目前的教育环境和教学基础设施建设情况，必须运用校际联合以及科技手段实现马克思主义信仰教育的"广"。

首先，实现马克思主义信仰教育师资队伍的"广"。马克思主义信仰教育师资队伍的素质水平与教学成效关系密切，对教育对象内化马克思主义形成科学信仰的过程具有重要影响。新时代背景下保障我国马克思主义信仰教育科学高效展开，就必须提高师资队伍建设的整体水平，扩充师资队伍，实现教育资源的广泛分布。第一，马克思主义信仰教育在师资队伍建设方面应优先考虑马克思主义、哲学等相关理论专业的教师，在教学资源无法覆盖全校范围时，可在师资队伍中培训一批非马克思主义理论专业的教师达到专业化目的。第二，可以通过与党校、行政干部管理学院以及研究信仰马克思主义领域的研究机构合作教学，遴选优秀马克思主义理论专业、马克思主义哲学等相关专业的博士研究生助教等方式充实教师队伍，提升师资队伍水平。第三，马克思主义信仰教育的思想政治工作者应定期接受教学培训，以提升其专业素质为基础，充分提升育人能力，侧重理论素养、教学能力等方面。一线教师应加强教学经验总结，加强职业能力，加强授课管理和教学引导能力。

其次，拓展马克思主义信仰宣传队伍的"广"。第一，充分发挥党员干部群体的影响力和号召力，我国党员群体数量庞大，各级党支部广泛分布，全面覆盖各领域，机关、事业单位、农村、社区党组织覆盖率均超过95%，公有制企业覆盖率为90.9%。① 党员干部是马克思主义的坚定信仰者和践行者，同时也是马克思主义信仰的宣传者，要充分发挥党员干部的数量优势，定期定时开展主题党日活动。第二，充分发挥高校教师、辅导员、班主任、学生社团的意识形态宣传功能，全体高校教师在教育过程中要坚持正确的政治导向，区分学术观点和政治观点。辅导员、班主任要充分了解学生的信仰状况，积极开展团日学习活动、社会实践活动，针对部分同学信仰呈错误倾向的情况，要通过心理疏导、价值引导等方法进行引导。充分实现马克思主义信仰进校园、进课堂、进班级、进宿舍，营造立体化、全方位的学习氛围。第三，组建马克思主义信仰宣传志愿者队伍，增加群众社会参与度，扩大马克思主义信仰教育格局，积极号召基层党员干部、社区工作者、马克思主义学院在读学生等加入教育宣传队伍。此外，选派在党政机关工作多年的具有坚定马克思主义信仰的老党员，党校、高等学校、军队政治工作部等具有多年马克思主义信仰教育教学经验的思想政治工作者带队开展马克思主义信仰宣传活动，保证马克思主义信仰宣传志愿者队伍的质量。

最后，拓展马克思主义信仰教育渠道的"广"。根据工信部的数据显示，2018年我国手机用户总数达15.7亿，移动电话用户普及率达112.2部/百人。② 此外，2019年8月30日，中国互联网络信息中心（CNNIC）发布第44次《中国互联网络发展状况统计报告》，据《统计报告》统计显示，截至2019年6月，我国网民规模达8.54亿人，互联网普及率达61.2%。③ 互联网已经成为人民群众接收信息的重要来源，也是马克思主义信仰教育的重要载体，要充分发挥新媒体平台的意识形态教育功能，拓展教育渠道。第一，积极运用微信公众号、微博等新媒体平台的教育功能和意识形态宣传功能，开设马克思主义信仰教育的官方订阅号、官方微博，推送契合我国社会主义发展的相关文章、事件。第二，开通抖音、快手等短视频账号，拍摄兼具主旋律和接地气的马克思主义信仰教育视频，通过轻松、愉快的浏览方式在阅读者的心中播撒马克思主义信仰的种子，潜移默化地将马克思主义信仰外化于行、内化于心。第三，开设马克

① 中国共产党党员总数超9000万［N］.人民日报，2019-07-01（04）.
② 工信部：2018年我国手机用户总数达15.7亿［EB/OL］.人民网，2019-03-26.
③ CNNIC发布第44次《中国互联网络发展状况统计报告》［EB/OL］.中国互联网络信息中心网站，2019-08-30.

思主义信仰教育相关的网络课程，通过微信小程序开展小型培训班，邀请国内知名学者讲授马克思主义信仰与个体发展的相关课程；第四，研发马克思主义信仰教育的学习软件，通过知识问答、在线测评维持高效的学习状态，实现循环记忆，推进马克思主义信仰教育真正"入脑""入心""入行"。

结　语

　　人类的文明程度越高，就越需要能使自身安宁的精神家园——信仰；政党面临的形势越严峻，承担的使命越神圣，就越需要凝聚人心，汲取力量，明确方向的理想信念——信仰；社会的发展速度越快，越需要使社会健康可持续发展的价值目标——信仰。信仰是人类精神生命的最终依托，是时代发展的精神动力，决定着人类行为的取向，制约着人们以什么样的心态去开创自己的生活。在当代中国，作为人生价值追求的信仰，决定了每个人精神世界的层次，也直接或间接决定了每个人的行为与思维方式以及社会的精神风貌。因而，有关信仰问题的研究已经不仅仅是单纯的学术问题，也不仅仅是纯个人的精神选择问题，而是一个涉及整个民族的问题。

　　政治上的清醒来自理论上的坚定。我们要走在时代前列，就要更好地理解马克思主义与时俱进的品质，才能分析和把握时代各种问题。信仰的丧失所带来的并不仅仅是个体精神的流离失所，更重要的是，它使整个人类文化领域和精神领域受到挑战。我国从传统农业社会转向现代工业社会，从政治主导转向经济主导，从计划经济转向社会主义市场经济，从封闭转向开放，发生了翻天覆地的变化。以经济建设为中心，大力发展生产力，在一定程度上使人们习惯以利益、物质作为衡量事物的标准，从而忽视了精神层面和信仰层面的支撑。时代及转型社会的特点和社会平衡过渡的需要，还有信仰危机对社会政治、经济、文化和社会可持续发展的消极影响，促使我们不得不重新审视对待信仰的态度，不得不重视当前这场深刻的社会变革与人的终极关怀之间的关系，不得不反思我们所从事的思想教育工作，不得不重视信仰科学化问题，不得不寻找使信仰科学化的途径和方法。重视马克思主义信仰教育问题的研究是时代的要求，是每一个教育工作者必须重视的时代命题。

参考文献

著作类:

[1] 马克思恩格斯选集:第1—4卷 [M].北京:人民出版社,1972.

[2] 马克思恩格斯全集:1—46卷 [M].北京:人民出版社,1972.

[3] 列宁选集 [M].北京:人民出版社,1995.

[4] 列宁全集 [M].北京:人民出版社,1959.

[5] 毛泽东选集:第1—4卷 [M].北京:人民出版社,1991.

[6] 邓小平文选:第1—3卷 [M].北京:人民出版社,1993.

[7] 江泽民文选:第1—3卷 [M].北京:人民出版社,2006.

[8] 中共中央文献研究室.十六大以来重要文献选编 [M].北京:中央文献出版社,2005.

[9] 胡锦涛.高举中国特色社会主义伟大旗帜,为夺取全面建设小康社会新胜利而奋斗 [M].人民出版社,2007年版.

[10] 中央教育科学研究所.徐特立教育文集 [M].北京:人民教育出版社,1986.

[11] 中共中央宣传部.习近平总书记系列重要讲话读本 [M].北京:人民出版社,2016.

[12] 中共中央文献研究室.习近平关于严明党的纪律和规矩论述摘编 [M].北京:中央文献出版社,2016.

[13] 习近平.习近平谈治国理政:第1卷 [M].北京:外文出版社,2014.

[14] 习近平.决胜全面建成小康社会 夺取新时代中国特色社会主义伟大胜利——在中国共产党第十九次全国代表大会上的报告 [M].北京:人民出版

社，2017.

　　[15] 刘建军. 马克思主义信仰论［M］. 北京：中国人民大学出版社，1998.

　　[16] 彭时代. 宗教信仰与民族信仰的政治价值研究［M］. 北京：民族出版社，2007.

　　[17] 荆学民. 当代中国社会信仰论［M］. 北京：人民出版社，2008.

　　[18] 陈先达. 理论自信　做坚定的马克思主义信仰者［M］. 长春：吉林人民出版社，2016.

　　[19] 雅克·德里达. 马克思的幽灵［M］. 何一，译. 北京：中国人民大学出版社，1999.

　　[20] 蒋荣. 马克思主义信仰的现代困境及出路——基于高校师生的经验证据［M］. 北京：中央编译出版社，2015.

　　[21] 郑冬芳. 大学生马克思主义理想信仰研究［M］. 北京：中国社会科学出版社，2015.

期刊类：

　　[1] 刘建军. 关于理想信念教育的几点理论思考［J］. 教学与研究，2004，011（011）：14 - 15.

　　[2] 刘建军. 马克思主义学术视野中的信仰概念［J］. 教学与研究，2007，V（08）：40 - 46.

　　[3] 荆学民. 关于马克思主义和共产主义信仰的理论思考［J］. 马克思主义研究，1999（5）：60 - 68.

　　[4] 张曙光. "信仰" 之思［J］. 学术研究，2000（12）.

　　[5] 刘建军. 论马克思主义信仰［J］. 马克思主义研究，1997（02）：20 - 27.

　　[6] 陈建民，阳鲁平. 科学认识马克思主义信仰［J］. 求索，2004（06）：129 - 131.

　　[7] 苏百义，林美卿，庄淑霞. 高校思想政治理论课应强化马克思主义信仰教育［J］. 思想理论教育导刊，2018（03）：122 - 125.

　　[8] 李祖平. 论邓小平的青少年信仰教育思想［J］. 教育探索，2005（12）：3 - 6.

［9］徐秦法，刘畅．从"姓马"到"信马""用马"——论新时代下党员干部马克思主义信仰教育［J］．广西社会科学，2018（08）：21-25.

［10］刘建军．论马克思主义信仰的基本内容和主要结构［J］．思想理论教育，2013（03）：36-39.

［11］曾杰．马克思主义信仰教育内容体系构建的四重维度［J］．长沙理工大学学报（社会科学版），2015，30（04）：59-64.

［12］重庆市委重大调研课题组，陈跃、熊洁，等．关于"信仰问题"调研情况的报告［J］．马克思主义研究，2009（12）：123-130.

［13］王成光，王立平．邓小平的马克思主义观与当代大学生马克思主义理论教育［J］．思想理论教育导刊，2010（01）：88-91.

［14］熊英，汪德平，刘平．多元文化背景下青年大学生信仰心态调研分析［J］．学校党建与思想教育，2011（04）：83-85.

［15］沈强，陈森亮．高校辅导员马克思主义信仰教育研究［J］．思想理论教育导刊，2017（06）：130-133.

［16］何敦培．高校党员信仰状况探析及对策［J］．学校党建与思想教育，2009（32）：31-32.

［17］沈强，陈森亮．高校辅导员马克思主义信仰教育研究［J］．思想理论教育导刊，2017（06）

［18］李忠军，刘静．当代大学生认同和践行马克思主义理论状况调查报告［J］．思想教育研究，2014（11）：39-44.

［19］张长虹，马福运．当前大学生马克思主义信仰状况的调查分析与对策研究［J］．思想教育研究，2014（04）：94-100.

［20］鲍先彪．马克思主义信仰教育创新机制分析［J］．东南大学学报（哲学社会科学版），2014，16（02）：17-21，134.

［21］谭培文．当代大学生信仰与信仰教育研究——以广西壮族自治区高校为例［J］．广西师范大学学报（哲学社会科学版），2010，46（02）：30-35.

［22］陈志尚．谈坚定马克思主义信仰［J］．党建研究，2010（05）：27-29.

［23］张长虹，马福运．当前大学生马克思主义信仰状况的调查分析与对策研究［J］．思想教育研究，2014（04）：94-100.

［24］闫国疆．信仰教育、边疆治理与国家安全［J］．马克思主义研究，

2016（10）：120－127.

[25] 邓鹏. 论红色文化对大学生马克思主义信仰教育的价值及其应用 [J]. 思想理论教育导刊，2016（05）：124－127.

[26] 张文喜，杨影，方伟明. 高校马克思主义信仰教育面临的挑战及对策 [J]. 教育探索，2013（11）：114－115.

[27] 王学俭，李东坡. 大学生信仰教育的突出问题与对策 [J]. 思想教育研究，2010（11）：44－47.

[28] 李瑞民. 影响大学生马克思主义信仰形成的内外因素分析 [J]. 中国成人教育，2010（13）：54－55.

[29] 高苑. 高校马克思主义信仰教育的当下之思 [J]. 黑龙江高教研究，2013，31（05）：112－114.

[30] 杨德祥，邓淑华. 马克思主义信仰教育的路径建构 [J]. 人民论坛，2013（14）：192－193.

[31] 危琦，虞新胜. 论马克思主义信仰的建立 [J]. 求实，2006（12）：46－50.

[32] 周勇. 马克思主义信仰教育新探 [J]. 学校党建与思想教育，2010（18）：39－40.

[33] 钟文渊. 加强马克思主义信仰教育　促进青年大学生社会化 [J]. 西南民族大学学报（人文社科版），2004（05）：384－387.

[34] 徐秦法. 马克思主义信仰教育的本质规定及其内在逻辑 [J]. 马克思主义研究，2018（04）：122－128.

[35] 徐秦法，田莉. 当代大学生信仰问题根源探究 [J]. 人民论坛，2011（05）：152－153.

[36] 徐秦法，磨桂芳. 分众视域下马克思主义信仰教育的当代进路 [J]. 学术探索，2018（10）：140－144.

[37] 徐秦法. "四个伟大"的核心要义、内在逻辑与时代意蕴 [J]. 北方论丛，2017（06）：1－6.

[38] 徐秦法，磨桂芳. 论社会热点在大学生政治信仰塑造中的价值 [J]. 继续教育研究，2016（10）：109－112.

[39] 徐秦法，磨桂芳. 影响高校马克思主义信仰教育效果的四因子论 [J]. 学校党建与思想教育，2016（01）：46－47，56.

[40] 徐奏法，潘炳如，宁德鹏．当代大学生政治信仰现状及教育对策研究——基于 25 所高校实证调研的思考 [J]．广西社会科学，2014（09）：213 –216.

[41] 徐奏法．当代青年大学生政治信仰问题研究 [J]．理论月刊，2011（03）：181 –184.

[42] 徐奏法．人民的幸福：习近平新时代中国特色社会主义思想的价值旨归 [C] //中国科学社会主义学会当代世界社会主义专业委员会．"新中国 70 年与世界社会主义新发展"学术研讨会暨当代世界社会主义专业委员会 2019 年年会论文集．中国科学社会主义学会当代世界社会主义专业委员会，2019：55 –65.